CROSS-BORDER LITIGATION

Law and Practice

跨境诉讼

法律与实践

刘相文◎著

法律出版社
LAW PRESS·CHINA
北京

图书在版编目(CIP)数据

跨境诉讼 : 法律与实践 / 刘相文著. -- 北京 : 法律出版社, 2024
ISBN 978-7-5197-8828-5

Ⅰ. ①跨… Ⅱ. ①刘… Ⅲ. ①涉外案件-民事诉讼-中国 Ⅳ. ①D997.3

中国国家版本馆 CIP 数据核字(2024)第 021861 号

跨境诉讼:法律与实践
KUAJING SUSONG:FALÜ YU SHIJIAN

刘相文 著

责任编辑 薛 晗 王 澜
装帧设计 汪奇峰

出版发行 法律出版社
编辑统筹 法商出版分社
责任校对 晁明慧
责任印制 胡晓雅
经 销 新华书店

开本 A5
印张 10.75 字数 259 千
版本 2024 年 2 月第 1 版
印次 2024 年 2 月第 1 次印刷
印刷 三河市兴达印务有限公司

地址:北京市丰台区莲花池西里 7 号(100073)
网址:www.lawpress.com.cn
投稿邮箱:info@lawpress.com.cn
举报盗版邮箱:jbwq@lawpress.com.cn

销售电话:010-83938349
客服电话:010-83938350
咨询电话:010-63939796

书号:ISBN 978-7-5197-8828-5
定价:88.00 元

凡购买本社图书,如有印装错误,我社负责退换。电话:010-83938349

作者简介

刘相文律师为中伦律师事务所资深合伙人，曾任职于全国人大常委会法制工作委员会，主要执业领域为诉讼仲裁，其专注于处理“民事、行政、刑事一体化，跨多元司法管辖区一体化”的重大复杂商业纠纷案件，先后代理了逾千件境内外案件，其中包括“达能娃哈哈之争”“宝能万科之争”等诸多重大案件，其曾在美国、英国、德国等数十个国家境外法院帮助客户起诉应诉，在境内外知名仲裁机构代理客户出庭经验丰富。刘律师受到Chambers、ALB、Benchmark Litigation等国际法律评级机构的广泛推荐与认可，先后荣获“中国十五佳诉讼律师”“争议解决之星”等称号，并入选司法部涉外律师领军人才名录以及中华全国律师协会“一带一路”跨境律师领军人才库。

序言

《管子》云，律者，所以定分止争也。法律一方面为人们开展交易提供规范依据，另一方面则为解决纠纷提供裁判准绳。商业社会每天都在发生大量交易，而纠纷往往与交易相伴相生。虽然中国传统法律文化的价值取向是“无讼”，但是在现代商业社会，诉讼是通过法律适用解决纠纷的文明方式，也是通过法治思维实现公平正义的重要途径。

中国自改革开放，尤其是加入世界贸易组织以来，经济深度融入全球市场，成为世界贸易大国。中国作为外商投资兴业的热土，连续多年成为全球吸引外资最多的国家之一。与此同时，越来越多的中资企业登上世界舞台，参与全球竞争。中资企业出海成为势不可挡的时代风潮。巨量资金、货物、服务和人员在跨境交换和流动的过程中，难免发生碰撞、纠纷乃至冲突。尤其是在当下中美大国博弈愈演愈烈、后疫情时代经济复苏艰难、俄乌冲突等地缘政治影响外溢的大背景下，中国企业在海外投资、国际贸易、国际工程、国际金融、知识产权等领域的跨境纠纷与日俱增，动辄收到境外送达的律师函、传票、起诉状、禁止令或者海外财产被冻结、执行。从美国对华涉疫情索赔诉讼，到 Tik – Tok 起诉特朗普和美国商务部，再到小米起诉美国国防部，近年来，海外争议给全球运营的中国企业带来了很大的挑战和压力，严重威胁企业的海外资产价值、市场开拓、供应链安全、股价稳定、国际形象和声誉,给企业的全球化进程带来了很大的不确定性。

当下,诸多中国企业由于缺乏跨境诉讼经验,不熟悉境外司法环境和诉讼规则,在处理跨境纠纷,尤其是境内外多法域同步诉讼、跨境诉讼与国际仲裁交叉,以及民事、行政、刑事诉讼交叉的复杂案件时,容易出现缺乏整体应对策略方案,缺乏对案件的一体化管理,不同法域律师各自为战,中国当事人在境外法院"有理说不清"等问题,无法形成跨境争议解决的合力,最终处理效果也不甚理想。中国企业在这方面经历过不少惨痛的教训。国际市场风高浪急,中国企业不仅需要在产品质量和商业模式方面下功夫,而且需要重视国际商业活动引发的纠纷防范和解决,需要充分了解和熟练运用跨境争议解决的规则和技巧,如此才能在世界市场的汪洋大海中行稳致远。

我和我的律师团队是中国企业跨境诉讼发展与变化的亲历者。二十年来,我们成功办理了包括"达能娃哈哈投资纠纷系列案""宝能万科股权纠纷案""鲁南制药控制权纠纷案"在内的千余件重大、疑难、复杂且极具社会影响力的案件,在跨境诉讼领域积累了丰富的实战经验。我们通过深研世界各主要司法管辖区的制度规则,广泛吸收国际同行的成熟经验和先进实践,深度融合中国企业的经营模式、管理理念、商业文化,从实战的视角探索出了"全方位、一站式、境内外一体化"的跨境诉讼管理模式,能够组织领导全球律师团队,为客户提出契合当地政治、经济、社会、司法环境且务实高效的争议解决方案,维护客户权益并实现客户的商业目标。同时,我们将自己在帮助企业进行跨境诉讼过程中的所知、所做、所思、所悟汇集成本书,分享给广大读者和业界。我们衷心希望,在秉承"规则意识、法治信仰、诚信理念、契约精神"的同时,融合东方沉淀数千年的传统智慧,努力搭建东西方社会在法治领域的沟通桥梁，寻求以法律和规则为准绳，在公平正义的基础上进行对话，加深东西方社会间的相互理解，防止孤立和矛盾的加深，从法律人的视角积极探究争议的根源，寻求以东西方融合的智慧来化解争议、推进合作。我们期待“全球视野、全球运营”的中国企业能够遵循国际规则处理问题，积极运用法律思维和法治方式解决国际商业纠纷。作为法律人，我们是公平正义的坚定守护者和正当权利的天然捍卫者，既要追求个案的公平正义，也要追求法律的正确实施，这是我们的天职和使命，也是法律人的价值所在，我们将一直坚守初心、不懈前行！

跨境诉讼所涉甚广，本书尽量总结和涵盖相关实务问题，但各个司法管辖区的制度规则差异较大，执法环境各不相同，本书对境外诉讼的实体、程序规则和判例的介绍可能有所疏漏或不周，望广大读者慧眼甄别。如需进一步补正、修订，请广大读者不吝赐教。

目录

引　言

随着经济全球化的深入，企业之间的国际商业活动愈加频繁，中国企业既要关注与境外企业之间的共同合作，也更加需要重视国际商业活动引发的纠纷防范和解决。总体而言，中国企业的"走出去"大体可以分为三个阶段，第一阶段是20世纪90年代的社会主义市场经济建设时期，一批中国企业开始从事国际商业活动，但整体规模不大。第二阶段是2001年加入世界贸易组织后，新的政策推动大量中国企业与国际接轨，催生一大批中国企业参与国际商业活动。第三阶段是"一带一路"政策提出后，中国企业进一步加强海外投资、国际合作，中国企业已经逐渐成为国际商业活动的主角之一。

在30多年的国际商业活动中，中国企业既有诸多与境外企业成功合作的项目，也有不少引发争议的纠纷案件。中国企业通过多年的国际商业活动和境外投资的积累，已经在境外沉淀的资产金额巨大，未来将长期面临国际商业活动的谈判和纠纷解决，需要充分了解和熟练运用跨境争议纠纷解决的规则和技巧。

目前，实务界对于国际仲裁的探讨较多，但鲜有学者和实务界人士关注在其他国家或地区的跨境诉讼。国际仲裁虽是国际争议纠纷解决的有效途径，但囿于合同签订的背景、双方谈判地位以及仲裁条款的约束范围，国际仲裁多仅能解决某一合同签署方关于合同而引发的争议。但在许多纠纷中,就某一合同争议而进行国际仲裁可能无法彻底解决纠纷,例如:娃哈哈合资系列纠纷中,虽然双方争议的核心案件是在斯德哥尔摩的国际仲裁案件,但是在美国、英属维尔京群岛、法国、意大利等司法管辖区均存在当地的司法诉讼案件,这些案件对最终解决双方的争议也至关重要。另外,在大量的中国境内银行的跨境追债案件,以及中国企业面临的海外知识产权诉讼中,也缺乏相应合同仲裁条款,中国企业必须面临在境外法院的司法诉讼程序。因此,中国企业需要充分了解在境外国家或地区的民商事诉讼规则,在争议纠纷发生后进行全面的策划和应对。

本书汇集和整理了笔者亲身处理的跨境诉讼案件、精选的典型跨境诉讼案件以及跨境诉讼案件高发的各个国家司法程序,详细介绍跨境诉讼的一体化管理,按照跨境诉讼中起诉、送达、管辖、禁令、证据、证人、审理和判决、上诉、执行、和解等各个阶段程序逐一进行系统化介绍,并针对每项程序中中国企业面临的难点问题和经验教训,进行梳理、总结、分析和探讨,根据实务经验提出意见和建议,以期能够对中国企业在实务中应对民商事案件跨境诉讼有所助益。

因我国是成文法国家,与英美法系的判例法国家和地区的司法体系、诉讼程序存在差异,本书将重点介绍境外司法程序中与境内的不同之处,并适当阐明其背后的法理依据,帮助读者充分理解。针对境外起诉应诉、跨境送达、平行诉讼、禁令申请、跨境证据传输、证人作证、陪审团、跨境司法执行等实务中的难点问题,本书将进行重点分析和探讨,并结合实践案例对办案实务中的方式方法、注意事项等提出建议。

跨境诉讼所涉甚广,本书尽量总结和囊括实务问题,但鉴于笔者并不具备本书所涉全部境外司法管辖区的执业资格,对境外诉讼实体和程序规定、判例的介绍仍可能有所疏漏或不周到之处,望读者们慧眼甄别,如需进一步补正、修订,请广大读者不吝赐教。

第一章　跨境诉讼概述

一、跨境诉讼的内涵和外延

中国企业或者公民在境外参与诉讼由来已久，但学界、实务界对于此类案件并无准确的定义，有人称为“涉外诉讼”，有人称为“国际诉讼”，也有人称为“跨国诉讼”。笔者认为，从参与境外诉讼的主体、客体、管辖以及案件性质等因素考虑，将中国企业或者公民参与在中国境外的司法诉讼统称为“跨境诉讼”为宜。

“诉讼”一词在现代司法制度中特指由司法机关在当事人和其他诉讼参与人参加下，为处理案件而进行的活动〔1〕。而“诉讼”源于中国古代的审判制度，具有告状、告诉之意，因而广义理解中，易理解为具备对抗性的纠纷争议，还可能包括国际仲裁、WTO 争端解决等。因本书仅对中国境外的民商事诉讼进行探讨，故本书采取狭义理解的概念，仅对境外法院的民商事司法诉讼进行介绍和分析。

中国法律、司法解释已对“涉外民事案件”作出明确规定，《民事诉讼法》（2023 年修正）（以下简称《民事诉讼法》）第 270 条规定：“在中华人民共和国领域内进行涉外民事诉讼，适用本编规定

〔1〕 参见《辞海》网络版，https://www.cihai.com.cn/search/words?q=%E8%AF%89%E8%AE%BC。

……”最高人民法院《关于适用〈中华人民共和国民事诉讼法〉的解释》(2022年修正)(以下简称《民诉法解释》)第520条、最高人民法院《关于适用〈中华人民共和国涉外民事关系法律适用法〉若干问题的解释(一)》(以下简称《法律适用法司法解释(一)》)第1条均规定了“涉外民事案件”的认定因素:有下列情形之一,人民法院可以认定为涉外民事案件:(一)当事人一方或者双方是外国人、无国籍人、外国企业或者组织的;(二)当事人一方或者双方的经常居所地在中华人民共和国领域外的;(三)标的物在中华人民共和国领域外的;(四)产生、变更或者消灭民事关系的法律事实发生在中华人民共和国领域外的;(五)可以认定为涉外民事案件的其他情形。

因此,“涉外诉讼”更多是从中国境内法院的司法管辖权出发,基于“涉外因素”认定案件性质。这与中国企业或者公民在具有管辖权的境外国家或者地区法院参加诉讼,存在根本区别。对于中国企业或者公民在境外法院参与诉讼,不宜使用“涉外诉讼”的概念。

而“国际诉讼”的内涵比较宽泛,其中“国际因素”可以包括多种理解,既可以指中国企业或公民在中国境外参与的诉讼,也可以包括中国企业或公民与境外主体之间在中国境内涉及“国际因素”的“涉外诉讼”。由于全世界除主权国家外,也存在一些尚未设立主权的国家或者主权存在争端的地区,故本书认为“跨国诉讼”的概念并不周延,会导致排除这些尚未设立主权的国家或者主权存在争端的地区。

本书聚焦于中国企业或公民在境外的民商事诉讼,故本书从中国主体的视角出发,采取相对狭义的概念,将此类案件统一定义为“跨境诉讼”。

二、跨境诉讼的特点

在经济全球化不断深化的当下,国际商业活动频繁,跨境诉讼也伴随着社会发展呈现出诸多特点,分析清楚跨境诉讼的特点,有助于中国企业针对性地理解跨境诉讼。

1. 跨境诉讼近年来呈高发趋势、数量不断增加。在中国“一带一路”政策引领下,大量中国企业开展海外投资、项目承包、能源开发、商品交易项目,据初步统计,截至2022年,中国对外直接投资存量已达27548.1亿美元,位列世界第三,[1]仅次于美国和荷兰。但因项目所在地经济环境、政治环境以及国际环境的变化,加之“新冠疫情”在全世界范围内带来的巨大冲击,中国企业“走出去”的项目中已经发生或者潜在发生的争议案件数量不断上升。在“中美博弈”的大背景下,美国、英国等发达国家通过知识产权侵权、证券虚假陈述集团诉讼等司法手段制约中国企业的案件也层出不穷。中国企业未来将面临数量巨大、类型多样的境外纠纷。

2. 跨境诉讼纠纷的类型多样。由于中国企业和公民参与国际经济活动的多样化,跨境诉讼也逐渐从贸易纠纷向知识产权纠纷、投资纠纷、工程承包纠纷、金融纠纷等多元化纠纷转型,这决定了未来中国企业和公民面临的纠纷类型十分多样。例如:有的企业在境外设立分支机构开拓境外市场,聘用当地高管、员工管理企业、开展业务活动,有可能会发生与当地高管、员工的纠纷;有的企业向境外企业采购物美价廉的大宗商品,但同时又参股投资该境外企业,甚至应当地企业要求委派管理人员经营管理,可能引发商品买卖、海事运输、股权投资、管理运营等多方面的纠纷;有的中国

---

〔1〕 参见中华人民共和国商务部、国家统计局、国家外汇管理局:《2022年度中国对外直接投资统计公报》,第18页。

企业进行海外金融投资,涉及多个司法管辖区的金融产品,可能引发多个境外金融纠纷;有的公民在海外设立家族信托计划、在海外购买房产,也可能引发信托计划或者房产买卖纠纷。概言之,随着中国企业和公民参与国际商业活动的多样性发展,跨境诉讼的类型也越发多样。

3. 跨境诉讼往往涉及复杂的案件事实。因国际商业活动中涉及大量“跨境因素”,国际商事活动大量使用电子邮件、线上会议的方式进行,参与各方会在合作之前进行充分的磋商交流,有时也会基于商业项目的考虑,涉及复杂的商业交易结构,甚至在境外设置多个主体,签署多份协议。并且,参与各方也会因各自的经营考虑,对参与项目的主体进行更名、重组、解散、承继,或是管理人员调整,这都会导致跨境诉讼案件爆发后,往往会涉及十分复杂的案件事实,且有时难以全面还原。

4. 跨境诉讼往往涉及复杂的法律关系。各个司法管辖区的法律规定、政策导向、合规要求均存在差异,因此在国际商业活动中,为了符合某一方所在地的法律规定或者合规要求,参与各方会设计十分巧妙、复杂的交易方式来达成最终的商业交易目的。但从法律关系来看,各项复杂的商业交易文件中,涉及的可能是不同的法律关系,受到不同国家或地区的法律约束,也可能受到不同国家或地区的法院、仲裁机构管辖。例如,在我们处理的某跨境诉讼中,中国境内的 A 银行拟向某中国公民实际控制的在英属维尔京群岛(以下简称 BVI)设立的 B 公司提供贷款,用以专项收购美国 C 公司的控股股权,C 公司名下的核心资产是通过非洲某国 G 公司持有的稀有金属矿产。在这一系列的交易中,A 银行为避免中国境内外汇审批的繁杂手续,以在中国香港设立的域外机构名义向 B 公司发放贷款,B 公司收购 C 公司控股股权后,将该部分股权质押给 A 银行作为担保。但是,交易完成后不久,G 公司持有的稀有金属矿产被非洲某国政府征收,导致无法开发,B公司未按期偿还贷款引发纠纷。该起案件中既涉及中国香港公司与B公司的借款关系,也涉及B公司与A银行之间的质押关系,还涉及B公司收购C公司的股权转让关系,以及G公司与非洲某国政府之间的征收关系。如果A银行希望追收借款,需要从以上法律关系以及所涉及的适用法律、管辖条款等方面综合考虑设计诉讼方案。

5. 跨境诉讼往往涉及多个司法管辖区。如上所述,跨境诉讼涉及的复杂事实和法律关系,导致跨境诉讼往往会涉及多个司法管辖区。一方面,跨境诉讼的事实可能涉及多个司法管辖区,比如在某些大宗商品交易、海外工程承包或者境外投资项目中,涉及多方交易或者代理机构,这些商业活动的参与主体可能来自不同司法管辖区,导致在跨境诉讼中会涉及对不同司法管辖区的主体进行取证等问题。另一方面,跨境诉讼针对的项目可能因交易结构的复杂性、多样性而涉及多个法律关系,如果各方签订书面合同,不同合同中可能会约定不同的适用法律和管辖条款;如果各方没有签订书面合同,则还需要根据当地的法律适用法确定适用法律和法院的管辖权。仍以上述案件为例,中国香港公司向B公司发放贷款时签订了《贷款合同》,适用中国香港法律,约定在中国香港国际仲裁中心仲裁;B公司与A银行签订的《股权质押合同》,则适用标的公司C公司所在地的美国某州法律,约定在该州的州法院诉讼;B公司收购C公司时是向原股东购买股权,原股东注册地也在BVI,《股权转让合同》约定适用BVI法律,并在当地法院诉讼。在这个案件中,来自4个司法管辖区的主体签署的3份合同中约定了3种不同国家或地区的法律,3个不同的管辖条款,对办理该案的企业法务和律师团队提出了极高的跨境诉讼能力要求。

6. 跨境诉讼需要跨司法管辖区多个团队合作。由于各司法管辖区主权、法律体系、司法体制等不同,故律师必须具有某一司法管辖区的执业资格才可以在该司法管辖区执业。因此,跨境诉讼案件必然会涉及多个司法管辖区的不同团队进行合作。通常而言,如果中国企业或公民直接参与争议的商业交易,该企业或者个人会聘请中国境内律师作为法律顾问,处理境内有关法律事务,并统筹协调其他司法管辖区的律师团队统一工作。如果中国企业或公民并未直接参与争议的商业交易,而是由其在境外设立的主体参与,则中国企业或公民可能会聘请中国境内律师提供咨询支持或者协助统筹案件的处理,具体案件则由实际参与商业交易的境外主体聘请当地律师处理。

7. 跨境诉讼可能涉及其他非法律因素。跨境诉讼虽然核心在于境外的诉讼司法程序,但是也受到东西方文化的巨大差异、诉讼所在地的政治环境、司法政策、经济发展等多种因素的影响。特别是,西方国家对于中国文化和中国企业经营管理的陌生,有时不能理解中国企业或者个人在司法程序中所表达的立场。有些第三世界国家因国内社会动荡,司法体制尚不完善,也存在司法审判中被政治因素、经济因素干预和影响的情形。加之,近年来,受"中美博弈"等国际政治因素影响,中国企业在美国的诉讼有时会带有政治色彩。因此,在跨境诉讼中,受国别差异、国际环境等影响,中国企业需要更全面、深入地综合考虑各方面因素,方能权衡利弊制定出行之有效的解决方案。

三、中国企业跨境诉讼的困境

跨境诉讼与境内诉讼在实体、程序以及商业、社会、文化、政治、成本等层面存在较大差异,中国企业和个人有时会产生对跨境诉讼的畏难情绪,或是照搬国内诉讼的经验来应对跨境诉讼,这都会影响跨境诉讼的正确处理。

在中国传统文化中,"以和为贵""轻易不打官司"的观念仍在影响中国企业的管理者。中国企业“走出去”的核心目的是打开国门做生意。与境外合作方进入诉讼程序,在企业管理者看来往往就意味着终止合作关系,未来无法再继续合作。某一项目遭受损失,可以在其他项目中弥补,各方“以和为贵”地开展合作。但是,中国企业的管理者往往忽略了西方文化与中国文化之间的差异。西方文化更注重遵循契约精神,针对某份合同的违约行为并不一定会牵涉各方之间的另一份合同的合作,而且进入诉讼程序也不意味着双方不能和解协商,跨境诉讼有时是双方在全面博弈和谈判中的一种方式和手段,是否启动或者应对境外诉讼,需要从各方的整体策略来考虑,而不能单就某一项诉讼案件来判断。

政治因素也在许多情况下影响中国企业管理者对跨境诉讼的态度。中央企业、国有企业在发生境外纠纷时,有时需要考虑中国政府与该国政府之间的外交关系以及其他战略合作,有时也会考虑跨境诉讼发生当地的政治环境而怯于在境外发起或者应对诉讼。例如,在我们处理的某非洲采矿权跨境诉讼中,该非洲国家长期处于政党交替之中,社会经济发展缓慢,司法独立性较弱。中国企业面临的相对方是该国某政党领袖、下一届总统候选人实际控制的K公司。由于争议的矿产储量丰富,也涉及巨大的经济利益,故该案件的背景情况、争议产生以及跨境诉讼的处理均包含着浓厚的政治因素。双方合作之初的进展十分顺利,但是由于该政治领袖遭到敌对政党的政治迫害,致使双方的合作一度受到巨大负面影响,该政治领袖通过K公司和关联公司与中国企业签署了一系列协议,通过资产转让、费用性质变更等多种方式,限缩了自己的权利,也减免了中国企业的义务。但此后,该非洲国家发生政治动荡,敌对政党丧失执政党地位,该政治领袖回国并参加下一届总统选举,其计划恢复K公司的原有权利和经济利益,引发了多起跨境诉讼和国际仲裁。在案件处理过程中,中国企业的管理者也表现出了对该政治领袖在当地影响力的担忧。虽然其利用政治影响取得了部分当地司法诉讼的胜诉判决,但律师团队介入后,巧妙地利用其政治身份,以及该政治领袖即将参与选举,非常关注其国际声誉的特点,通过设计对案件核心合同提起国际仲裁,并在当地提起制约性、策应性的诉讼,不断降低该政治领袖的预期,最终选择在合适的时机,通过当地有影响力的人士从中斡旋,开展和解谈判,以不足十分之一的索赔额达成和解,且双方未来继续合作。不仅彻底解决双方纠纷,也维系了双方的合作关系,中国企业在可预见的未来仍可以获得可观的经济收益。因此,政治因素在某些跨境诉讼案件中需要企业管理者和律师团队予以考量,但这种考量并非单向的、片面的,需要具备丰富经验的跨境诉讼律师团队予以辩证的、全面的评估,方能达到深度理解、合理运用的有效结果。

在跨境诉讼中,由于境外律师的律师费、法院的收费以及高额的差旅费用,成本因素也是中国企业管理者和个人考虑的重要因素之一。跨境诉讼经常持续长达两年甚至三年,可能会让中国企业或者个人面临高额成本,望而却步。但如果一旦决定启动跨境诉讼,却因为成本问题而半途终止,可能会让企业或者个人遭受更大的损失。在我们处理的两起跨境诉讼中,成本因素最终导致了两个截然不同的结果。在某公司控制权纠纷中,争议双方是国内某知名企业的大股东和二股东,大股东不幸去世后,二股东成为该公司的实际控制人,免除了公司原三名董事的董事职务,遂引发了大股东继承人、二股东、免职董事三方之间的系列纠纷。由于大股东去世前在 BVI 设立了信托计划,该信托计划的受托人是大股东的法律顾问,适用 BVI 法律,并由当地法院管辖。于是大股东继承人在 BVI 法院的信托跨境诉讼能否胜诉成为其是否可以继承股权,重新执掌企业的核心案件。同时,被免职的三名董事在境内也提起一系列诉讼,拟通过司法诉讼确认其董事身份,制约二股东实际控制公司。由于境内、境外的诉讼均需要高额的成本,且在胜诉之前需要由大股东继承人和三名董事个人承担,造成了巨大的经济负担。但通过当事人和律师团队的努力,最终三名董事与二股东达成和解,案件取得了理想的结果,诉讼中支出的成本也均由二股东或者该企业承担。另一起案件中,中国境内的A公司在意大利并购了一家当地企业,但在并购时该企业的董事提供了虚假的财务报告,导致A公司支付高额股权转让款,并且在收购并经营A公司后不久发现意大利公司的财务状况不佳,不久就向当地法院申报破产重整。A公司遂依据投资收购协议向国际商会仲裁院提起仲裁,同时律师团队也设计了一系列在意大利法院的民事诉讼和刑事诉讼案件,通过国际仲裁和诉讼全面追究有关董事的法律责任,挽回经济损失。但是,在该案中,中国企业的管理者面对高额的诉讼成本,仅选择向国际商会仲裁院提起仲裁。由于缺少意大利当地诉讼程序的配合,中国企业难以取得财务造假的有效证据,最终国际仲裁案件未能取得满意结果,律师团队策划的意大利诉讼案件的诉讼时效期间也已经届满,该企业的巨额损失因为成本考虑未能顺利追回。

因此,在跨境诉讼中,商业、社会、文化、政治、成本等因素需要予以考量,但更需要经验丰富的跨境诉讼一体化团队提供切实有效的意见,否则企业或者个人可能会基于自身不充分的认知作出限制跨境诉讼案件处理的决定。而且,跨境诉讼由于涉及跨司法管辖区的案件处理,与国内民商事诉讼存在明显区别,具备丰富经验和智慧的一体化团队在跨境诉讼中显得尤为重要。经验丰富的跨境诉讼一体化团队可以协助当事人全面、充分评估跨境诉讼中可能涉及的各方面因素,制定出科学、有效的解决方案,也可以协助当事人对各个司法管辖区的律师进行统筹协调,沟通交流专业意见,确保各个司法管辖权的诉讼工作按计划开展,环环相扣地维护当事人权利,不会出现相互冲突的情形。

而且,经验丰富的跨境诉讼一体化团队,既可以协助当事人选聘优秀的境外律师,管理和监督境外律师的工作,控制跨境诉讼的成本,也可以协助当事人收集和组织证据,选定证人,并对证据出境、证人作证等事项提供意见和建议,帮助企业更好地组织境外诉讼所需证据,应对境外诉讼的程序。在境外诉讼程序结束后,经验丰富的跨境诉讼一体化团队还可以进一步协助当事人在境外申请司法强制执行,或者应对境外相对方申请的强制执行。

第二章　跨境诉讼一体化管理

一、什么是跨境诉讼一体化管理

在跨境诉讼案件中，传统的境内外律师合作模式多为由当事人分别在各司法管辖区聘请当地律师分头工作。而在此过程中，由当事人自行担任案件总协调人，分别统筹中国及境外各司法管辖区诉讼程序。然而，很多当事人缺乏跨文化沟通能力，以及跨境诉讼经验，不具备整体管理案件的能力，且对境外法律（包括实体法和程序法）不熟悉，与境外律师沟通不畅，使得境内、境外律师缺乏直接沟通，配合协调难度加大，容易形成法律观点立场冲突，顾此失彼。境内、境外分别开展工作，亦容易重复劳动，成本难以有效控制。

近年来，随着"一带一路"的开拓，中国境内企业的对外投资大大增加，使得大量资产在境外沉淀，由此产生的各类跨境纠纷层出不穷。跨境诉讼逐步倾向于多元化发展，其涉及的司法管辖区不仅仅再局限于美国、英国、中国香港等主流司法管辖区，且中国境内企业在开曼群岛、BVI 等离岸国家和地区以及第三世界国家的争议数量愈发增加。鉴于此，中国境内企业在海外的诉讼均面临着因对当地司法、政治环境不熟悉而导致的一系列问题。此外，就跨境诉讼本身而言，因受地缘政治、全球经济、国际关系等因素的影响，跨境诉讼案件自身的事实复杂性日益增加，所涉及的实体法与程序法的法律适用问题日趋复杂。另外，近年来，中国政府在证据出境、国家安全审查等方面的监管不断加强，使得中国境内企业海外维权面临进退两难的考验。

笔者在代理跨境诉讼案件的过程中，针对中国当事人不断变化的需求，开拓了一种成熟的跨境诉讼合作模式，也就是说，境内律师统筹一体化管理模式，既能够进一步提升跨境诉讼的工作效率与胜诉概率，又能够全面响应跨境诉讼一体化管理的必然趋势。具体而言，在该模式下，中国跨境诉讼律师担任案件总协调人，全面统筹中国及境外各司法管辖区诉讼程序。随着时代的不断发展，多数中国律师均具备海外教育背景，以及跨文化沟通能力，跨境诉讼经验丰富，谙熟境外法律程序，便于高效沟通，把控案件全局，制订总体诉讼策略、统筹管理案件。此外，境内、境外律师直接配合工作，也使得律师之间专业沟通更有效率，有利于给出更加清晰准确的工作指令，避免方向性错误。此外，相比之下，跨境诉讼一体化管理模式还可免去诸多不必要的冗余工作，方便企业进行成本控制。

二、跨境诉讼一体化管理的必要性

（一）确保诉讼策略的一致性

跨境诉讼案件往往涉及多重复杂的法律关系，而法律关系的梳理作为诉讼案件中最为基础的环节，往往可能直接决定案件的胜败。跨境诉讼的案件中往往存在诸多在不同司法管辖区同时进行的关联案件，有时多个关联案件的判决可能取决于对同一个法律关系的认定。此外，各司法管辖区法律体系以及具体适用的法律规定的不一致，亦可能导致其对于基于同一法律事实而认定的法律关系存在不一致。鉴于此，在一个跨境诉讼案件中，法律关系的厘清与梳理,以及最终对于某一法律关系的认定的一致性就显得格外重要。如果单一司法管辖区各自作战,则可能存在不同律师根据当地不同的法律规定对同一事实所产生的法律关系的判断不一致,从而导致偏离诉讼目标,甚至最终产生矛盾或者不利结果。

法律关系的一致性是诉讼策略一致性的基础。只有各司法管辖区的各案件中对于同一法律关系的认定达成了一致,才能够制定统一的诉讼策略。诉讼策略的一致性对跨境诉讼的整体管控至关重要。具体而言,在跨境诉讼案件中,分别应在哪些司法管辖区诉讼、分别以何种诉由提起诉讼、在哪个司法管辖区先行提起诉讼、何时提起诉讼等问题,均需要在整体诉讼策略中一并考虑,从而保证跨境诉讼在各司法管辖区间的整体推进与相互配合,提高诉讼效率与工作的有序性。以我们经办的"达能娃哈哈"案件为例,该案件涉及了7个不同的司法管辖区,不同司法管辖区的律师在法律观点和执行方面意见均不一致。鉴于此,中国当事人聘请了中国律师团队统一制订了整体方案并在境内律师全程主导、统筹管理之下,使得境内外案件相互制衡配合,最后成功解决了该争议。

由此可见,在此类跨境诉讼案件中,诉讼策略的一体化是非常重要的,如策略制定不当则可能引发全面败诉等严重的法律后果。

(二)确保法律立场的一致性

以事实为依据,以法律为准绳,是跨境诉讼中的基本原则。其中,法律的准绳则是指法律立场的一致性。因此,对法律立场的统一是跨境诉讼案件中不可或缺的一部分。具体而言,诉讼律师一般有着强烈的辩护欲望,为了本案胜诉会详尽阐述全部有利点。然而,鉴于不同司法管辖区的法律体系、文化特性与各律师的个人性格的差异性,在各司法管辖区进行多个关联诉讼时,因多数情况下，单一司法管辖区的律师仅需考虑其司法管辖区内的诉讼案件，可能会将其他案件中的有利点运用到其司法管辖区的另案中，并作为不利点而受到攻击，从而对其他案件后续在其司法管辖区的诉讼中利用该有利点进行抗辩造成困难。所以，保持法律立场的一致性非常重要。只有保证了法律立场的一致性，才能确保在不同司法管辖区主张的诉讼请求与抗辩理由间不冲突、不矛盾，具有连贯性。

同时，在法律理解与适用方面，跨境诉讼一体化管理也有利于协助中国当事人理解晦涩的法律概念与法律认定，便于中国当事人与律师团队对案件的法律立场与理解保持一致。具体而言，多数跨境争议解决案件均涉及英美法体系下的外国司法管辖区。然而，中国是成文法国家，不适用英美法体系下的判例法，因此，中国当事人对外国判例法的了解深度比较有限，且多数情况下获取判例法法域相关法律资源的渠道和对法律问题的调研与判断能力亦比较有限。因此，如果仅依靠自身力量，中国当事人容易在涉及外国法项下的法律立场的判断中产生偏差，且如果各司法管辖区的法律立场不一致，或者在同一案件中境外律师与境内律师的思想立场不统一，中国当事人亦更难判断如何选择法律立场。

2020 年轰动法律界的孙杨案具有较大借鉴意义。2020 年 2 月 28 日，国际体育仲裁法庭（Court of Arbitration for Sport，CAS）公布了“世界反兴奋剂机构（World Anti - Doping Agency，WADA）诉孙杨和国际泳联案”的裁决书，裁定孙杨被禁赛 8 年。裁决一出，一石激起千层浪，瞬间成为人们热议的焦点。而孙杨母亲作为案件亲历者发表的微博内容引起了多方对孙杨方律师团队的人员构成、中途更换、庭前准备以及庭审表现等诸多方面的争议。

在该案中，孙杨方主要采用中国律所作为牵头与协调所，加上与争议解决地所属法域执业的专业律所组成一个团队工作的合作模式。从孙杨案的庭前准备和现场开庭来看，孙杨方的庭审策略和整体准备更倾向于“散打”，各位证人大部分是在陈述自己的观点，孙母甚至在庭审中打起了感情牌，在对方律师提醒后也没有改正。反观对方，首席律师理查德·杨对焦点把握清晰、论点明确，庭审始终围绕 IDTM 的采样是否符合程序和规则来进行，WADA 方在团队核心律师的带领下打好了一套“组合拳”。显然，WADA 的律师团队在庭审前做了更充分、更有针对性的准备。深究其中原因，不难看出，孙杨方的律师团队缺乏对案件全局进行谋划和统筹，未能有效地组织协调好境内外律师的工作，整个律师团队的思想立场并未完全一致，才让整个庭审看起来十分散乱，并被 WADA 聘请的经验丰富的律师抓住诸多软肋。正如大战在即，统兵之人却无帅才，攻防不成体系，胜败可想而知。

相比之下，鉴于跨境诉讼一体化管理模式下统筹管理的中国律师大多数均拥有丰富的海外留学背景，且多为英美法国家，能够更加准确地理解不同司法体系下的法律规定及相关法律问题的认定规则，具备扎实的法律检索能力以及资源信息共享渠道，能够根据其对相关判例法法域的法律适用的理解，帮助当事人深入理解外国法律法规，明确与统一法律立场，充分解决前述问题。

（三）确保事实和证据的一致性

如前文所提及，不同司法管辖区的律师由于其法律体系的不同与文化的差异性，其对于同一事实的认定或者同一份证据的分类与证明力度具有不同的观点和视角，且各司法管辖区的律师仅用掌握其司法管辖区内提起的诉讼所需的证据材料即可。此外，中国企业在证据出境等方面面临国内的强监管要求，在跨境交流时，信息经过筛选传递可能发生缺失。因此，不同司法管辖区的律师可能无法全面掌握跨境诉讼案件的全部证据，从而导致其对整体事实的把控与判断可能存在偏差,不同法域的律师对基于证据材料分析的案件事实的理解和认定不一致,可能影响整体诉讼策略。然而,在一体化管理的模式下,统筹管理的牵头律师可以掌握全套事实证据,一方面有利于对案件整体事实的认定一致化,另一方面也能缓解企业在对外部律师提交证据时的顾虑。鉴于此,一体化管理案件有利于确保向不同法域法院阐述的事实和提交的证据不发生冲突和矛盾。

此外,中国企业在跨境诉讼中败诉的一个重要原因是不注重全套证据的梳理和保留,仅根据各律师的要求被动提供相关证据,从而使得全套证据链不完整。鉴于此,跨境诉讼一体化管理有助于解决前述问题,牵头的中国律师可以凭借其专业判断告知企业哪些证据需要加以保留以及以何种方式保留、对于哪类文件需要进行公证等,有助于跨境诉讼中证据一体化的管理。

(四)控制诉讼成本

中国企业虽然在境外大量投资,但缺乏境外诉讼的经验,经常是境外律师"说什么、是什么、干什么",缺乏主导和管控,也无法有效甄别境外律师的工作质量和工作成本,导致案件成本过高,有时效果也不尽理想。

无论是跨境诉讼还是国际仲裁,往往涉及大量的支出与费用,如各司法管辖区法院的诉讼费、各仲裁机构的仲裁费、律师费等,仅诉讼成本就可能高达数百万美元。此外,由于各司法管辖区存在较大的司法环境与文化习惯的差异,境外律师的收费方式、习惯、费率等均有所不同,如不注意控制,可能会产生高额的律师费用,使得诉讼成本异常高。然而,诉讼成本的控制,包括律师费用的控制,往往取决于诉讼方案以及具体的律师费收费方式的合理性。传统模式下,各司法管辖区各自为战,因缺乏相互沟通与衔接,易发生重复诉讼或者诉讼效果不佳的情况,并由此产生大量的诉讼费用。而在一体化管理模式下,中国律师团队可以利用其对各司法管辖区的了解,为当事人制定出一套最为有效的诉讼方案,也能够成为中国当事人与境外律师、法院与仲裁机构沟通的桥梁,从而有效帮助当事人节省诉讼成本。

(五)提高工作效率

跨境案件往往需要不同司法管辖区的律师协同配合,有效沟通,形成合力,需要项目的总协调人具备广阔的国际视野和跨文化沟通能力,能够统筹境外其他司法管辖区的律师互相配合,充分协同。由统一的"指挥中心"一体化地管理不同法域的诉讼案件,一方面,可以在信息对称的基础上提出比较精准的工作指示,省去一些不必要的工作,提升工作效率。比如,A 国系英美法国家,该司法管辖区的律师团队已经调研过的法律问题,其他英美法国家的律师也可以借鉴。再如,证据材料的准备和与证人沟通,不同法域的律师团队也可以互相借鉴、统一协调、降本增效。

另一方面,也可加强各司法管辖区间的沟通,一并协调,保持行动的统一性,有助于整体管理。具体而言,跨境诉讼的牵头中国律师多数精通英语,且可以熟练运用英语作为法律工作语言,有些律师甚至还掌握法语、西班牙语等第二外语。中国律师本身经过多年的法律学习,拥有可靠的专业能力,对法律专业的理解较为深入。因此,在面对不同语系项下的法律词汇时,可以做到互通互融,能熟练理解不同语系中的法律专业词汇所表达的法律概念,在与各司法管辖区的境外律师沟通时可以提高沟通效率。与传统的跨境诉讼合作模式相比,跨境诉讼一体化管理模式更有利于各司法管辖区的律师相互理解,易就专业问题达成一致,也便于后续为中国当事人提供翻译时,以中国当事人熟悉的语言进行解释,打破语言障碍，使得中国当事人能够准确理解。此外，中国律师和中国当事人在法律文化、语言基础、思维方式甚至人文文化上都能够共通，产生共鸣。相比于直接与不同司法管辖区的不同背景与文化的外国律师沟通，中国律师和中国当事人的沟通会更加顺畅与简洁，更容易让当事人理解全面收集对案件有利的证据的重要性，中国当事人更容易给予配合。此外，在证人出庭作证方面，无论是在选择专家证人进行论证还是在选择案件事实证人时，中国律师都能发挥更大的作用，避免因语言不通、文化差异等原因而对跨境诉讼产生不利影响。

以笔者代理的 W 公司跨境诉讼纠纷为例，该案所涉司法管辖区与法律关系可参见图 2－1。在该案中，W 公司是中国基本金属的核心资源供应商，其下属的刚果（金）J 公司与当地政治人物实际控制的企业就采矿服务合同发生纠纷，对方索赔 2.58 亿美元。

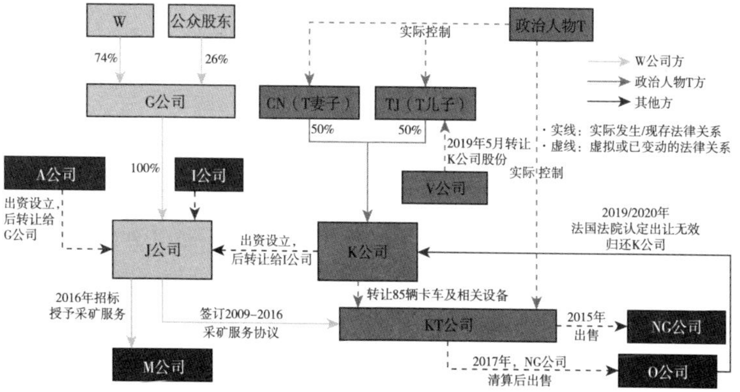

图 2－1　W 公司跨境诉讼纠纷示意

本案同时涉及刚果（金）商事法院的损失赔偿之诉、治安法院的保全措施之诉、大审法院的滥用司法程序之诉、伦敦国际仲裁，以及针对 J 公司总经理的刑事指控。该案件涉及央企国内总部、澳大利亚控股公司、刚果(金)当地公司以及刚果(金)当地律师、巴黎与伦敦的外资律所等多国法务和律师团队共同开展工作。我们介入后,协助W公司统筹协调了各司法管辖区资源,与当事人以及各司法管辖区的团队共同制订了整体应对策略,并将东道国团队的信息及时、一次性地汇报给各方,避免信息层层转发,提升效率。我们为当事人提供了案件一揽子解决方案,组成专项工作组,由W公司总部、各国律师团队共同协商、一次性决策。此外,我们充分发挥中、英、法综合语言优势和法律服务优势,协助调动各司法管辖区资源,确保多语种工作环境下一次性审查英法双语合同文件、反馈英法双语审查意见,协助统筹各司法管辖区律师及法务团队共同开展工作,有效提升信息流转沟通效率。在项目开展过程中,我们协助公司定期把控工作进度,汇总、分析案件整体走向,形成了跨境争议解决的合力,最终一次性、一揽子、系统化地解决了纠纷,和解金额仅为索赔金额的5.8%。

三、跨境诉讼一体化管理的执行

跨境诉讼一体化管理的执行主要可分为两部分,即跨境诉讼一体化战略的制定和执行,以及跨境诉讼一体化团队的组建。下文将分别讲述如何制定和执行诉讼战略,以及如何组建诉讼团队。

(一)跨境诉讼一体化战略的制定和执行

在实务中,跨境诉讼一体化战略的制定主要包含以下四步:第一,全面分析案件的事实材料,收集、留存全套证据,并对相关事实进行初步研判;第二,在熟悉全套案件材料与事实后,制定一套整体解决方案,重点解决案件涉及哪些司法管辖区、以何种顺序与诉由提起诉讼、涉及哪些诉讼成本等问题,同时设计一套整体的应对策略,包括诉讼、谈判和解、外交干涉等手段的相互配合等内容;第三，在宏观的整体解决方案的基础上，进一步细化该方案，对相关法律法规进行深入调研，制定全面与详细的诉讼执行方案，并对案件整体以及在各司法管辖区的分案件的有利抗辩点与可能存在的风险进行深入分析，全面考量各方案的利弊，选择风险相对可控以及最适用的方案，并做好相应的应急预案；第四，在制定了详细的诉讼方案的同时，还需确保方案全流程的可执行性。

1. 事实材料的全面充分分析

跨境诉讼一体化战略制定的第一步就是对事实材料的全面理解与掌握。在该阶段，首先，在制定战略前，要充分了解案件相关的全部事实。一般而言，跨境诉讼案件的事实材料往往错综复杂，且时间跨度较长，所涉及的当事人对相关事实的记忆可能有所模糊。因此，律师团队应在案件初始阶段，通过发送事实与材料清单、与相关业务部门人员沟通、访谈等多种方式，尽可能收集、了解与案件相关的全套事实信息。其次，收集案件材料后，律师团队与企业法务团队应根据案件不同阶段分类整理相关事实材料，列明已收集的材料清单与待收集的材料清单，并撰写完整的法律事实大事记，梳理、整理全套案件事实材料。最后，律师团队应结合案件材料、根据案件所涉的司法管辖区与准据法，梳理、分析可能存在的法律争议点，对案件的全套事实材料形成完整的分析意见。

2. 统筹研判跨司法管辖区

在对事实材料进行全面与充分的分析后，中国律师统筹管理的跨境诉讼一体化团队，必须要制定统一、综合、在各司法管辖区均可有效落地的整体解决方案，协同配合，形成合力，解决争议。

首先，制定整体的解决方案有利于统一目标。具体而言，跨境多团队合作，需要制订统一的目标，以及每个司法管辖区需要实现的子目标，统一管控实现。否则，各个司法管辖区单独开展工作，难以形成合力实现最终的目标。

其次,制定整体的解决方案有利于统一决策。在案件办理的各个不同阶段,需要对具体事项进行决策,可能涉及案件的整体处理,需要综合各方面因素充分研判,在各个阶段制定详细的整体方案,协同处理,有效实现商业目标。

最后,制定整体的解决方案有利于统一案件进度。跨境诉讼的特点是存在多司法管辖区的团队既要各自为战,又要相互配合。因此,每个司法管辖区的团队需要负责各个阶段不同的任务,工作需要统一指挥,安排好工作进度和工作方式,环环相扣,紧密衔接和配合。

具体而言,在该阶段,律师团队需要协同当事人对案件的整体诉讼策略进行统筹研判,明确以下问题:第一,根据该案件的事实与法律关系首先明确案件涉及哪些司法管辖区;第二,在各司法管辖区可以分别提起哪几类诉讼以及对应的诉由有哪些;第三,各司法管辖区提起诉讼可能涉及的成本分别有哪些,金额有多高;第四,在各司法管辖区的诉讼分别可能涉及哪几类证据,是否涉及证据出境等监管问题;第五,整体的解决方式有哪些,如何将谈判、外交干涉等方式与诉讼相结合等问题。律师团队对前述问题进行初步研判后,可以为中国当事人出具一份整体解决方案。

3. 协调冲突,制定方案

在整体解决方案的基础上,律师团队将对诉讼所涉内容进行深入、全面调研,制定出一整套细化的诉讼方案。一般而言,方案主要包括以下几部分内容:第一,对案件事实的梳理;第二,对争议点的梳理以及相关法律分析;第三,案件整体的应对思路,包括所涉司法管辖区、具体诉讼法院与案由等;第四,案件具体的下一步工作计划。

设定了最基础的诉讼路径后,需在该阶段明确在哪个司法管辖区起诉,即确定“主战场”。具体而言,在跨境诉讼中,可能存在多个司法管辖区的法院对案件拥有管辖权的情况。此时,需要从诉讼周期、证据取得、诉讼成本、胜诉可能、执行便利等角度,选择最有利于中国当事人的管辖法院,并且针对不同的司法管辖区设计不同的具体诉讼方案,选聘当地的律师开展工作。在明确了基本诉讼路径与“主战场”后,再为当事人制定完整的诉讼方案。

以笔者处理的A银行跨境追收案为例具体说明。在该案中,国内银行A通过“外保内贷”的方式贷款给国内公司B,用于间接收购BVI公司C持有的美国公司D的股权,并以D公司股权为贷款提供质押担保。D公司通过美国公司E,再通过百慕大的F公司,间接持有享有非洲当地矿产资源的开采权的某非洲公司G的股权。在签订质押合同时,借款人仅仅以最上一层D公司股权作为质押,E公司、F公司、G公司和采矿权都没有设定质押担保。B公司间接收购D公司股权后发生了贷款违约。因此,在A银行反对之下,B公司指示D公司召开股东会,通过决议向H公司转让了F公司股权,并解散了E公司。A银行拟撤销F公司股权的转让交易,重新控制某非洲国家矿产资源,恢复D公司股权价值并执行质押物受偿。(见图2-2)

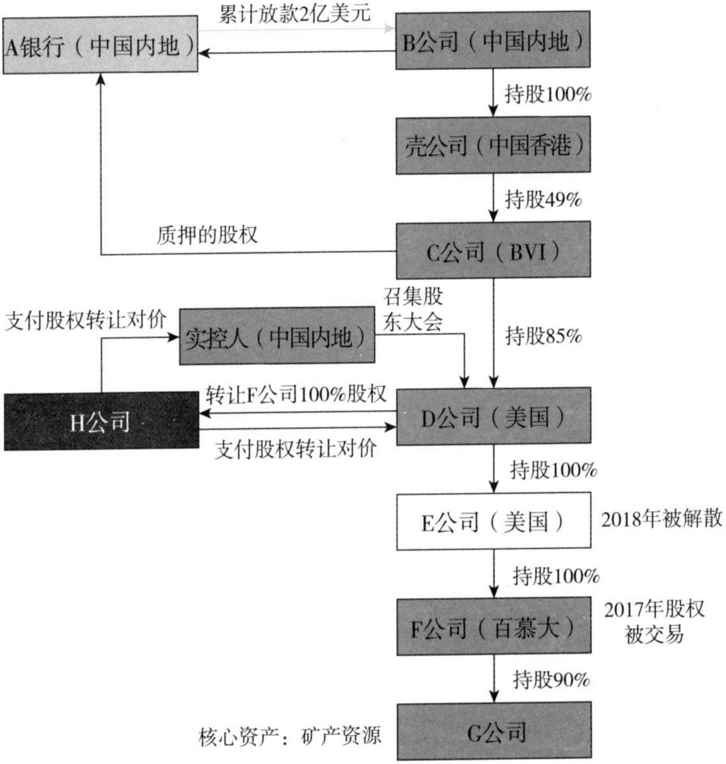

图 2－2　A 银行跨境纠纷示意

在该案中,我们基于以上事实情况,进一步分析了案件核心所涉及的法律关系,并据此设定了两条跨境诉讼路径,全面分析了利弊。路径一为 D 公司作为原告基于股权转让协议提起诉讼,D 公司作为卖方,基于股权转让协议起诉买方 H 公司。该路径基于合同相对性展开,法律关系简单清晰,可以主张撤销股权转让交易或者宣告该交易无效,但是在推进过程中会面临诸多困难,增加了诉讼的不确定性。路径二为 A 银行作为原告基于股权质押协议提起诉讼,由 A 银行作为原告,B 公司、F 公司、D 公司、H 公司均可以被列为共同被告,并基于当地公司法的规定提起诉讼,主张各被告恶意转移F公司股权的交易具有压迫性和欺诈性,不当损害了A银行质权利益,从而寻求撤销交易、返还股权等救济。

我们综合分析了所涉司法管辖区的法律法规、胜诉的可能性以及后续执行难度后,最终选择了百慕大法院作为"主战场"。主要考虑的是,F公司股权的冻结与变更登记,最终都必须由百慕大机关执行。美国法院签发的禁止令无法在百慕大法院执行,以及美国法院作出的返还股权判决难以在百慕大执行。此外,根据百慕大法律规定,百慕大法院对本案享有管辖权,而且不能脱离诉讼或执行单独申请禁止令。综上,我们认为百慕大法院是作为该跨境诉讼案件的主战场的最佳选择。

在选择了主战场后,我们为中国当事人量身定做了具体的诉讼方案,并进一步细化各司法管辖权的律师所需负责的具体工作。在该案中,跨境诉讼一体化团队共涉及四个主要动作:(1)美国律师负责在美国法院起诉,中止诉讼时效,维护A银行时效利益。(2)美国律师负责向美国公司登记机关申请恢复E公司主体资格,执行质押股权夺回D公司控制权。(3)百慕大律师负责在百慕大法院起诉,请求撤销F公司的股权转让交易,直接将F公司股权判给A公司。(4)利用A银行的海外影响力,请求外交部门和非洲当地政府斡旋,并聘请非洲律师,及时采取法律行动维持G公司股权及矿权现状。

4. 确保方案的可执行性

在制定跨境诉讼一体化方案时,还要关注方案从起诉/应诉、证据开示、庭审到执行阶段的全流程的可落地性和可执行性。具体而言,律师团队需要综合考虑以下几点:第一,律师团队在制定了诉讼方案后,要确保该套方案的专业性,包括法律理解的准确性与法律适用的准确性,以确保该方案下所提出的诉讼路径的法律基础是牢固的;第二,律师团队在制定诉讼方案时,还需充分考虑各项工作间的分工与衔接的流畅性,确保各司法管辖区律师团队行动的统一性,以便方案顺利执行;第三,律师团队在制定具体诉讼方案时,需要全面分析各种可能的诉讼路径,并深入分析各路径下在证据收集、诉讼难易程度、各司法管辖区间的互相承认的可能性以及后续执行难度,权衡利弊,同时对该案件后续可能发生的情形进行充分预判,并作出备选方案,以便该方案的某一路径最后无法执行时,该方案仍可被用于继续执行的参考;第四,在执行层面,要确保可执行财产的充裕以及被执行人的精神及各方面的状态,以免造成诉讼方案不可执行的局面。

以笔者处理的 TL 公司境外财务欺诈案为另一例具体说明。在该案中,TL 公司拟通过收购 I 公司与 Industrial Shareholders 公司对 S 公司的股权的方式收购目标公司 S 公司的股权,从而获得该公司的关键技术。然而,在收购后,S 公司进入了破产重整程序,并在重整过程中依照当地司法裁定进行了增资,稀释了股权,使得增资后的 I 公司成为了 S 公司的大股东,而 TL 公司因此丧失了对 S 公司的控制权,进而导致项目收购失败。TL 公司在调查过程中发现,S 公司在收购过程中对 S 公司大量隐瞒其公司真实情况,且存在大量的财务造假行为。(见图 2 – 3)

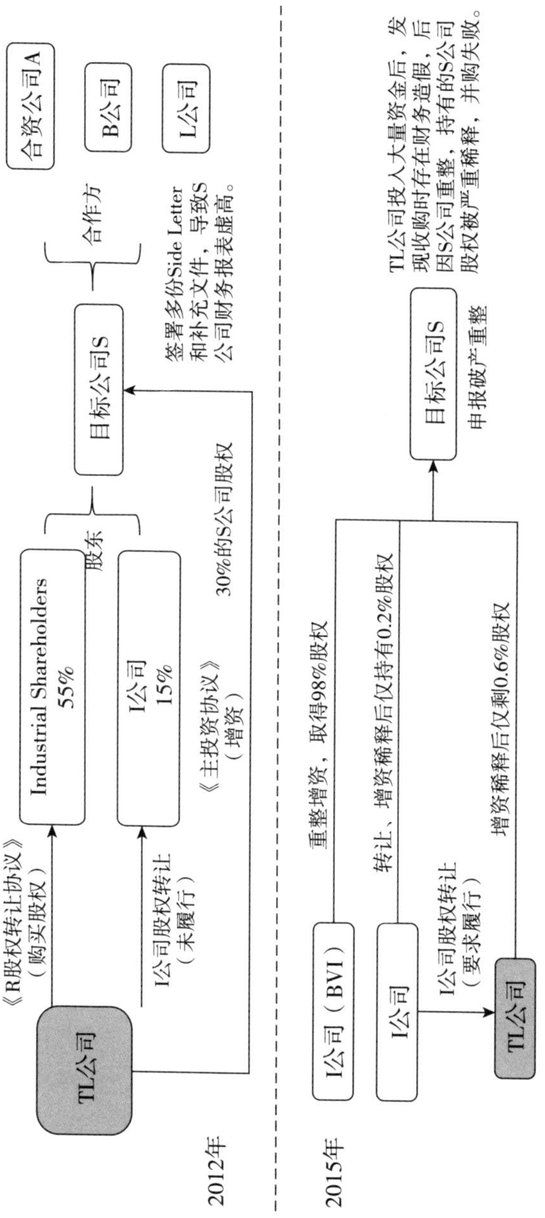

图2-3　TL公司境外财务欺诈案示意

在该案的诉讼方案中,我们为TL公司设置了五步完整的诉讼策略,并全面分析了利弊,取长补短,使得方案整体具有可执行性。具体而言,我们分析的第一步是提出仲裁反请求。我们计划基于I公司在与TL公司签署《股权转让协议》前与S公司以及S公司的董事等共同隐瞒S公司真实财务情况的行为,提出仲裁反请求,撤销《I公司股权转让协议》,并要求I公司赔偿损失。该仲裁反请求的准据法系意大利法,且约定某国际仲裁机构管辖。然而,该方案所需的时间及费用成本高,且胜诉裁决需要意大利法院的承认执行。第二步则是基于Industrial Shareholders公司、I公司以及S公司等在签署主协议以及系列股权转让协议前与S公司的董事等共同隐瞒S公司真实财务情况的行为,分别针对Industrial Shareholders公司、I公司提起仲裁,要求撤销各协议,并对TL公司的损失进行赔偿。仲裁的准据法系意大利法,且有确定的管辖仲裁机构。同样需要考虑的是,该方案时间及费用成本高,胜诉裁决需要意大利法院的承认执行,存在一定难度。第三步是在意大利提起民事诉讼,依据《意大利民法典》的规定,针对隐瞒S公司真实财务信息的董事及法定审计人提起损害股东利益诉讼,要求董事及法定审计人赔偿TL公司的损失。准据法是意大利法,并受到意大利法院管辖。虽然TL公司无法据此拖延仲裁程序,亦不能阻碍仲裁执行,但如果得以胜诉,可以在意大利直接执行。第四步是在意大利进行刑事举报,主张参与伪造S公司财务报表并将之用于申报破产的董事、财务负责人及监事等涉嫌构成破产欺诈罪(Fraudulent Insolvency)等。准据法适用意大利法,且受到意大利法院管辖。在该步骤中,对于S公司的董事等个人威慑力极大,且可以在侦查终结后为TL公司在民事诉讼及仲裁程序中提供较为有利的证据支持,且可能迫使S公司、I公司妥协和解。第五步则是在中国国内提起诉讼,基于中国《侵权责任法》的规定,可以要求S公司、Industrial Shareholders 公司及 I 公司承担侵权责任，通过中国境内的侵权诉讼配合国际仲裁案件的答辩，也可有效阻碍国际仲裁裁决在境内的承认与执行，且时间及费用成本低。

由此可见，在制定细化的诉讼方案时，需要充分调研各司法管辖区适用的法律法规，针对多个司法管辖区内不同的诉讼案件设定诉讼方案，同时需要结合被执行人的具体情况以及在当地的执行难度，对每套诉讼方案或路径的可行性进行全面的利弊分析，并尽量使得方案之间可以互相补足，具有可执行性，以便当事人进行决策。

（二）跨境诉讼一体化团队的组建

跨境诉讼一体化团队的组建主要包含两部分工作，即统筹领导整体诉讼的中国律师团队的组建以及具体负责境外事务的境外律师团队的组建。

1. 中国律师的统筹管理

对于中国当事人在境外的争议解决案件，当事人首先应考虑的问题并不是如何找到最“厉害”的出庭律师，而是如何聘任能够管理统筹整个案件的中国律师团队（Leading Counsel），协助当事人进行全局性的谋划、统筹和管理。具体原因及考量的标准包括：

（1）中国律师充分了解当事人的企业文化、战略目标和案件诉求，便于充分理解和贯彻当事人的目标；

（2）能够在理解当事人企业文化、战略目标和案件诉求的基础上，全面统筹处理跨司法管辖区的复杂疑难案件，为当事人设计有效的全案诉讼策略方案；

（3）贴近当事人，方便沟通，可以全方位协助当事人梳理事实、证据和选择证人；

（4）基于其专业性和资源，可以帮助当事人选择最为合适的境

外律师,并且在必要时及时更换;

(5)具备顶尖的专业能力,了解不同法域的法律,受过东西方的法律专业训练,能够有效帮助当事人管理案件流程,及时评估,防止战略方向偏差,也可以协同和监督境外律师的工作,把控质量和技术细节;

(6)具备丰富的跨境争议解决实战经验,能够在当事人和境外律师之间形成有效的沟通桥梁,准确地向境外律师发出工作指令,处理各种突发问题;

(7)具备跨文化、语言和法律领域沟通的能力,了解境外律师的工作方式和习惯,无缝对接境外律师的工作;

(8)在某些特殊的案件中,中国律师可以更好地满足当事人的保密要求。

在了解选择什么样的中国律师后,下一步就是筛选中国律师。根据笔者的经验,建议中国当事人主要考虑以下几方面的因素:

(1)该律师团队以及所在律师事务所过往处理跨境纠纷案件的经验与业绩,特别是与本案相关领域的实战经验,对于特定领域案件,需要选聘高度专业化的团队,例如国际知识产权案件、境外证券集团诉讼案件等,重点考虑该律师团队是否精通该细分领域,以避免选聘“杂而不精”的律师团队;

(2)该律师团队就案件的整体工作方案和策划,以及对案件程序的整体把握与初步评估,是否符合当事人的要求;

(3)该律师团队在钱伯斯、ALB 等权威专业法律评级机构的评价和表现,特别是在争议解决领域的评价和表现;

(4)通过该律师团队的简历,分析团队成员是否具备其他法域的学习或者工作经历、是否具备适格的跨语言和跨文化沟通能力;

(5)律师团队能够调动的境外合作律师的资源,特别是在本案相关领域的境外律师资源;

(6)结合上述因素以及该律师团队的收费标准,综合考量性价比。

2.境外律师相应领域的专业性和实战经验

当事人聘任了境内中国律师团队后,应由境内律师团队协同当事人组建一体化的跨境争议解决律师团队,这其中的重点便是为当事人选聘适格的境外律师团队。跨境诉讼中,境外律师的选择是境外司法程序能否取得理想结果的关键,境外律师需要具备深厚的东道国法律功底、出色的开庭技巧、负责的工作态度,更加需要理解中国企业的运作、理解中国文化和东方思维,能够充分消化中国企业的商业目标,认真执行工作指示。境外尤其是发达国家的法律服务市场分工极为细化,许多案件需要调查机构、专家证人、事实证人的协同配合,中国企业一般难以拥有相应的资源,只能依赖东道国律师推荐,往往工作效果不佳,且成本较高。因此,在跨境诉讼或国际仲裁案件中由牵头的中国律师参与共同选聘境外律师团队,对案件整体的把控是非常重要的。

例如,在我们代理的M公司美国仲裁协会的专利仲裁纠纷案中,前期M公司自主选聘了境外律师,在仲裁第一阶段由一家知名国际性律师事务所代理,最终不仅全面败诉,还面临仲裁第二阶段损害赔偿审理中的"惩罚性赔偿"。我们在第二阶段开庭前一个月介入后,根据我们对整个项目的统筹与分析,从项目整体层面协助M公司更换了该国际性律师事务所,并同时面试5家美国律所,最终选择美国某顶尖律师事务所加州办公室的一名资深仲裁合伙人和一名理工科背景合伙人领衔的团队为M公司提供仲裁第二阶段法律服务。选定后,两家律所共同协助M公司准备答辩意见、开庭意见、庭后意见等,最终成功驳回"惩罚性"赔偿,协助M公司免受约1.5亿元的额外损失。

在TL公司意大利诉讼案中,我们通过国际仲裁程序协助TL

公司选聘了在欧洲颇具实力的某国际律所代理该案件,并指示由伦敦办公室、罗马办公室协同代理案件;协助 TL 公司选聘知名财务专家,该专家曾作为专家证人,参加包括多家意大利足球俱乐部案件在内的多起财务欺诈案件的财务分析,具有十分丰富的参与司法程序和出庭作证的经验;在意大利民事诉讼程序中,我们还与 TL 公司前往意大利现场面试了 4 家律师事务所,并最终选定一家具有丰富诉讼经验的当地律师事务所;在意大利刑事诉讼程序中,我们也与 TL 公司前往意大利,面试刑事律师,最终选定一位具有几十年刑事诉讼经验的当地刑事律师。我们协助选聘的境外律师团队均系我们认为相对可靠且经我们测试过法律功底与法律理解的团队,这有助于确保其提供的法律服务质量,从而进一步提升跨境诉讼案件的胜诉概率。

境外律师的专业水平往往直接决定了该案件在该司法管辖区内的成败。因此,在选聘境外律师时,除了公开渠道可了解的信息外,当事人还需要深入了解该境外律师在当地业内的名声,而这要求中国当事人对当地的司法环境较为熟悉,且有一定的人脉网络。因此,由中国境内律师团队协助选聘境外律师团队的另一个优势是,国内大型律师事务所一般在境外主流司法管辖区均设有办事处,且多数国内大型律师事务所与各司法管辖区的多家境外律所、专业机构、调查机构均建立了长期合作关系,其中多数为各律师团队已通过合作的方式深入了解的律师事务所,因此,中国当事人能够充分借助中国律师团队所属的律师事务所的资源平台,在全球范围内以合理的价格为中国当事人寻找到细分领域的优秀专业人士。

综上所述,我们根据过往的实践,总结整理了以下关于境外律师选聘的经验,抛砖引玉,以期对该问题的解决有所助益。

(1)信息收集与初步接洽

在选聘境外律师时,应注意对境外律师信息资料的全面收集。

这方面，当事人可以利用中国律师团队内部的境外律师资源库进行初步筛选，也可以在权威专业法律评级机构评级资料、同类重大案例代理律师中进行检索，将专业过硬、合作顺畅、受认可度高的境外律师信息汇总整合。

此后，当事人可以通过中国律师团队进一步联系该境外律师团队，获取其详细简历、业绩经验、与中国企业/个人的合作情况等，具体评估是否适合担任本案境外律师。同时，当事人需要在中国律师团队的协助下，将案件的背景情况、核心事实及争议焦点等信息提供给境外律师，供其进行利益冲突检索以及对案件的初步评估。这时需要中国律师团队妥善把握，既能提供足够的信息以供评估，又不至于在确定聘任前提供过多案件材料，导致案件信息泄露。在某些时候，可以要求待聘境外律师签署保密协议（Non-Disclosure Agreement），以确保案件资料的保密性。

（2）充分考察专业能力与实战经验

选聘境外律师团队最重要的方面便是对其专业能力与经验进行充分考察。我们建议这时可以重点关注以下几个方面。

①相应领域的专业性和实战经验

如同选聘中国律师团队一样，境外律师在本案相关领域的专业性至关重要，这可以通过其简历反映的教育背景、执业经历、代表案例等进行考察，结合权威专业评级机构对该境外律师在相应专业领域的评价进行判断。同时，还需要关注以下方面：

第一，该境外律师的执业风格。由于境外律师有些是学者型教授、仲裁员等，对于需要出庭对抗的案件，我们建议一般选择实战型律师，从而更有效地应对庭审中的突发情况。

第二，对于国际仲裁案件，也需要考虑该境外律师是否担任过仲裁员，是否了解仲裁程序，往往担任过仲裁员或者有丰富仲裁经验的律师，可以有效识别和降低仲裁程序中的法律风险，以防未来仲裁裁决因程序问题无法执行。

②书面及面试考察案件代理思路

整体了解境外律师的专业性和实战经验后,需要结合具体案件考察其是否对本案有着有效的方案、创新的思路,并与中国律师团队一起研究讨论方案的优劣和可执行性。在此基础上,我们建议,对境外律师以现场面谈、视频会议或者电话会议的方式进行面试,进一步讨论初步代理方案,直观了解其专业能力、语言表达、执业风格、临场反应等,以评估其是否适合代理本案。

③对中国当事人及团队的信任感

由于历史、文化及意识形态等种种原因,有些西方国家的律师对中国文化的理解并不深刻,对中国当事人甚至中国律师亦有可能存在误解和偏见,容易产生不信任感,这可能导致未来与境外律师的沟通不顺畅、执行力下降,进而影响案件的进度和结果。因此,可以在筛选简历时关注其过往与中国企业/个人的合作情况,在现场或者远程会议沟通时也可以予以重点考察。

④注意境外律师的性价比

境外法律服务一般按小时计费,收费较为昂贵。当事人及中国律师团队在选聘境外律师时需要对境外律师的性价比加以注意,以实现中国当事人利益最大化。对此,一方面,可以对境外法律服务市场进行了解,据此对律师费进行初步评估;另一方面,可以适当多向几家不同类型的律师事务所进行询价,如国际律所、本地律所、综合性律所、专业性律所等,比对报价费用,在综合考量其他因素的基础上进行筛选。

⑤跨文化、语言的沟通理解能力

由于语言文化的差异,与境外律师的沟通不免有些障碍,一般最优的选择是该境外律师团队中有人通晓中文或者熟悉中国文化,如此能够方便沟通。如果没有,在某些非英语国家,该境外律师也应能够熟练以英语作为工作语言，否则需要慎重考虑沟通的效率和成本问题。

四、跨境诉讼一体化工作机制执行的难点和解决方法

跨境诉讼一体化工作机制也存在一定的执行难点。首先，中国律师团队作为统筹律师，需要对各司法管辖区的外籍律师的工作成果进行监督，而这需要在选聘阶段就选择可靠的外籍律师。然而，在部分第三世界国家，法律工作者少之又少，其工作成果的质量亦参差不齐，且经常存在因各种原因断网失联的情况，使得统筹的中国律师团队难以及时联系到该律师，工作无法及时开展，亦无法准时得到回应，可能会导致工作效率降低。

其次，虽然统筹管理的中国律师团队多具有留学背景，但由于各司法管辖区的法律环境、法律体系均存在较大不同，中国律师在对法律问题的理解的准确性方面可能仍会存在偏差。例如，美国与英国均为判例法国家，但其在诸多法律问题的认定上和判例上均有所不同，在美国留学的中国律师在面临英国法问题时，可能仍需要花费一定时间调研与学习。

最后，虽然中国律师团队律师的文化背景以中国文化背景为主，更容易理解中国当事人的痛点与难点，然而，从另一个角度出发，中国律师在与境外律师交流时，存在一定程度的跨文化交流。因此，双方在交流中需要互相充分理解，才可顺利配合，而中国律师的文化理念与价值观差异可能使得其与境外律师的相互理解产生一定困难。

对于上述问题，当事人在选聘统筹管理的中国律师团队时，应重点关注该团队的以下特点，以尽可能减少上述难点所导致的风险：

1. 重点选聘具有相关境外实务经验的中国律师，例如拥有境

外执业证且拥有境外相关领域的执业经历的中国律师。一方面,能够保障所选聘的律师对外语的掌握与运用能力,另一方面,也能确保该律师在理解外国法律适用时的准确性,从而能够有效监督境外律师的工作成果,保障工作质量。此外,具有境外执业经历的律师往往对当地司法管辖区的文化与价值理念有所了解,由其与境外律师直接沟通,可以提高相互的理解与认同度,提升工作效率。

2. 当事人在选聘律师团队时,尽量挑选在多个不同的司法管辖区均有留学经历的律师团队,以保证案件涉及不同司法管辖区时,中国牵头统筹的律师团队均有专业人士能够充分理解该司法管辖区项下的法律适用,也得以加强对境外律师的专业性的把控能力。

3. 在选聘境外律师时,可以借助中国律师团队的力量。如前文所提及,多数中国国内大型律师事务所在世界主要司法管辖区均设有自己的分支机构。此外,该类大型律师事务所因其业务之广,人员之多,均已建立了自己的境外律所与律师推荐库。中国企业可以借助选聘的中国律师团队的相关经验,选聘相对可靠的境外律师,从而避免因外籍律师质量有限而影响整体诉讼的局面。

第三章　起诉和应诉

一、立案与受理

(一)立案标准

境内法院对于立案设置了相对较高的门槛,会有专门的立案庭审查:(1)原告是否与本案有直接利害关系;(2)是否有明确的被告;(3)是否有具体的诉讼请求和事实、理由;(4)是否属于人民法院受理民事诉讼的范围和受诉人民法院管辖。对于不符合前述条件的起诉,法院可以不予受理。与此不同的是,普通法系法院通常不设置专门的立案庭,对于起诉状的内容也不做实质审查,立案条件比较宽松。

例如,美国法院没有所谓的立案庭,美国法院本身也不会对诉状内容做实质审查。诉状递交之后,一般只要没有格式上的错误,法院都会予以立案并发出传票(summons)。此时,原告就可以安排诉状送达被告。香港法庭对立案的门槛向来也无筛选审查机制,诉讼开始时,原告应将载有原告及被告身份和申索性质的传讯令状(writ of summons)和申索陈述书(statement of claim)送交法院存档以展开诉讼。

(二)诉讼费用

普通法系法院收取的诉讼费用一般比中国境内法院更低。不同于中国境内法院按照诉讼标的大小收取一定比例的费用,很多普通法系的法院采用固定收费的方式收取诉讼费用。

例如,新加坡法院不按争议金额比例收费,而按照一事一收费。法院的收费包括了印花费、手续费和听审费。在新加坡高等法院(High Court of Singapore),提交诉状收400元新币,提交证据材料每页收1元新币。对于争议标的小于100万元新币的案件,开庭1~3天免收听审费,之后每天收取2000~6000元新币不等的听审费;对于争议标的超过100万元新币的案件,开庭1~3天免费,之后每天收取3000~9000元新币不等的听审费。再如,美国法院不是按诉讼标金额的比例收取诉讼费,所以,无论诉讼标的有多大,10万美元或1000万美元,收取的诉讼费是相同金额,而且诉讼费相对较低。大部分州一审法院及联邦一审法院(District Courts)的民事案件的诉讼费或受理费均为400美元左右。诉讼费(filing fee; appearance fee)由当事人双方向法院缴纳。原告向法院提交起诉状(complaint)时缴纳诉讼费,即案件受理费,在400~500美元,法院不予退还。除了原告起诉时需交纳诉讼费,被告在收到原告送达的起诉状和传票(Complaint and Summons)后,如果决定应诉,被告需要向法院交纳出庭费(appearance fee),法院也不予退还。

二、起诉/应诉的文件准备

(一)起诉文件的准备

1. 起诉状

普通法系和大陆法系的起诉状,就其内容和作用而言大体相似。起诉状旨在描述案件事实的整体框架和基本情况,起到让被告知道其已经被起诉的通知作用,因此不用过于详细,也不用附加太多证据材料甚至不用附加证据材料以证明案件事实。

以美国《联邦民事程序规则》第 8 条为例,[1]其规定起诉状需要包括以下内容:(1)关于法院管辖权成立理由的简短明了的陈述;(2)一份简短明了的申诉陈述,表明当事人有权获得救济;(3)请求获得的救济。在起草起诉状之前,原告的律师有责任进行适当调查以查明案件事实,并选择合适的诉由。起诉状首先会明确案件当事人,并说明法院具有管辖权的原因,然后陈述支持诉由成立的案件事实。为方便审阅,起诉状的内容一般会以编号的形式一段一段呈现,但是各段之间前后关联、互为依据。起诉状的最后部分一般会陈述原告所要寻求的救济,以及是否要求陪审团进行审判。又如,在加拿大安大略省,如果时间紧急来不及提交完整的起诉状,原告可以在诉讼时效内先向法院提交一份相当于简化版起诉状的起诉通知(Notice of Action),然后必须在起诉通知提交后 30 日内提交正式的起诉状。

2. 诉讼时效

境外关于诉讼时效的规定和境内相比存在一定的差异。比如,香港的诉讼时效由《时效法令》(Limitation Ordinance)[2]规定,不同诉由的诉讼时效不同,一般性合同纠纷的诉讼时效为 6 年,但由契据(deed)创立的合同的诉讼时效为 12 年。再如,BVI 的诉讼时效由《1961 时效法令》(Limitation Ordinance 1961)规定,侵权纠纷的诉讼时效为 6 年;[3]合同纠纷的诉讼时效为 6 年。[4] 在合同纠纷中,诉讼时效期间会从违约之日起算,起诉时需要确定诉讼时效期间是否已经届满。如果已经届满,原告仍然提起诉讼,那么被

---

〔1〕 Rule 8 of the Federal Rules of Civil Procedure.

〔2〕 Cap. 347 of the Laws of Hong Kong.

〔3〕 Section 4 of Limitation Ordinance 1961.

〔4〕 Section 4 of Limitation Ordinance 1961.

告将会提出时效抗辩,使原告丧失胜诉权。

在某些情况下,诉讼时效可以延长或者中止计算。例如:(1)发现损害规则。在人身伤害案件中,原告如果无法合理确定诉由已经发生,而在此期间诉讼时效期间已经届满,原告仍应有权提起诉讼。根据发现损害规则,诉讼时效期间将从原告实际发现损害或者应当能够发现损害之日起算。(2)欺诈性隐瞒规则。如果被告进行了误导性的、欺诈性的、虚假的行为,以阻碍原告发现诉讼事由,并且实际导致原告无法在诉讼时效期间届满前发现该事由,那么原告在发现诉讼事由后,仍然可以起诉。

3. 准据法

在重要的交易中,合同双方一般会在协议中明确约定适用的准据法,原告起诉时也一般会按照准据法的规定撰写起诉状。如果合同明确约定了适用何国或地区的法律,一般会得到法庭或仲裁庭的尊重,除非该等约定违反了某些强制性法律规定或公共政策。如果在合同中未约定实体方面的准据法,就需要法院根据国际私法的冲突规范指引寻找恰当的法律作为解决争议的依据。

一般来说,各国或地区法律在寻找准据法时会遵循以下一种或多种原则:一是最密切联系原则,即适用与合同权利义务关系有最密切联系的法律。该原则允许法院通盘考虑所有重要的合同,而不是单一偶然事件,主要考虑的方面包括:合同签署地、协商地、履行地,合同标的所在地,以及合同当事人住所地。二是特征性履行原则,即适用履行义务最能体现该合同特征的一方当事人经常居所地法律。三是更密切联系地原则,即如果合同与另一国家或地区的联系更为密切,则适用该国家或地区的法律。

(二)应诉文件的准备

应诉时,起草并及时提交答辩状非常重要,否则可能会导致对被告的缺席判决。起诉状的内容已经确定了答辩状的框架,答辩状只需要针对每一项主张进行回应。在答辩时建议提出所有可能的肯定性抗辩(affirmative defense)[1]和反请求,只需要善意地相信这些主张不是虚假的或者毫无意义的即可,而不需要肯定这些主张是否能够得到支持。答辩时不提肯定性抗辩有可能会影响被告之后再提,不提反请求也可能会导致被告今后因为一事不再理而无法另行起诉。

答辩状通常包含以下内容:(1)承认、否认原告的主张,或者否认原告每项主张的依据的充分性。一般来说,存疑时可以否认或否认知晓相关情况,因为在答辩状中承认某些事实可能导致以后不能作出相反的陈述。但是,否认明显真实的情况或恶意否认事实可能会导致法庭制裁甚至律师协会的纪律处分。(2)提出肯定性抗辩(affirmative defense)。(3)提出反请求。反请求主张存在事实和理由让原告赔偿被告的损失,从而改变原告的诉讼地位。无论被告承认还是否认原告主张的法律责任,都可以提出反请求。(4)请求救济。被告可以就原告的请求和自身的反请求,请求法院作出裁判。

各国及地区民事程序规则对于答辩期的规定不一致。美国《联邦民事程序规则》(Federal Rules of Civil Procedure)第12条规定,[2]提交答辩状的期限为被告收到起诉状和传票后21日以内。根据香港《高等法院规则》(Rules of the High Court)第18号令,[3]被告被送达后,必须在14日内确认收到了法院令状,并提交表明将要答辩的通知,否则原告有可能获得缺席判决。之后,被告必须在确认收到令状之日或者收到起诉状之日孰后者的28日内提交

---

〔1〕 肯定性抗辩是指,被告提出的即使原告主张的事实为真,原告依然不应当胜诉的理由。常见的肯定性抗辩包括:与有过失、已过诉讼时效、被告破产等。

〔2〕 Rule 12 of the Federal Rules of Civil Procedure.

〔3〕 Order 18, rule 2, Rules of the High Court.

答辩状。根据新加坡法，[1]如果被告想要反驳原告的主张，被告必须在令状送达之日起的 8 日内提交出庭通知（针对被告在新加坡境内的情形），或者必须在令状送达之日起的 21 日内提交出庭通知（针对被告在新加坡境外的情形）。被告如果想要提交答辩状，那么应当在提交出庭通知期满后的 14 日内完成。

三、授权委托

普通法系律师代理当事人出庭一般不需要当事人单独出具授权委托书，律师直接与当事人签署委托代理合同即可。律师也不用向法院证明与当事人的授权代理关系，开庭时直接言明自己代理的是哪一方当事人即可。

在普通法系，律师可以根据当事人的授权委托，代为处理各种法律事务，包括但不限于：收集用于开庭的证据；参加听审、开庭和其他与当事人的法律会议；安排并制作目击证人和专家证人的证言；为当事人解读法律、法规，告知其享有的法律权利；为当事人准备法律文书，包括遗嘱、交易合同、离婚协议等；审阅证据开示文件；为当事人采取法律行动提供建议等。以美国为例，根据美国《模范律师职业行为规则》（Model Rules of Professional Conduct）第 1.2 条规定，[2]律师就代理目标应当遵循当事人的决定，就实现代理目标的方式应当征求当事人的意见。律师可以代表当事人从事为完成代理事项而默许可以开展的活动。律师就是否和解应当遵循当事人的意愿。如果根据当时的情形，限制是合理的而且当事人作出了知情同意，那么律师可以限制授权代理事项的范围。

---

〔1〕 *File and serve pleadings*, SG Courts, https://www.judiciary.gov.sg/civil/file-serve-pleadings#:~:text=File%20and%20send%20a%20copy,known%20as%20entering%20an%20appearance.

〔2〕 Rule 1.2 of Model Rules of Professional Conduct.

第四章　送　　达

一、跨境送达概述

（一）跨境送达的概念

送达是指法院或当事人依照法律规定的程序和方式将诉讼相关的文书交付给当事人及其他诉讼参与人的诉讼程序。跨境送达则是指向位于法院地以外的司法管辖区的受送达人交付相关文书的程序。从概念来看，送达程序的构成包含送达主体、送达文书以及送达对象三个要素。

就送达主体而言，因各国司法制度及送达相关的法律规定不同，送达可能由法院或当事人来做出。大陆法系和英美法系基于不同的价值导向在该问题上规则存在较大差异。诉讼模式采法院职权主义的大陆法系国家倾向于将送达行为视为公权力的行使，通常由法院主导，当事人或其他私人主体无权进行送达。奉行当事人主义的英美法系诉讼体制则更加注重当事人在诉讼中的主动权，送达方式相对更加灵活，且允许私人主体参与送达程序。[1]

就送达文书而言，通常是指诉讼程序中产生的司法文书（judi-

〔1〕 参见费宗祎、唐承元主编：《中国司法协助的理论与实践》，人民法院出版社1992年版，第72页。

cial documents)〔1〕。根据我国最高人民法院《关于涉外民事或商事案件司法文书送达问题若干规定》第2条,司法文书是指"起诉状副本、上诉状副本、反诉状副本、答辩状副本、传票、判决书、调解书、裁定书、支付令、决定书、通知书、证明书、送达回证以及其他司法文书"。除司法文书以外,有时还会涉及司法外文书(extrajudicial documents)的送达。司法外文书是指与诉讼本身不直接相关,但涉及公权力或司法人员介入并具有法律效果的文书,比如给付催告书、关于汇票的拒绝证书等。〔2〕

就送达对象而言,一般包括诉讼当事人及其他诉讼参与人。诉讼文书的送达对象主要是案件的原告和被告。除此以外,其他诉讼参与人如代理人、证人、鉴定人员等均可能成为送达对象。当送达对象位于送达主体所在司法管辖区以外时,即产生了跨境送达的问题。

(二)跨境送达的价值考量

送达程序作为法院、当事人和其他诉讼参与人之间传递诉讼信息的重要手段,〔3〕看似简单基础,实际上关系到诉讼当事人的权利保障与诉讼效率之间的平衡,跨境送达还涉及国家司法主权的边界问题。正是基于这些价值考量,在信息网络技术和跨国特快专递如此发达的今天,跨境送达仍然呈现出程序复杂、耗时较长的特点。

〔1〕 在《海牙关于向国外送达民事或商事司法文书和司法外文书公约》(Convention on the Service Abroad of Judicial and Extrajudicial Documents in Civil or Commercial Matters)中,将送达文书分为司法文书与司法外文书两类。

〔2〕 参见费宗祎、唐承元主编:《中国司法协助的理论与实践》,人民法院出版社1992年版,第73页。

〔3〕 参见王福华:《民事送达制度正当化原理》,载《法商研究》2003年第4期,第95页。

一方面,从诉讼效率以及原告权利及时得到救济的角度出发,送达制度的设计需要尽可能简化程序,比如考虑引入电子送达、邮寄送达等途径,充分利用现代科技来实现送达,以推动诉讼程序的高效进行。另一方面,完善的送达程序对于诉讼当事人程序性权利的保障具有重要意义,因此各国往往在送达制度中设计重要环节的程序性要求,比如设置送达回证等作为正当程序的保证。

更重要的是,跨境送达涉及送达发出国与送达目的地国之间的司法互助与司法主权的协调。作为国家主权原则的内容之一,一国有权在本国领域内行使司法权,在他国领域内除他国同意的情况下不得行使。而送达程序正是司法权行使的一部分。[1] 跨境送达是向法院地以外的司法管辖区的受送达人交付相关文书,基于前述有关司法主权的国际法原则,在他国司法管辖区进行送达需要获得该国的同意,因此需要不同司法管辖区之间的协调与合作,或通过事先的条约安排,或直接通过外交途径解决。不管采取何种方式,司法协助涉及不同司法管辖区的程序,步骤相对复杂,相应地也会产生更高的时间成本。

(三)跨境送达的重要性

1. 送达与诉讼程序的推进

送达贯穿整个诉讼程序,其价值不只体现在向受送达人转交相关文书,使其了解文书内容,并据此参与审判程序,行使相关诉讼权利。更重要的是,送达程序的完成具有推动诉讼进程的法律效力,[2] 送达将各方诉讼参与人的行为联系起来,促成起诉、答辩、

---

〔1〕 参见[日]本间靖规、[日]中野俊一郎、[日]酒井一:《国际民事诉讼法》,柴裕红译,商务印书馆2020年版,第14、99页。

〔2〕 参见张艳:《民事诉讼送达制度适用问题之探讨与完善》,载《法律适用》2013年第8期,第97页。

开庭、判决、执行等程序的有序推进。如果没有向被告合法有效地送达起诉状和到庭通知,法院将无法开始行使司法审判权。[1] 在英美法系国家,对被告的合法有效送达甚至影响法院管辖权的确立。[2] 正因送达在诉讼推进过程中的重要作用,针对送达有效性的质疑有时可以作为跨境诉讼中被告最初的抗辩武器。

2. 送达与诉讼期间的计算

诉讼程序的期间往往以相关文书送达完成之日开始计算。各国民事诉讼程序的法律规定中普遍将向被告送达起诉状的日期作为答辩期限的起算日期。比如我国《民事诉讼法》第 285 条规定:"被告在中华人民共和国领域内没有住所的,人民法院应当将起诉状副本送达被告,并通知被告在收到起诉状副本后三十日内提出答辩状……"第 286 条同样将上诉期间的起算日确定为向当事人送达裁定书或判决书之日。

3. 送达与判决的承认与执行

正当程序原则是英美法系的一条重要的宪法原则,其精神也为大陆法系国家所普遍吸收。送达作为正当程序的一部分,关系到实体判决的正当性和效力。迈克尔·贝勒斯在其著述《法律的原则——一个规范的分析》中对送达(诉讼中的通知)的重要性作如下阐释:"通知的权益和发表意见的机会是如此之根本,以至于只有存在最重大的理由,并且尽一切可能保护被告的利益时,才可剥夺。"[3]

跨境诉讼常常涉及一国判决在他国的承认与执行,而送达程

〔1〕 参见李旺:《国际民事诉讼法》,清华大学出版社 2011 年版,第 98 页。

〔2〕 参见何其生:《域外送达制度研究》,北京大学出版社 2006 年版,第 26 页。

〔3〕 [美]迈克尔·D. 贝勒斯:《法律的原则——一个规范的分析》,张文显等译,中国大百科全书出版社 1995 年版,第 51 页。转引自王福华:《民事送达制度正当化原理》,载《法商研究》2003 年第 4 期,第 96 页。

序的合法有效性可能会影响到后续法院判决的效力是否能够得到他国司法机关的认可。特别是在缺席判决的情况下,包括送达在内的程序瑕疵很可能构成否定判决效力的因素。作为世界范围内关于承认和执行外国判决影响力最大的国际条约,《海牙民商事案件外国判决的承认和执行公约》第6条规定,"缺席判决只有起诉通知书已依照请求国的法律送达缺席方,使该方有足够时间提出辩护时,才能被承认应宣布为有执行力的"。第13条规定,在缺席判决的情况下,申请承认和执行外国判决的一方需要提供"证明传票已合法送达未出庭一方的文件原本或经核对无误的副本"。因此,跨境诉讼的原告如果后续需要在法院地国以外执行相关判决,也需要格外关注送达程序的证据留存,避免送达程序瑕疵。

比如,在北京市高级人民法院审理的关于承认和执行德国奥芬堡州法院第20460/07判决一案中,德国法院通过邮寄的方式向位于我国的当事人送达判决书。最高人民法院作出批示,因中国不允许采用邮寄方式向中国境内的受送达人进行送达,本案未完成有效送达,故该判决未对当事人发生法律效力,承认和执行的条件尚不具备,申请人应待完成我国法律认可的送达程序后再申请承认和执行。[1]

(四)跨境送达的法律渊源

1. 国内法

前文已述,送达是一国司法主权范围内的事项,根据国家主权原则,未经他国允许,各国仅有权在本国领域内进行送达。因跨境民商事纠纷涉及常常涉及位于不同国家的当事人,向法院地以外

---

〔1〕 参见金彭年、董玉鹏编著:《国际民事诉讼法——原理、制度与案例》,浙江大学出版社2020年版,第143页。

的司法管辖区的送达有赖于国家间的司法协助。司法协助的具体程序可能通过签订多边条约、双边司法互助条约的方式事先安排,亦可能由有权机关通过外交途径来解决。无论是采用何种方式,均不得违反受送达人所在国的法律规定。正因如此,受送达人所在国的法律规定成为跨境送达的重要法律渊源。

举例而言,假设 A 国国内法允许外国主体采取中央机关转递、邮寄送达和电子送达等方式向位于本国的主体进行送达,B 国仅允许通过中央机关转递的方式向本国主体进行送达。现 A 国法院审理一起涉外商事案件,需要向位于 B 国的受送达人 X 交付相关司法文书,按照受送达人所在国即 B 国国内法规定,该情况下仅能通过中央机关转递的方式向 X 送达。反之,如果 B 国法院需要向位于 A 国的受送达人 Y 交付相关文书,则可以依照 A 国国内法,选择中央机关转递、邮寄送达、电子送达的任一方式。

值得注意的是,尽管尚未有明确的国际条约规定或已形成国际习惯法的充分证据,目前国际上较为普遍的观点是法院地国有权决定文书是否需要向域外送达。[1] 该问题主要体现在向域外受送达主体位于法院地国的代表机构、分支机构或诉讼代理人送达的情况,如果法院地国国内法允许,一般认为可以通过向前述主体交付文书的方式完成送达,而不论实际希望送达的主体所在国的法律规定如何。

举例而言,假设 A 国国内法允许向外国当事人在 A 国境内的

〔1〕 Report on the Work of the Special Commission of April 1989 on the Operation of the Hague Conventions of 15 November 1965 on the Service Abroad of Judicial and Extrajudicial Documents in Civil or Commercial Matters and of 18 March 1970 on the Taking of Evidence Abroad in Civil or Commercial Matters: 4. https://assets.hcch.net/docs/e8456534-1ba4-4bc9-ade8-bcf3a7b85c5d.pdf.

代表机构、分支机构或诉讼代理人进行送达,B国国内法不允许,现A国法院审理一起涉外商事案件,需要向位于B国的受送达人X送达相关司法文书,按照A国国内法,可以通过向X位于A国的代表机构、分支机构或诉讼代理人交付文书的方式完成送达。因为A国作为法院地国,有权决定是否向域外送达。

2. 国际条约

为了便利国家或地区间司法协助,提高跨境民商事案件的处理效率,进而促进国际经济交往合作,各国就送达问题达成合意,缔结了一些多边条约和双边协定。

就多边条约而言,《海牙民事诉讼程序公约》(以下简称《海牙民诉公约》)是最早有关司法协助和跨境送达问题的多边条约,于1886年在海牙签订,并于1905年和1954年进行了两次修订。该公约共有49个缔约方,[1]在送达问题上仅就外交途径送达做了原则性规定。《海牙关于向国外送达民事或商事司法文书和司法外文书公约》(以下简称《海牙送达公约》)是在跨境送达领域最具影响力的国际条约,[2]于1965年在海牙签订,共有79个缔约方,[3]确立了中央机关转递送达的基本规则,在《海牙民诉公约》的基础上对跨境送达程序进行了优化完善,并包含更加具体、细化的规定。(详见本章第二部分"跨境送达的法律规定")根据《海牙送达公约》第22条,对于同为《海牙民诉公约》和《海牙送达公约》缔约方的情况,《海牙送达公约》的规定优先适用。

---

〔1〕 详见海牙国际私法会议官方网站公布的信息:https://www.hcch.net/en/instruments/conventions/status-table/? cid=33。

〔2〕 参见郭树理:《〈海牙民商事司法文书与司法外文书域外送达公约〉述评》,载《比较法研究》2002年第2期,第61页。

〔3〕 详见海牙国际私法会议官方网站公布的信息:https://www.hcch.net/en/instruments/conventions/status-table/? cid=17。

就双边司法互助协定而言,根据中国司法部官方网站的信息,截至 2022 年 12 月 31 日,中国与包括法国、西班牙、意大利、希腊、新加坡、俄罗斯、韩国等在内的 37 个法域签订了双边民商事司法协助条约,[1]在送达领域的内容多是确认和细化通过中央机关转递文件的送达方式和具体规定。不仅是中国,世界各国或地区之间签订双边司法互助协定的情况也较为普遍。比如日本和美国、英国、巴西、澳大利亚等 20 多个国家或地区缔结了类似性质的双边条约或协定。[2]

二、跨境送达的法律规定

(一)国际条约:《海牙送达公约》

1. 背景

《海牙送达公约》在海牙国际私法会议的组织下于 1965 年 11 月 15 日签订,于 1969 年正式生效,旨在建立统一的规则框架,协调各法域送达规定的差异,简化并加快跨境送达程序。目前公约有 82 个签署方,包括中国、美国、英国、澳大利亚、加拿大、德国、法国、日本、俄罗斯、巴西、印度等。[3]

2. 适用范围

《海牙送达公约》第 1 条规定了其适用范围,"在所有民事或商事案件中,如有须递送司法文书或司法外文书以便向国外送达的情形,均应适用本公约。在文书的受送达人地址不明的情况下,本

---

[1] 详见司法部官方网站:http://www.moj.gov.cn/pub/sfbgw/flfggz/flfggzflty/fltymsssfxzty/。

[2] 参见[日]本间靖规、[日]中野俊一郎、[日]酒井一:《国际民事诉讼法》,柴裕红译,商务印书馆 2020 年版,第 101 页。

[3] 详见海牙国际私法会议官方网站公布的信息:https://www.hcch.net/en/instruments/conventions/status-table/?cid=17。

公约不予适用”。据此,《海牙送达公约》的适用应当满足以下条件:

首先,《海牙送达公约》仅适用于从一缔约方向另一缔约方的送达。可以看出,此处对跨境送达的定义是以所在地为标准,而不论受送达人的国籍为何。公约第 29 条规定了“领地适用条款”[1],各国在加入公约时可以声明是否适用于在国际关系上由其负责的整个领土或其中的一处或数处领土。我国加入《海牙送达公约》时作出声明,公约自香港和澳门回归之日起适用于两地区。[2] 因此,其他缔约方与香港特别行政区和澳门特别行政区之间的跨境送达适用《海牙送达公约》,但中国内地与港澳之间的送达无法适用。[3] 英国在加入时同样作出声明,《海牙送达公约》扩展使用至其 14 个属地或领地,其中包括 BVI、开曼群岛等。[4] 实务中如需确认案涉国家或地区是否适用《海牙送达公约》,可以在海牙国际私法会议的官方网站进行查询。

其次,《海牙送达公约》仅适用于民事或商事案件。公约未对何为民事或商事案件进行明确定义。根据特别委员会在2009 年形成的《结论与建议》,“民事或商事”一词应以自主的方式解释,侧重于诉讼事由的本质,并鼓励缔约方中央当局在出现解释争议时通

---

〔1〕 参见郭树理:《〈海牙民商事司法文书与司法外文书域外送达公约〉述评》,载《比较法研究》2002 年第 2 期,第 64 页。

〔2〕 详见海牙国际私法会议官方网站公布的信息(中国声明部分):https://www.hcch.net/en/instruments/conventions/status - table/notifications/? csid = 393&disp = resdn。

〔3〕 参见杜新丽:《论海牙〈域外送达公约〉的适用范围》,载《中国司法》2005 年第 10 期,第 99 页。

〔4〕 详见海牙国际私法会议官方网站公布的信息(英国扩展适用部分):https://www.hcch.net/en/instruments/conventions/status - table/extensions/? cid = 17&mid = 427。

过沟通解决。针对该问题,德国曾就包含惩罚性民事赔偿请求的美国民事诉讼是否超出民商事范畴提出过质疑,但最终还是采取了协助送达的立场。[1]

再次,《海牙送达公约》适用于司法文书和司法外文书的送达。公约未对司法文书和司法外文书做出明确定义。通常认为司法文书是指与诉讼程序直接相关的起诉书、答辩书、传票、判决书、裁定书等。比如我国最高人民法院《关于涉外民事或商事案件司法文书送达问题若干规定》第2条中规定,司法文书是指“起诉状副本、上诉状副本、反诉状副本、答辩状副本、传票、判决书、调解书、裁定书、支付令、决定书、通知书、证明书、送达回证以及其他司法文书”。根据《海牙送达公约》第17条,司法外文书是由缔约方的机关或司法助理人员发出的文书,但公约未对其内容进行进一步阐释。可以理解为为了预防纠纷或者维持当事人法律地位的文书,[2]比如公证机关等司法行政机关出具的具有法律效力的文书,比如公证书、认证书等。[3]

最后,《海牙送达公约》不适用于受送达人地址不明的情况。因此,如果法院或当事人无法提供准确的受送达人地址,则无法依据《海牙送达公约》请求他国中央机关帮助查明地址并进行转递。

3. 送达方式

《海牙送达公约》规定了中央机关送达与替代性送达两大类送达方式。一方面,只要是《海牙送达公约》的缔约方,即意味着该国同意其他缔约国通过中央机关转递的方式进行送达。另一方面,

---

〔1〕 参见杜新丽:《论海牙〈域外送达公约〉的适用范围》,载《中国司法》2005年第10期,第100页。

〔2〕 参见[日]本间靖规、[日]中野俊一郎、[日]酒井一:《国际民事诉讼法》,柴裕红译,商务印书馆2020年版,第102页。

〔3〕 参见李旺:《国际私法》,法律出版社2011年版,第301页。

因《海牙送达公约》第 8 条、第 10 条、第 11 条以非强制的方式认可了领事送达、邮寄送达、直接向被请求国送达实施机关请求送达以及国家间约定的其他替代性送达方式,因此,以送达目的地国允许的情况为限,缔约方亦可采用前述替代性方式进行送达。

(1)中央机关送达:《海牙送达公约》的主要送达方式

中央机关送达是指由文书发出国的有权机关或者司法助理人员,将须予送达的文书递送给文书接收国的中央机关,而后由其进行转递。《海牙送达公约》第 2 条规定,每一缔约国应指定一个中央机关负责接收来自其他缔约国的送达请求书并予以转递。

大多数缔约国指定司法部门或外交部门作为转递文书的中央机关,比如中国指定的中央机关是司法部;英国指定的中央机关是皇家司法院的资深主事官(the Senior Master, Royal Courts of Justice);〔1〕日本指定的中央机关是外务省(Ministry of Foreign Affairs);〔2〕德国指定联邦司法部(Federal Office of Justice)作为联邦层面的中央机关,并在州层面做了更加具体的指定;〔3〕美国的情况较为特殊,其指定的中央机关是司法部(Department of Justice)下属的国际司法协助办公室(Office of International Judicial Assistance),但该办公室将服务职能外包给了一家名为 ABC Legal(此前名称为 Process Forwarding International)的私人公司,实际上由该公司承担

〔1〕 详见海牙国际私法会议官方网站公布的信息(英国声明部分):https://www.hcch.net/index.cfm?oldlang=en&act=authorities.details&aid=278。

〔2〕 详见海牙国际私法会议官方网站公布的信息(日本声明部分):https://www.hcch.net/index.cfm?oldlang=en&act=authorities.details&aid=261。

〔3〕《海牙送达公约》第 18 条第 3 款规定,联邦制国家有权指定多个中央机关,详见海牙国际私法会议官方网站公布的信息(德国声明部分):https://www.hcch.net/index.cfm?oldlang=en&act=authorities.details&aid=257。

《海牙送达公约》下中央机关的职责。[1]

中央机关送达的过程大体可以分为提出送达申请、协助转递、发回送达证明三个步骤。

①提出送达申请

根据《海牙送达公约》第3条,提出送达申请的主体应为按照文书发出国的国内法规定有权提出送达请求的主管机关或司法官员。以我国为例,根据司法部、最高人民法院、外交部《关于执行海牙送达公约的实施办法》,我国法院需要向在《海牙送达公约》成员方居住的该国公民、第三国公民、无国籍人送达文书时,应将文书及相应文字的译本送交最高人民法院转司法部,再由司法部向他国中央机关提出转递申请。日本的规定与中国类似,审理案件的法院无法直接向外国中央机关申请转递文书,而是需要通过最高法院提出申请。[2]

提出转递申请时,应当按照《海牙送达公约》附件的格式填写请求书,并附需要予以送达的文书及副本。关于请求书的语言,《海牙送达公约》第7条规定,附件格式中所记载的内容必须用法文、英文或文书发出国(请求国)文字撰写,而记载项目的空白处应用法文、英文或文书发往国(被请求国)文字填写。

关于送达文书的语言,《海牙送达公约》第5条规定,文书发往国(被请求国)的中央机关可以要求该文件用文书发往国(被请求国)官方文字中的一种文字写成或译成。就中国的情况而言,中国已经官方声明,根据《海牙送达公约》第5条第1款规定请求中国

---

〔1〕 详见海牙国际私法会议官方网站公布的信息(美国声明部分):https://www.hcch.net/en/instruments/conventions/status-table/notifications/?csid=428&disp=resdn。

〔2〕 参见[日]本间靖规、[日]中野俊一郎、[日]酒井一:《国际民事诉讼法》,柴裕红译,商务印书馆2020年版,第103页。

中央机关转递的文件和证据必须用中文书写，或附上中文译本，除非中国与该缔约方之间的双边条约中有相反规定。[1] 根据司法部、最高人民法院、外交部《关于执行海牙送达公约的实施办法》，对于国外按该公约提交的未附中文译本而附英、法文译本的文书，法院仍应予以送达，但是受送达人有权以未附中文译本为由拒收（除双边条约中规定英、法文译本为可接受文字者外）。

②协助转递

文书发往国（被请求国）在收到其他缔约方的请求书及需要送达的文件后，将向位于本国的受送达人进行转递。《海牙送达公约》第 5 条规定了多种方式，一是本国中央机关自行或由其适当的代理机构代行送达文件，比如美国即是委托私人公司 ABC Legal 代行送达；二是根据本国法律规定的在国内诉讼中对在其境内的人员送达文书的方式进行转递，比如中国是由司法部将文书转给最高人民法院，再转至送达执行地法院完成送达；三是在不与本国法律相抵触的情况下根据请求人要求的特殊方式进行转递。

根据《海牙送达公约》第 4 条，如文书发往国（被请求国）中央机关认为请求不符合《海牙送达公约》规定，应立即通知请求人，并指出对该请求所持异议的理由。中国在《关于执行海牙送达公约的实施办法》亦明确，对于不符合《海牙送达公约》规定的文书，司法部将予以退回或要求请求方补充、修正材料。

③发回送达证明

根据《海牙送达公约》第 6 条，文书发往国（被请求国）中央机关应按照公约附件格式拟制证明书并寄给请求人，详述执行请求的情况，包括执行的方式、地点和日期以及接收文件的人。如果未

---

〔1〕 详见海牙国际私法会议官方网站公布的信息（中国声明部分）：https://www.hcch.net/en/states/authorities/details3/?aid=243。

能送达,亦应在证明书中说明情况。

关于中央机关送达方式的费用,《海牙送达公约》第 12 条规定,一般而言文书发往国(被请求国)不收取服务费用,但存在司法人员或依照文书发往国(被请求国)法律有关主管人员的参与或者涉及特殊送达方式的情况除外。中国在海牙国际私法会议官方网站登载的声明明确,中国中央机关协助完成其他缔约方的送达请求时,“按照互惠原则收取等额费用”。[1] 美国因委托私人公司进行国内的送达,因此会就每次送达收取 95 美元费用。[2] 加拿大则就每次协助送达收取 100 加拿大元费用。[3]

(2)替代方式送达:以特定条件为限

《海牙送达公约》在明确了中央机关送达的程序步骤以外,亦指出公约不妨碍各国通过外交或领事途径送达、邮寄送达、直接向被请求国送达实施机关请求送达以及公约未列举的其他替代性送达方式,但前提条件是送达目的地国不表异议。(第 8 条、第 10 条、第 11 条)下文将对国际实践中常见的替代性送达方式进行简要介绍。

①使领馆送达

使领馆送达是指通过文书发出国驻文书发往国的外交人员或领事人员送达文书。被认为反映了国际习惯法的《维也纳领事关

---

〔1〕 详见海牙国际私法会议官方网站公布的信息(中国声明部分):https://www.hcch.net/en/states/authorities/details3/?aid=243。

〔2〕 详见海牙国际私法会议官方网站公布的信息(美国声明部分):https://www.hcch.net/en/instruments/conventions/status-table/notifications/?csid=428&disp=resdn。

〔3〕 详见海牙国际私法会议官方网站公布的信息(加拿大声明部分):https://www.hcch.net/index.cfm?oldlang=en&act=authorities.details&aid=248。

系公约》[1]的第5条第10项规定,领事的职务之一即为“依现行国际协定之规定或于无此种国际协定时,以符合接收国法律规章之任何其他方式,转送司法文书与司法外文书”。《海牙送达公约》第8条亦规定:“每个缔约方都有权不受约束地通过其外交人员或领事将文件送达或通知在国外的人员。每个国家都可以宣布反对在其境内行使上款规定的权利,除非该文件是向制作文件的国家的本国公民送达或通知。”可见使领馆方式送达是国际社会通行的做法,但需要文书接收国通过国际条约事先同意或通过国内法规定等形式表示允许,对于声明表示反对的国家,除非是文书发出国本国公民的送达,否则不能采取使领馆送达的方式。

中国在加入《海牙送达公约》时声明对第8条规定的使领馆方式送达表示反对。[2] 因此,如果外国通过其驻华使领馆向位于中国的非其本国国籍的受送达人送达文书,受送达人可以据此拒绝接受送达。

②邮寄送达

邮寄送达是指通过邮寄的方式直接向位于国外的受送达人寄送文书。关于邮寄送达各国的态度不一,美国、加拿大、英国、法国等多数国家在加入《海牙送达公约》时认可了邮寄送达的方式,但

---

〔1〕 参见贾兵兵:《国际公法:和平时期的解释与适用》,清华大学出版社2015年版,第244页。

〔2〕 详见海牙国际私法会议官方网站公布的信息(中国声明部分):https://www.hcch.net/en/states/authorities/details3/?aid=243。

德国、日本[1]、墨西哥、瑞士、卢森堡则对第 10 条第 1 款关于邮寄送达的条款作了保留,反对通过邮寄方式向其国内进行送达。

中国在加入《海牙送达公约》时同样对第 10 条第 1 款关于邮寄送达的条款作了保留。司法部官方网站公布的《国际民商事司法协助常见问题解答》明确指出,中国反对通过邮寄(或传真、电子邮件)在我国境内送达,采用该等方式根据中国法律属无效送达,如外国法庭据此出具判决,如该判决涉及在中国境内申请承认及执行,送达环节将被我法院视为程序瑕疵,判决将无法承认及执行。[2]

值得注意的是,中国反对的是通过邮寄方式从外国向中国境内送达,但是根据《民事诉讼法》第 283 条第 1 款第 8 项,当中国需要向位于海外的主体送达文书时,只要文书发往国国内法律允许,仍可采用邮寄送达的方式,自邮寄之日起满 3 个月,送达回证没有退回,但根据各种情况足以认定已经送达的,期间届满之日视为送达。

③个人送达

个人送达是指通过诉讼代理人或当事人指定的个人代为送达文书。前文已述,目前国际上较为普遍的观点是法院地国有权决定文书是否需要向域外送达,[3]因此当诉讼代理人或当事人指定

---

[1] 日本曾经未对《海牙送达公约》第 10 条第 1 款关于邮寄送达的方式表示反对,其国内对此存在争议,参见:[日]本间靖规、[日]中野俊一郎、[日]酒井一:《国际民事诉讼法》,柴裕红译,商务印书馆 2020 年版,第 107 页。但是根据海牙国际私法会议官方网站公布的最新信息,日本已对该条款作出明确保留,详见:https://www.hcch.net/index.cfm?oldlang=en&act=authorities.details&aid=261。

[2] 详见中华人民共和国司法部官方网站:https://www.moj.gov.cn/pub/sfbgw/jgsz/jgszzsdw/zsdwsfxzjlzx/sfxzjlzxxwdt/202303/t20230330_475371.html。

[3] 详见本章"一、跨境送达概述 -(四)跨境送达的法律渊源 -1. 国内法"部分。

的个人位于法院地国时,是否可以采取个人送达方式可根据法院地国法律来确定。

个人送达方式在英美法系国家较为常见。[1] 根据中国《民事诉讼法》第283条第1款第4项,当我国法院对在我国领域内没有住所的当事人送达诉讼文书时,可以向受送达人委托的诉讼代理人送达。外国人在中国的诉讼常常委托中国律师,采用此方式送达较为方便。《民事诉讼法》2023年修订后,删除了原法中诉讼代理人必须"有权代其接受送达"的限定,明确只要是受送达人在本案中委托的诉讼代理人,都应接受送达。实践中,部分境外当事人在授权委托书中写明"不包括接收司法文书",使其诉讼代理人无权接收送达,从而达到逃避送达的目的,此次修改或可有助于遏制这一现象。

④代表机构或分支机构送达

代表机构或分支机构送达是指通过向海外受送达主体位于文书发出国境内的代表机构或分支机构送达文书。与个人送达相同,因为法院地国有权决定文书是否需要向域外送达,[2]因此当代表机构或分支机构位于法院地国时,是否可采此方式送达需根据法院地国法律来确定。

美国通过案例肯定了代表机构或分支机构送达的有效性。在美国最高法院审理的Schlunk v. Volkswagen Aktiengesellschaft案中,尽管外国公司未明确指定由其在美子公司代为接受送达,法院认定向外国公司位于美国境内的全资子公司进行的送达有效。1989年召开的《海牙送达公约》特别委员会对该案例进行了讨论,

---

〔1〕 参见李旺:《国际私法》,法律出版社2011年版,第304页。
〔2〕 详见本章"一、跨境送达概述－(四)跨境送达的法律渊源－1.国内法"部分。

并就尊重法院地国的有关规定达成共识。[1]

⑤公告送达

公告送达是指当无法采用其他方式送达时,通过将需要送达的文书内容在报纸等媒体公告,自公告之日起经过一定期限即视为送达的方式。

根据中国《民事诉讼法》第283条第2款,当我国法院对在我国没有住所的当事人送达诉讼文书时,如无法采用其他方式送达的,可以公告送达,自公告之日起满60日,即视为送达。值得注意的是,尽管中国允许法院向位于外国的当事人进行公告送达,但并未允许外国向位于中国的当事人进行公告送达。

世界各国或地区大多在一定程度上认可公告送达,比如法国、意大利、荷兰、希腊、美国等。[2] 从保护被告权利的角度,一般而言仅在穷尽了其他送达方式之后才可将公告送达作为最后的选择。

⑥电子送达

电子送达一般是指通过传真、电子邮件、移动通信等信息网络技术手段送达文书。美国、英国均通过案例确认了通过电子方式向域外送达的有效性,[3]欧盟亦对其持肯定态度,[4]但总的来说,

---

[1] Report on the Work of the Special Commission of April 1989 on the Operation of the Hague Conventions of 15 November 1965 on the Service Abroad of Judicial and Extrajudicial Documents in Civil or Commercial Matters and of 18 March 1970 on the Taking of Evidence Abroad in Civil or Commercial Matters: 4. https://assets.hcch.net/docs/e8456534-1ba4-4bc9-ade8-bcf3a7b85c5d.pdf.

[2] 参见费宗祎、唐承元主编:《中国司法协助的理论与实践》,人民法院出版社1992年版,第80页。

[3] 参见廖雅婷:《比较法视角下的民商事司法文书域外电子送达》,载《学周刊》2015年第34期,第231页。

[4] 参见何其生:《域外电子送达第一案及其思考》,载《法学》2005年第3期,第127页。

电子送达的有效性有赖于两个前提，一是受送达人所在国法律未禁止电子送达方式，二是需证明当事人确实收到了文书并知悉其内容。[1]

中国法律允许通过电子方式向位于外国的当事人的送达。根据中国《民事诉讼法》第 283 条第 1 款第 9 项及《全国法院涉外商事海事审判工作座谈会会议纪要》第 11 条，如受送达人所在国法律未禁止电子送达方式的，我国法院可以采用传真、电子邮件等能够确认受送达人收悉的方式对在我国领域内没有住所的当事人送达诉讼文书。受送达人所在国系《海牙送达公约》成员方，并在公约项下声明反对邮寄方式送达的，应推定其不允许电子送达方式，法院不能采用电子送达方式。

中国法律不允许从外国向位于中国的当事人进行邮件送达。前文已述，中国对《海牙送达公约》规定的邮寄送达方式作出了保留，根据《全国法院涉外商事海事审判工作座谈会会议纪要》第 11 条，在《海牙送达公约》下声明反对邮寄送达的视为不允许电子送达方式。因此可以推定中国不允许从外国通过电子方式向国内送达。美国纽约南区联邦地区法院在 Smart Study Co. , LTD. v. Acuteye – US, et al 案中就援引了该会议纪要，并判决从美国通过电子邮件对位于中国境内的当事人进行的送达无效。[2]

⑦当事人约定的方式送达

英美法系国家在民事诉讼程序中奉行当事人主义，这一观念在送达问题上的反映之一是允许当事人约定送达的方式。美国甚

---

〔1〕 参见何其生：《域外电子送达与〈海牙送达公约〉》，载《诉讼法论丛》2005 年，第 527 页。

〔2〕 参见万邦仲裁：《美国纽约南区法院引用中国最高院会议纪要　认定对中国被告电子邮件送达不合法》，载广州海事法院官网 2022 年 7 月 26 日，https://www. gzhsfy. gov. cn/hsmh/web/content? gid = 94256。

至允许当事人通过事先约定用通知代替正式送达。[1] 但是奉行法院职权主义的大陆法系国家一般对此不予认可,因为大陆法系国家的送达主体通常是法院,而约束法院的程序规定无法通过当事人的约定随意更改。[2]

4. 主要缔约国所作声明及保留

前文已述,各国在加入《海牙送达公约》时会作出声明,明确其指定的中央机关、文书的翻译要求以及转递收费标准等信息,同时也会对《海牙送达公约》中列举的替代性送达方式作出保留。根据海牙国际私法会议官网信息,表4-1对主要缔约方所作声明及保留信息进行了汇总。但提醒读者注意的是,因各国可能会更新其声明,增加或减少保留的内容,实务中如需获取准确信息,可以在海牙国际私法会议官网查询最新情况。

表4-1 《海牙送达公约》主要缔约方接受的送达方式

国家	中央机关送达			替代方式送达	
	指定中央机关	翻译要求	费用	外交领事送达	邮寄送达
中国	司法部 Ministry of Justice	中文	依互惠原则收取	保留	保留

〔1〕 参见何其生:《美国域外送达制度研究》,载《武大国际法评论》2003年,第184-185页。

〔2〕 参见何其生:《域外送达制度研究》,北京大学出版社2006年版,第39页。

续表

国家	中央机关送达			替代方式送达	
	指定中央机关	翻译要求	费用	外交领事送达	邮寄送达
美国	司法部国际司法协助办公室 Office of International Judicial Assistance（服务外包给私人公司）	英语	95 美元	允许[1]（美国领事人员无权送达）	允许
英国	皇家司法院，资深主事官 Senior Master，Royal Courts of Justice	英文	免费	允许	允许
法国	司法部 Ministère de la Justice	无[2]	48.75 欧元	保留	允许
德国	联邦司法部 Federal Office of Justice（州层面另有指定）	德语	免费	保留	保留
日本	外务省 Ministry of Foreign Affairs	日语	1800 日元加差旅费[3]	保留	保留
俄罗斯	司法部 The Ministry of Justice	俄语	免费	保留	保留
澳大利亚	律政部 Attorney – General's Department	英语	因州而异	允许	允许

续表

国家	中央机关送达			替代方式送达	
	指定中央机关	翻译要求	费用	外交领事送达	邮寄送达
加拿大	全球事务部 Global Affairs Canada (省层面另有指定)	英语/法语(因省而异)	100加拿大元	允许	允许
BVI	最高法院登记处 Supreme Court Registry	英语	未明确	允许	允许
开曼	开曼法院书记官 The Clerk of the Courts, Grand Cayman	英语	未明确	允许	允许

[1]尽管美国允许外国通过其驻美使领馆人员在美国送达,但是美国的领事人员被禁止从事送达活动。

[2]尽管未对文书翻译做要求,但是法国允许受送达人拒绝接收以其不理解的语言书写的文书。

[3]日本中央机关转递司法文书原则上免费,但需要执行官送达时,执行服务所需支付的金额为1800日元(工作时间)或4200日元(夜间、周末或假日)加上执行官的差旅费,即从他/她所属的主管地区法院出发每公里37日元。

(二)国内法:常见司法管辖区关于域外送达的规定

1. 中国内地

(1)外国向中国国内的主体送达

根据中国司法部官方网站的《国际民商事司法协助常见问题解答》,“外国司法机关或个人不能直接向中国境内当事人送达文书,应当通过条约规定的途径或外交途径,向司法部或外交部提交请求,由中国人民法院代为送达。中国反对通过邮寄(或传真、电子邮件)在我国境内送达。如外国法庭据此出具判决,如该判决涉及在中国境内申请承认及执行,送达环节将被我法院视为程序瑕疵,判决将无法承认及执行。当事人应及时向外国法院解释我国法律规定,请其按条约规定途径有效送达"[1]。

因此,中国对于从外国向中国国内主体送达的规定十分限缩,仅可通过条约或外交途径送达。就条约而言,包括《海牙送达公约》以及中国与有关国家签订的双边司法互助协定。

(2)中国向位于境外的主体送达

中国允许多种方式向位于境外的主体送达。《民事诉讼法》第283条列举了11种送达方式,分别是:(1)依照国际条约规定的方式送达;(2)通过外交途径送达;(3)委托中国驻受送达人所在国的使领馆代为送达(仅限于具有中国国籍的受送达人);(4)向受送达人在本案中委托的诉讼代理人送达;(5)向受送达人在中国领域内设立的独资企业、代表机构、分支机构或者有权接受送达的业务代办人送达;(6)向受送达人担任法定代表人或主要负责人的法人或其他组织送达(仅限于受送达人为外国人、无国籍人,且与该法人或者其他组织为共同被告的情形);(7)向外国法人或其他组织在中国领域内的法定代表人或主要负责人送达;(8)邮寄送达(仅限于受送达人所在国法律允许的情况);(9)采用传真、电子邮件等能够确认受送达人收悉的方式送达;(10)以受送达人同意的其他方式送达,但是受送达人所在国法律禁止的除外;(11)公告送达(公告期为60天,仅限于不能用前述方式送达的情况)。

尽管中国允许通过上述方式向位于境外的主体送达,但实践中仍需确认受送达人所在国是否接受该等方式。否则即使按照中国法律完成了送达,如受送达人所在国不予认可送达效力,可能会

---

[1] 详见中华人民共和国司法部官方网站:https://www.moj.gov.cn/pub/sfbgw/jgsz/jgszzsdw/zsdwsfxzjlzx/sfxzjlzxxwdt/202303/t20230330_475371.html。

影响后续在该国申请承认和执行判决。

2. 美国

(1)美国国内关于民事送达的规定

美国的送达制度体现出较强的当事人主义诉讼模式的特征,采当事人送达为主、法院职权送达为辅的原则。[1] 鉴于美国不同的州法律各不相同,且根据异籍管辖权的规定,联邦法院对州公民与外国人(持有绿卡的公民不属于州公民,属于外国人)之间标的额超过75,000美元的案件具有管辖权,[2]中国企业在美诉讼大多满足该条件,因此本部分仅讨论联邦层面的规定。

根据《美国联邦民事诉讼规则》,应诉传票(summons)和起诉状副本的送达一般由原告负责,但根据原告的请求,法院可以指定执行官送达。[3] 实践中较为普遍的是原告委托律师或私人送达公司进行送达。[4] 如果未能90日内向被告送达应诉传票(summons)和起诉状副本,法院将驳回起诉,但在原告提出充分理由的情况下,应将送达期限适当延长。该期限仅适用于向国内主体的送达,不适用于域外送达的情况。[5] 除应诉传票(summons)、起诉状副本和取证传票(subpoena)以外的其他司法文书,比如法院令状、答辩状、开示文件、书面动议、判决文书等,则由法院执行官负责送达。[6]

①当事人送达:应诉传票和起诉状副本

就送达的方式而言,向位于美国境内的自然人送达应诉传票

---

〔1〕 参见张馨天:《美国民事送达制度对完善我国送达程序的启示》,载《人民法治》2016年第11期,第75页。

〔2〕 28 U.S. Code § 1332(a)(2).

〔3〕 Federal Rules of Civil Procedure, Rule 4(c).

〔4〕 参见何其生:《域外送达制度研究》,北京大学出版社2006年版,第61页。

〔5〕 Federal Rules of Civil Procedure: Rule 4(m).

〔6〕 Federal Rules of Civil Procedure: Rule 4.1(a).

和起诉状副本可采如下方式:当面送达被告本人;送达被告住所或者经常居住地交与同住人(年龄适当并且具有判断能力);送达给被指定的或者法律规定的代理人;按照法院所在地或送达地州法律规定的方式。[1]

向位于美国境内的公司或其他组织送达应诉传票和起诉状副本,除了上述向自然人送达的方式以外,还可以向公司或组织的高级职员(officer)、经理或总代理人(managing or general agent),或任何其他经任命或法律授权的代理人(agent)送达。[2]

为简化程序、节省成本,美国设立了被告放弃送达制度。该制度下,原告有权向被告(政府及政府官员作为被告的情况除外)发出通知并请求被告放弃应诉传票和起诉状副本的正式送达。如被告同意放弃正式送达,则应在 30 日内(被告不在美国的为 60 日)签署弃权书,原告向法院提交弃权书即视为已完成送达,被告的答辩期限为发出弃权书 60 日(被告不在美国的为 90 日)。放弃应诉传票的送达并不意味着放弃对属人管辖权或审理地点提出异议的权利。如被告无正当理由不同意放弃正式送达,则需由被告承担送达应诉传票和起诉状副本而产生的相应费用以及原告申请放弃送达而产生的服务费用(包括律师费),[3]且被告的答辩期限为应诉传票和起诉状副本送达完成后 21 日。[4] 从答辩期间及费用承担的规定可以看出立法意图是鼓励被告放弃正式送达。[5]

或许有读者会感到疑惑,同样都需要向被告发送应诉传票和起诉状副本,申请被告放弃正式送达的通知和正式送达的区分及

---

〔1〕 Federal Rules of Civil Procedure: Rule 4(e).

〔2〕 Federal Rules of Civil Procedure: Rule 4(h).

〔3〕 Federal Rules of Civil Procedure: Rule 4(d).

〔4〕 Federal Rules of Civil Procedure: Rule 12(a).

〔5〕 参见何其生:《域外送达制度研究》,北京大学出版社 2006 年版,第 73 页。

其意义何在? 事实上,两者的主要区别在于发送文书的手段,正式送达往往需要通过私人送达公司直接将文书送达被告被人、被告同住人或被告代理人,成本较高,耗时更长;而申请被告放弃正式送达的通知可以通过一级邮件(first - class mail)的方式完成。在该制度下,如被告放弃正式送达,可以获得更长的答辩期限,原告则能够节省送达成本,诉讼程序也可以得到更快的推进。其重要意义是在保护被告程序性权利与提高诉讼效率、降低诉讼成本之间实现了适当的平衡。

表 4 - 2 美国被告放弃送达与不放弃送达情形对比

情形	原告送达/通知方式	完成依据	费用承担	被告答辩期限
放弃送达	采用一级邮件或者其他可靠方式发送申请放弃送达的通知	弃权书	原告自行承担	60 日(境内) 90 日(境外)
不放弃送达	将应诉传票及起诉状副本当面送达被告本人、同住人或代理人	送达证明	被告承担送达费用及申请放弃送达的费用	21 日

②法院送达:后续文书

除应诉传票(summons)、起诉状副本及取证传票(subpoena)以外,民事诉讼程序后续产生的法院令状、答辩状、开示文件、书面动议、判决文书等文件一般由法院负责送达。法律对该等后续文书的送达要求相对宽松,也允许通过更多的方式完成送达,具体包括:向本人直接送达;向代理律师送达;将文书送至受送达人办公室;如果受送达人没有办公室或办公室关闭,将文书送至受送达人住所或者经常居住地交与同住人(年龄适当并且具有判断能力);邮寄送达至受送达人最后为人所知的地址;如无已知地址,将文书交给法院书记员;受送达人事先书面同意的情况下,通过法院电子系统或其他电子方式送达;以受送达人书面同意的任何其他方式交付。[1]

因此,当事人可以在合同中书面约定日后引发民事诉讼时该等文书的送达方式,包括电子邮件送达的方式。

(2)美国向位于境外的主体送达

《美国联邦民事诉讼规则》第 4 条第 6 款规定了从美国向位于境外的主体送达文书的方式,包括:①按照诸如《海牙送达公约》等国际条约规定的方式送达(如存在国际条约,国际条约规定的送达方式强制适用,仅在无可适用的国际条约的情况下可采其他替代方式送达);②按照受送达国具有管辖权的法院可采取的送达方式;③通过向外国主管机关提交委托书或请求书,采用该外国主管机关指定的方式;④在外国法律不禁止的情况下向受送达人当面送达(受送达人为公司或其他组织的情况除外);⑤在外国法律不禁止的情况下邮寄送达(需签收回执);⑥联邦法院指定的不为国际协议所禁止的方式。[2]

尽管美国在《海牙送达公约》下未反对其他缔约方通过其驻美使领馆人员向位于美国的主体送达,但美国自身不会采用使领馆送达的方式向域外送达,因为法律明确禁止美国领事人员从事送达行为。[3]

(3)外国向美国国内的主体送达

美国对于从外国向其国内主体的送达采取较为开放的态度。美国国务院曾于 1976 年向各国驻美使团散发外交照会,表示允许通过外国驻美使领馆人员或者通过邮寄等私人渠道和非正式方式

---

〔1〕 Federal Rules of Civil Procedure: Rule 5(b).

〔2〕 Federal Rules of Civil Procedure: Rule 4(f).

〔3〕 22 C. F. R §92.85.

向美国国内的主体送达文书。[1]

因此,从中国向美国境内主体的送达可以通过《海牙送达公约》规定的中央机关送达、使领馆送达、邮寄送达、向诉讼代理人送达、向代表机构、分支机构送达等方式。值得注意的是,尽管美国对外国送达主体采取的方式未做明确限制,但是如果后续要在美国申请和执行有关判决,美国可能会对诉讼中送达是否满足正当程序和充分通知要求进行审查,如存在程序性瑕疵仍可能拒绝承认和执行。[2]

3. 英国

(1)英国国内关于民事送达的规定

与美国类似,英国的法院和当事人都是送达主体。法院签发或准备的文书由法院负责送达,包括法院令状、法院通知书、判决书等;当事人准备的文书则由当事人负责送达,包括起诉状和答辩状等。

《英国民事诉讼规则》规定,在英国国内的送达可采如下方式:①直接送达,是指将文书交付自然人本人、交付已授权的律师、交付公司高级职员[3]、交付合伙企业合伙人或控制主要营业地合伙业务的人;②邮寄送达,是指通过一级邮件(first class post)的方式送达;③留置送达,是指将文书留置于送达地址;④文书交换系统(Document Exchange - DX)送达,Document Exchange - DX 是专门为英国律师行业和其他专业服务行业提供快速、可靠和安全送达服务的系统,只要当事人事先明确其在该系统下的邮箱号码且并

---

〔1〕 参见费宗祎、唐承元主编:《中国司法协助的理论与实践》,人民法院出版社 1992 年版,第 20 页。

〔2〕 参见何其生:《域外送达制度研究》,北京大学出版社 2006 年版,第 106 页。

〔3〕 根据《英国民事诉讼规则》诉讼指引第 6.2 条,高级职员包括:董事、财务主管、秘书、首席执行官、经理以及其他管理人员。

未反对通过该系统送达，即可利用文书交换系统完成送达；⑤电子送达，电子送达要求受送达人事先书面同意并提供传真号码、邮件地址或其他电话号码等，且除传真方式以外的其他电子方式送达还要求送达方与受送达方均有诉讼代理人，将文书通过电子方式送达诉讼代理人。[1]

除上述方式以外，英国还允许当事人事先在合同中设置送达条款，约定日后提起与合同有关的诉讼时起诉状可以按照合同约定的方式送达。[2]

（2）英国向位于境外主体的送达

《英国民事诉讼规则》规定，从英国向位于境外的主体送达可采如下方式：①通过《海牙送达公约》或其他国际条约规定的方式送达；②在受送达所在国法律允许的情况下，通过英国驻外使领馆送达；③在受送达所在国法律允许的情况下，通过该国司法机关或政府机关送达；④受送达人所在国法律允许的其他送达方式。[3]

（3）外国向位于英国境内主体的送达

与美国相似，英国对于从外国向其国内主体的送达采取较为开放的态度。英国在《海牙送达公约》下的声明允许缔约方通过邮寄送达和使领馆送达的方式向其境内主体完成送达。

（4）英国领地与《海牙送达公约》

英国在加入《海牙送达公约》时声明表示，《海牙送达公约》将延伸适用于英国的 14 个属地或领地，其中包括 BVI 与开曼群

[1] Civil Procedure Rules: 6.2, Practice Direction 6A.
[2] Civil Procedure Rules: 6.15.
[3] Civil Procedure Rules: 6.24, Rule 6.25.

岛。[1] 因此英国属地或领地的当事人可以采用《海牙送达公约》规定的中央机关送达方式。BVI 指定的中央机关是最高法院登记处(Supreme Court Registry),开曼群岛指定的中央机关是法院书记官(The Clerk of the Courts, Grand Cayman)。此外,BVI 和开曼群岛在《海牙送达公约》下均允许邮寄送达和使领馆送达。

4. 新加坡

新加坡不是《海牙送达公约》的缔约方,根据《新加坡法院规则》,从外国向位于新加坡的主体送达司法文书需要通过新加坡最高法院转递。具体的流程与《海牙送达公约》规定的中央机关送达类似,首先由外国有权机关向新加坡最高法院递交请求书(需附英文翻译)以及 2 份待送达的文书(需附 2 份英文翻译),新加坡法院安排送达员完成送达后将向请求机关发回送达回证,证明相关文书已经新加坡认可的方式完成送达或者告知未能成功送达的理由,并根据送达情况收取一定的执行费用。[2]

中国与新加坡签订了《中华人民共和国和新加坡共和国关于民事和商事司法协助的条约》,根据该条约,两国之间的跨境司法文书送达通过中央机关转递的方式完成,中国指定司法部、新加坡指定最高法院作为中央机关接受对方的文书转递申请。[3]

---

[1] 详见海牙国际私法会议官方网站公布的信息(英国声明部分):https://www.hcch.net/en/instruments/conventions/status-table/extensions/?cid=17&mid=427。

[2] Rules of Court 2021: Order 64 Service of Foreign Process, r. 2. r. 5. https://sso.agc.gov.sg/SL/SCJA1969-S914-2021?DocDate=20211201&ProvIds=P12-PO64-#P12-PO64-pr1-.

[3] 《中华人民共和国和新加坡共和国关于民事和商事司法协助的条约》第 2 章司法文书的送达,http://www.moj.gov.cn/pub/sfbgw/flfggz/flfggzflty/fltymsssfxzty/201812/t20181225_151358.html.

5. 中国香港特别行政区

根据最高人民法院《关于内地与香港特别行政区法院相互委托送达民商事司法文书的安排》和最高人民法院《关于涉港澳民商事案件司法文书送达问题若干规定》,从内地向香港送达司法文书可采取邮寄送达、电子送达等多种方式,而从香港向内地送达司法文书一般需要通过委托内地高级人民法院代为送达。

从内地向香港送达司法文书可采如下方式,(1)直接送达:人民法院可以直接向位于内地的自然人以及企业、其他组织的法定代表人、主要负责人送达(可以适用留置送达的方式)。(2)向诉讼代理人送达:除受送达人在授权委托书中明确表明其诉讼代理人无权代为接受送达,人民法院可以向诉讼代理人送达(可以适用留置送达的方式)。(3)向代表机构送达:受送达人在内地设立有代表机构的,人民法院可以直接向该代表机构送达(可以适用留置送达的方式)。(4)向分支机构、业务代办人送达:受送达人在内地设立有分支机构或者业务代办人并授权其接受送达的,人民法院可以直接向该分支机构或者业务代办人送达(可以适用留置送达的方式)。(5)邮寄送达:人民法院可以通过邮寄方式向位于香港的受送达人送达司法文书,邮寄送达时附有送达回证,受送达人未在送达回证上签收但在邮件回执上签收的,视为送达。(6)电子送达:人民法院可以通过传真、电子邮件等能够确认收悉的其他适当方式向受送达人送达。(7)公告送达:人民法院不能通过上述方式送达的,可以公告送达,公告内容在内地和受送达人住所地公开发行的报刊上刊登,自公告之日起满3个月即视为送达。[1]

从香港向内地送达司法文书一般需要香港高等法院委托内地

---

〔1〕 最高人民法院《关于涉港澳民商事案件司法文书送达问题若干规定》第3条至第11条。

高级人民法院代为送达。首先,香港高等法院出具盖有其印章的委托书(中文),并在委托书中说明委托机关的名称、受送达人的姓名或者名称、详细地址及案件的性质。其次,将委托书与需要送达的司法文书(没有中文文本的应当提供中文译本)一式两份送交内地高级人民法院。最后,内地高级人民法院完成送达后出具送达回证,未成功送达的情况下在送达回证上注明妨碍送达的原因、拒收事由和日期,并及时退回委托书及所附全部文书。

三、跨境送达的实践问题及应对策略

(一)审慎约定送达方式

前文已述,英国法允许当事人在合同中约定日后提起与该合同有关的诉讼时送达起诉状的方式,[1]美国法允许被告放弃起诉状副本和应诉传票(summons)的正式送达,[2]亦通过案例明确了当事人可以通过事先合同约定的方式放弃正式送达。[3] 但是仍有很多国家不认可合意送达的有效性,即使在英国和美国,也并非所有的司法文书均可通过当事人约定的方式进行送达,仍需要具体问题具体分析。因此,为了防止合同中的送达条款日后损害己方的程序权利或者因与送达地国法律抵触而未能起到预期的便利维权的效果,审慎约定送达条款至关重要。

1. 根据交易角色确定送达立场

在国际民事诉讼的送达环节中,最为关键的是向被告送达起诉状和/或应诉通知。起诉状与应诉通知的送达,使被告得以知晓其受到起诉的事实、原告的诉请依据以及下一步的诉讼程序。特

[1] Civil Procedure Rules: 6.15.

[2] Federal Rules of Civil Procedure: Rule 4(d).

[3] National Rental v. Szukhent (1964) 375 U.S. 311, 315-316.

别是在缺席判决的情况下,是否合法地向被告送达了起诉状和应诉通知直接关系着判决的有效性。实践中当事人约定的送达方式也大多是针对起诉状和/或应诉通知。而在英美法系国家,该环节一般由原告来完成。因此,是约定更加严格的送达方式以保护未来被告的程序权利,还是约定更加简单的送达方式以降低未来原告的维权成本,有赖于双方基于各自交易角色及送达立场的谈判和博弈。

在国际商业交易中承担不同角色的当事人有时可以事先预判己方在潜在纠纷中更可能作为主动维权的起诉方还是被动的应诉方,并据此确定己方在送达问题上的倾向性立场。

2. 基于送达立场设计送达条款

对送达立场进行初步判断以后,下一步是设计和谈判送达条款。通常而言,一个完善的送达条款需要界定适用的文书范围、送达的方式、送达的地址、法律后果、约定的有效期等信息。如己方倾向于便利维权的立场,则可尽量纳入诸如邮寄送达、电子送达等相对高效的多样化送达途径,扩大适用的文书范围,降低送达的程序性要求,延长合意送达的有效期限等。反之,如己方在交易中处于优势地位,相较于主动维权,更可能成为民商事纠纷案件的被告,则可在合同谈判中争取限缩约定送达的适用范围、送达方式和有效期限,设置更加严格的程序性要求等。

3. 对照法律及条约规定核实送达条款的有效性

最后,还应对照相关国家法律与国际条约的规定,核实合意送达条款的有效性。从国内法的角度出发,尽管英国、美国、阿联酋、俄罗斯、澳大利亚、韩国等允许当事人约定起诉状的送达方式和送达地点,但在某些司法管辖区,比如西班牙、法国、德国、中国等,则只允许当事人事先约定送达地址,而不承认当事人约定的送达方式。[1] 因此,设计送达条款时还需要考虑合同的争议解决条款以及双方所在国关于合意送达的法律规定,以防止送达条款与法律抵触而无效。

从国际条约角度出发,《海牙送达公约》等多边送达条约以及双边民商事司法互助协定中强制适用的送达方式不能被当事人约定排除。在常州华文科技有限公司(以下简称华文科技公司)与TECHNOLOGY INVESTMENTS (ASIA) Ⅶ(以下简称洛克菲勒公司)在美国加利福尼亚州的确认仲裁裁决效力纠纷中,位于美国的原告洛克菲勒公司向洛杉矶高等法院提起诉讼,申请确认仲裁裁决效力,并通过联邦快递和电子邮件的方式向位于中国的被告华文科技公司送达了申请书(petition)与应诉传票(summons),法院在华文科技公司未应诉的情况下作出缺席判决。后双方对于前述送达的有效性产生争议,上诉至加利福尼亚州上诉法院及加利福尼亚州最高法院。洛克菲勒公司主张其与华文科技公司之间签订的备忘录约定了由联邦快递通知代替正式送达,华文科技公司则主张《海牙送达公约》规定的中央机关送达方式无法被当事人约定排除。虽然法院最终以本案不涉及向域外正式送达为由未予适用《海牙送达公约》,肯定了当事人约定的联邦快递送达的有效性,但也在判决中清晰表达了其观点:如根据法院地国法律需要向境外正式送达,则不能通过当事人之间的约定排除《海牙送达公约》的强制适用。[2]

---

[1] Practical Law Global. Service of Process: a Cross – Border Overview[EB/OL]. (2022 – 07 – 26) [2023 – 01 – 31]. https://uk. practicallaw. thomsonreuters. com/w – 016 – 5937? view = hidealldraftingnotes.

[2] Rockefeller Technology Investments (Asia Ⅶ) v. Changzhou SinoType Technology Co. 11.

（二）灵活应对相对方的故意拖延与回避送达

实践中，当事人故意回避送达以拖延诉讼程序的情形并不少见。比如在2000年到2002年间的一系列奔驰产品质量纠纷案件当中，位于德国的被告奔驰公司以其原公司已注销、新公司已更名为由提出异议，通过拒绝签收邮寄文书、致函否认留置送达效力等手段回避送达，导致开庭多次延期，系列案件面临送达无门的困境。[1] 针对相对方潜在的或已经实施的恶意回避与拖延战术，可以从以下几个角度未雨绸缪与灵活应对。

1. 通过合同约定防患于未然

虽然只有少数英美法系国家允许当事人约定司法文书的送达方式，但是大多数国家一般至少会对当事人约定的送达地址予以认可。因此，为减少查明地址或者公告送达产生的时间成本，避免相对方的恶意回避与拖延导致己方权利无法得到及时救济，可以通过在合同中明确约定送达地址、规定恶意回避与拖延的后果等方式事先预防，有备无患。

2. 善用诉前保全巧妙施压

诉前保全措施除了可以有效防止相对方转移财产，保证判决能够得到实质执行，还能够给相对方施加心理压力，迫使其积极应诉、主动寻求沟通谈判。因此，如遇到相对方回避拖延，可考虑适当结合诉前保全措施向其施压，敦促其接受送达、参与答辩。

3. 运用各种送达途径多管齐下

很多国家允许同时运用多种方式进行送达，比如最高人民法院《关于涉港澳民商事案件司法文书送达问题若干规定》规定，除

---

〔1〕 参见何其生：《域外送达制度研究》，北京大学出版社2006年版，第231-234页。

公告送达以外,可以同时采取多种法定方式向受送达人送达,并根据最先实现送达的方式确定送达日期。[1] 如遇相对方隐匿行踪或地址,可以同时采取其他替代方式,比如电子送达、向其诉讼代理人、代表机构、分支机构、业务代办人送达等,全方位、多角度出击,让其逃无可逃、躲无可躲。

4. 揭穿主观恶意,争取有利裁判

不管相对方的回避与拖延战术最终是否得逞,都可以向法院揭露其在整个送达过程中的主观恶意,陈述其浪费司法资源、减损司法效率、侵害他人权利的不良后果,以尽量争取有利己方的裁判。

(三)充分利用送达程序争取诉讼准备时间

答辩期限对于跨境诉讼的被告来说十分宝贵。如果作为被告参与跨境诉讼,可以从以下两个角度出发,在合法、正当的前提下利用送达程序尽量延后答辩期限,争取诉讼准备时间。

1. 如遇程序选择,综合利弊谨慎决策

在一些司法管辖区,被告对送达程序安排具有一定的选择权。比如前文提到的美国的被告放弃送达制度。该制度下,原告可以通过邮寄方式向被告发出通知,并请求被告放弃应诉传票和起诉状副本的正式送达。对于位于美国境外的被告而言,如同意放弃正式送达,答辩期限可以由原先的 21 天延长为 90 天,且无须承担送达应诉传票和起诉状副本而产生的相应费用以及原告申请放弃送达而产生的服务费用(包括律师费)。[2]

---

〔1〕 最高人民法院《关于涉港澳民商事案件司法文书送达问题若干规定》第 10 条。

〔2〕 Federal Rules of Civil Procedure: Rule 4(d).

对于位于中国的被告而言,在该情境下,虽然放弃送达可以将答辩期延长至90天,但是如果不放弃送达,则原告需要通过《海牙送达公约》下中央机关转递的方式进行正式送达,整个过程很可能耗时更长,反而可以获得实质上更长的答辩期限。但被告要承担送达费用与原告申请放弃送达的费用。此时需要综合分析可能争取到的准备时间以及费用成本,作出对己方最为有利的决策。

2. 如遇程序瑕疵,合理维权争取时间

跨境送达涉及不同司法管辖区多样化的法律规定以及国际条约下各缔约方的差异化保留,规则纷乱复杂,因此跨境送达程序中错误或瑕疵时有发生。如遇该等情形,作为受送达的一方,有权合理行使并正当维护自身的程序性权利,指出送达程序中的问题,要求返回、更正或重新送达,并在合理维权的过程中争取到时间,思考答辩策略,准备应对方案。

笔者在实务中遇到过一个案件,当事人收到法院向其转交的境外诉讼程序的全套起诉文件,但发现文件中受送达人一栏中英文翻译不一致,对应不同的主体。于是当事人委托笔者起草函件向代为送达的地方法院说明情况,并成功将相关文件退回。

第五章 管 辖

一、跨境诉讼管辖概述

（一）跨境诉讼管辖的原则

1. 协议管辖

协议管辖是指当事人通过签订协议的方式约定在何处法院进行诉讼。法院选择协议的存在让当事人提前知道案件将在哪里起诉。例如，我国《民事诉讼法》第35条规定："合同或者其他财产权益纠纷的当事人可以书面协议选择被告住所地、合同履行地、合同签订地、原告住所地、标的物所在地等与争议有实际联系的地点的人民法院管辖，但不得违反本法对级别管辖和专属管辖的规定。"

在国际上，法院选择协议通常约定具体某个法院或者某国法院享有管辖权。但是，也可以约定两家或者更多法院管辖，在这种情况下，原告可以选择其中之一起诉。此外，还可以约定根据原告的选择确定管辖法院，比如，约定合同一方可以在德国法院起诉，另一方可以在法国法院起诉。当事人双方协议约定管辖法院后，就意味着排除了协议约定以外的其他法院的管辖权。国际上，协议管辖的有关规定主要分为以欧盟"布鲁塞尔体系"为代表的大陆法系和以《选择法院协议公约》为代表的英美法系两大类别。

欧洲选择法院协议的规则首次统一是在1968年制定的《布鲁

塞尔公约》,该公约于1973年生效。该公约历经四次修订后,现在以条例的形式呈现,其中关于选择法院协议的最新规则体现于《布鲁塞尔条例Ⅰ》(Brussels I Regulation)中,和之前公约中的相关规定相比没有实质性变化。欧盟第1215/2012号条例(EU)对《布鲁塞尔条例Ⅰ》进行了更正,该条例于2012年12月6日经欧洲理事会通过。欧洲联盟法院之前通过案例对《布鲁塞尔公约》的解释,现在同样适用于《布鲁塞尔条例Ⅰ》。《布鲁塞尔条例Ⅰ》主要包含以下内容:首先,《布鲁塞尔条例Ⅰ》明确规定,授予管辖权的协议若为合同的一部分,应被视作独立于该合同其他条款。授予管辖权的协议的有效性不能仅因合同无效而受到质疑。如果某一成员方法院受理了一项请求,而对该请求所涉及的主要事项,另一成员方法院根据第24条之规定拥有专属管辖权,此时,该前述法院应主动宣布其无管辖权。通过以上规定,《布鲁塞尔条例Ⅰ》明确规定了协议管辖条款的实质有效性,当事人一旦通过协议选择管辖法院,将对之后的争议解决方式产生明确的约束力。其次,《布鲁塞尔条例Ⅰ》序言第22段规定,要促进选择法院专属管辖协议的有效性,避免滥用诉讼手段,确保在这种情况下,协议选择的法院有优先权来裁定协议的有效性以及该协议的适用范围。《布鲁塞尔条例Ⅰ》第31条还规定,在法院没有通过当事人应诉建立管辖权的情况下,当协议赋予了一国法院专属管辖权时,该法院受理后只要没有宣布根据涉外管辖协议不享有管辖权,其他成员方法院就应暂停诉讼程序。通过上述规定,《布鲁塞尔条例Ⅰ》增强了专属管辖的排他性效力,促进了成员方之间彼此信任他国的司法体系。最后,《布鲁塞尔条例Ⅰ》第15、19、23条还对保险合同、消费合同、劳动合同中当事人选择管辖法院的范围进行了一定的限制,以免一方利用自身优势地位选择对弱势一方非常不利的管辖法院。该条例甚至还限定了国际贸易合同可以选择的具体法院,以进一步强化对于弱势一方的保护,最大限度地实现程序公平。

2005 年 6 月 30 日,海牙国际私法会议完成了《选择法院协议公约》(Convention on Choice of Court Agreements)。该公约通过确保当事人选择的管辖法院会得到法院支持,以提升跨境交易案件中法院选择协议的有效性,从而为国际贸易和投资创造更好的司法环境。《选择法院协议公约》主要包含以下内容:首先,《选择法院协议公约》第 1 条规定,该公约适用于国际民商事案件中签订的排他性选择法院协议。"排他性选择法院协议"系指由双方或者多方当事人签订的,为解决与某一特定法律关系有关的已经发生或者可能发生的争议,而指定一个或者多个特定法院以排除其他法院管辖权的协议。如果签署方作出互惠声明,那么该公约也可以适用于非排他性选择法院协议。该公约不适用于消费合同、劳动合同等协议。通过前述规定,《选择法院协议公约》确保了管辖法院的可预测性。其次,《选择法院协议公约》第 5 条规定,排他性选择法院协议中指定的某缔约方的一个或者多个法院对于该协议适用的争议享有管辖权,除非依据该国法律该协议是无效的。依据前述规定享有管辖权的法院不得以该争议应当由另一国法院审理为由拒绝行使管辖权。再次,《选择法院协议公约》第 6 条规定,除以下情形外,被选择法院以外的缔约国法院应当中止或者驳回排他性选择法院协议所适用的诉讼:(1)依据被选择法院地国的法律,该协议是无效的;(2)依据受理案件的法院地国的法律,一方当事人不具有签订该协议的能力;(3)承认该协议有效将导致明显的不公正或者将明显违背受理案件法院地国的公共政策;(4)基于当事人不可控制的特殊原因,该协议不能合理得到履行;(5)被选择法院已决定不审理该案件。最后,《选择法院协议公约》第 8 条规定,排他性选择法院协议指定的缔约方法院作出的判决,应当在其他缔约方得到承认与执行。被请求法院一般而言应当受原审法院确立其管辖权所基于的事实认定的约束。判决只有在原审法院已经生效才应当得到承认,并且只有在原审法院是可以执行的才应当得到执行。

2. 法定管辖

法定管辖是区别于协议管辖的概念,即在当事人双方没有明确约定管辖法院的情况下,或者虽有约定但是法定优先的情况下,根据法律规定直接确定管辖法院的情形。以下分别介绍属人管辖、属地管辖和专属管辖三种法定管辖类型的主要内容:

属人管辖以当事人国籍为标志确定涉外民事诉讼管辖权。涉外民事案件的当事人,无论是原告还是被告,也无论其居住国内还是国外,只要当事人具有本国国籍,本国法院就享有案件管辖权。属人管辖的基本理念是保护本国公司和公民的利益,尤其是在涉外民事身份领域的案件中;但是,过分强调保护本国主体权益,就有不公平对待外国公司和公民的嫌疑,从而有可能导致内国判决不被外国法院承认和执行。因此,包括中国在内的很多国家的立法和实践中都有所调整,改变了原来的单纯依据国籍确定管辖权的做法,而更多地考虑属地管辖。

属地管辖又称地域管辖或领土管辖,是指依据本国与涉外民事案件的地域联系因素确定管辖权。属地管辖的地域联系因素主要包括当事人的住所地或者居所地、诉讼标的物或被告财产所在地、法律行为发生地等。我国《民事诉讼法》贯彻的主要是属地管辖原则。《民事诉讼法》第 276 条规定,因合同纠纷或者其他财产权益纠纷,对在中华人民共和国领域内没有住所的被告提起的诉讼,如果合同在中华人民共和国领域内签订或者履行,或者诉讼标的物在中华人民共和国领域内,或者被告在中华人民共和国领域内有可供扣押的财产,或者被告在中华人民共和国领域内设有代表机构,可以由合同签订地、合同履行地、诉讼标的物所在地、可供扣押财产所在地、侵权行为地或者代表机构住所地人民法院管辖。

《民事诉讼法》“涉外民事诉讼程序的特别规定”第270条规定,“在中华人民共和国领域内进行涉外民事诉讼,适用本编规定。本编没有规定的,适用本法其他有关规定”。据此,我国国内普通管辖的规定适用于涉外民事案件。根据《民事诉讼法》第22条规定:“对公民提起的民事诉讼,由被告住所地人民法院管辖;被告住所地与经常居住地不一致的,由经常居住地人民法院管辖。对法人或者其他组织提起的民事诉讼,由被告住所地人民法院管辖……”《民事诉讼法》第24条规定:“因合同纠纷提起的诉讼,由被告住所地或者合同履行地人民法院管辖。”《民事诉讼法》第27条规定:“因公司设立、确认股东资格、分配利润、解散等纠纷提起的诉讼,由公司住所地人民法院管辖。”《民事诉讼法》第29条规定:“因侵权行为提起的诉讼,由侵权行为地或者被告住所地人民法院管辖。”

专属管辖又称为排他管辖或独占管辖,是指一国法院对法律规定的特定涉外民事案件享有独占的或排他的管辖权,这在我国《民事诉讼法》中也有所体现。《民事诉讼法》第34条规定,(1)因不动产纠纷提起的诉讼,由不动产所在地人民法院管辖;(2)因港口作业中发生纠纷提起的诉讼,由港口所在地人民法院管辖;(3)因继承遗产纠纷提起的诉讼,由被继承人死亡时住所地或者主要遗产所在地人民法院管辖。《民事诉讼法》第279条规定,(1)因在中华人民共和国领域内设立的法人或者其他组织的设立、解散、清算,以及该法人或者其他组织作出的决议的效力等纠纷提起的诉讼;(2)因与在中华人民共和国领域内审查授予的知识产权的有效性有关的纠纷提起的诉讼;(3)因在中华人民共和国领域内履行中外合资经营企业合同、中外合作经营企业合同、中外合作勘探开发自然资源合同发生纠纷提起的诉讼,由人民法院专属管辖。

3. 不方便法院原则

不方便法院原则总体而言是一个普通法规则。依据该规则，当被告愿意在另外一个法域审理本案，而且法院认为案件在另一个法域审理更加方便时，法院可以将案件转交其他法域的法院审理。例如，案件可能被转到案件发生地以及证据所在地。不方便法院原则起源于苏格兰，很多适用不方便法院原则的苏格兰案件发生在海商法领域。由于苏格兰被认为是大陆法系，所以不方便法院原则可能起源于大陆法系，但是，法国民法典或者罗马法没有不方便法院原则的概念。在苏格兰，不方便法院的概念在18世纪得到了发展，后来被吸收进英国普通法。

尽管不同的法域发展出了不同的因素以评估驳回或者中止法律行动并支持另一法域管辖的合理性，但采取了不方便法院原则的国家一致认为，如果原告选择了管辖法院，而且对被告的管辖是适当的，那么就不应当轻易驳回。不方便管辖原则最初适用是为了保护法院不用审理与该法域相关性不大的案件，同时保护被告不用在过于不便的法域进行辩护。尽管现代法院仍会引用不方便原则最初的目的，但是该规则现在经常被用于跨境诉讼中的防守策略。美国、苏格兰和英格兰法院目前越来越多地适用不方便法院原则来驳回或者中止诉讼。

以中国为例，不方便法院原则规定于《民事诉讼法》第282条，具体而言，人民法院受理的涉外民事案件，被告提出管辖异议，且同时有下列情形的，可以裁定驳回起诉，告知原告向更为方便的外国法院提起诉讼：(1)案件争议的基本事实不是发生在中华人民共和国领域内，人民法院审理案件和当事人参加诉讼均明显不方便；(2)当事人之间不存在选择人民法院管辖的协议；(3)案件不属于人民法院专属管辖；(4)案件不涉及中华人民共和国主权、安全或者社会公共利益；(5)外国法院审理案件更为方便。

根据公开渠道的调研,中国目前援引不方便法院原则的案件大多数集中在北京市高级人民法院(以下简称北京高院),而且实践中法院适用不方便法院原则时采用比较严格的审查标准,很少以此裁定驳回起诉。

审理涉外民事案件适用不方便法院原则时,应确定我国法院对案件本身有管辖权,且符合司法解释规定的要件。在(2016)津高民终45号案中,[1]法院认为,涉港民事纠纷,可以参照适用涉外民事诉讼程序的特别规定。审理涉外民事案件中适用不方便法院原则时,应确定我国法院对于案件本身具有管辖权,且符合《民诉法解释》规定的六项要件,才能拒绝行使案件的管辖权。在(2016)沪民辖终99号案中,[2]因案涉协议约定中国台湾地区法院管辖,二审法院认定中国大陆法院对该案无管辖权,据此纠正了一审法院适用不方便法院原则的裁定。

适用不方便法院原则的案件应不涉及我国公民、法人或者其他组织的利益。在(2022)京民辖终278号案中,[3]被告香港公司主张该案原告诉请被告公司向其归还股票期权属于公司类纠纷,并非合同纠纷,应由被告公司住所地法院专属管辖。因被告公司住所地在香港,本案应移送香港相关法院审理。北京高院认为,关于上诉人实际主张本案应适用民事诉讼法有关"不方便法院"规则,但本案涉及中国公民合法权益,案涉争议主要事实发生在境内,故本案不适用不方便法院原则。在(2016)鲁民辖终245号中,[4]被告是境内注册法人,法院因此认定案件处理结果与其有直接的利害关系,不适用不方便法院原则。在(2016)苏民辖终180

[1] 天津市高级人民法院民事判决书,(2016)津高民终45号。
[2] 上海市高级人民法院民事裁定书,(2016)沪民辖终99号。
[3] 北京市高级人民法院民事裁定书,(2022)京民辖终278号。
[4] 山东省高级人民法院民事裁定书,(2016)鲁民辖终245号。

号案中,[1]法院认为,虽然当事人长期居住在菲律宾,但仍为中国公民,因此当然涉及中国公民的利益,驳回了不方便管辖的抗辩。

(二)跨境诉讼管辖的特点

1. 依据法院地法判断该国对相关争议是否有管辖权

在跨境诉讼中,通常而言,判断一国法院对相关争议是否有管辖权,主要是根据法院地法进行判断。法院审理涉外民商事案件,包括管辖权在内的程序问题均适用本国法律法规,体现了坚持国家司法主权的原则。

诉讼程序适用法院地法是各个司法管辖区的基本共识。我国《民事诉讼法》第 4 条规定,凡在中华人民共和国领域内进行民事诉讼,必须遵守本法。根据第 4 编“涉外民事诉讼程序的特别规定”的第 270 条,在中华人民共和国领域内进行涉外民事诉讼,适用本编规定。本编没有规定的,适用本法其他有关规定。2017 年 9 月 12 日,中国政府签署了《选择法院协议公约》,该公约第 2 章管辖权明确规定了选择法院协议的效力问题适用被选择法院地法。《美国联邦民事程序规则》第 1 条规定,其对于美国联邦法院所有民商事程序具有约束力。美国民商事程序包括对人管辖权(personal jurisdiction)、对事管辖权(subject matter jurisdiction)、审判地(venue)等管辖权相关事项。

2. 尊重当事人意思自治

在跨境诉讼中,当事人双方可以约定在哪国法院进行诉讼活动以解决争议。如果约定专属管辖,那么约定的法院将成为唯一有管辖权的法院;如果约定非专属管辖,那么约定的法院将成为有

---

〔1〕 江苏省高级人民法院民事裁定书,(2016)苏民辖终 180 号。

管辖权的法院之一。总体而言,法院尊重当事人确定跨境诉讼管辖的意思自治。但是,当事人选择管辖法院的意思自治也并非毫无约束。

根据《民诉法解释》第 529 条第 1 款的规定,“涉外合同或者其他财产权益纠纷的当事人,可以书面协议选择被告住所地、合同履行地、合同签订地、原告住所地、标的物所在地、侵权行为地等与争议有实际联系地点的外国法院管辖”。我国司法实践一般会认定,如果约定与争议无实际联系的法院对案件进行管辖,可能因违反前述规定而无效。

在(2016)最高法民终 66 号案中,[1]最高人民法院认为,中信贸易公司虽根据案涉合同第 10 条之约定,主张本案应由英国高等法院管辖,但其未提供证据证明相关英国法院与案涉合同争议有任何实际联系,因此该约定不符合《民诉法解释》第 531 条(现第 529 条)之规定,应属无效。在(2019)最高法民申 6247 号案中,[2]最高人民法院认为,本案中海运合同三方当事人均非中国香港或新加坡公司,涉案货物起运港为中国港口,目的港为美国港口。海运合同与中国香港、新加坡并无实际联系。宇辉公司提交证据主张海运合同第一航次租船经纪人系香港公司,海运合同第二航次船东、第三航次租船经纪人营业场所或住所地在新加坡,所以中国香港、新加坡与本案有实际联系点。根据宇辉公司提交的证据材料,以上公司均非海运合同当事人,不对海运合同负责,宇辉公司是海运合同义务的履行方。故宇辉公司提交的证据材料不足以证明中国香港和新加坡与本案有实际联系,二审裁定认定海运合同第 11 条管辖约定无效,并无不当。

---

〔1〕 最高人民法院民事判决书,(2016)最高法民终 66 号。

〔2〕 最高人民法院民事裁定书,(2019)最高法民申 6247 号。

3. 尊重各法域的专属管辖权

对当事人选择管辖法院的限制还体现在各法域规定了由特定的法院来掌握公益性较强的管辖权,其管辖不能经由当事人协议变更,应由法律规定的特定法院对案件行使管辖权。

各法域基本都保留有专属管辖权的规定。例如,日本的专属管辖包括职能管辖、事务管辖和地域管辖。职能管辖原则上属于专属管辖,而事务管辖和地域管辖则是要有相关法律规定才可以纳入专属管辖的范围中,具体的案件可以概括为三个种类,即强调与特定职权关系的案件,如再审之诉;强调关系多数人利益的案件,如离婚撤销诉讼;强调以集中司法资源为根据的案件,如有关专利权的诉讼。

二、常见司法管辖区跨境诉讼的管辖权规则

(一)美国的管辖权规则

在美国法院提起诉讼的前提是该法院对于审理事项具有管辖权。美国法院的管辖权主要有两类:属人管辖权(personal jurisdiction)和诉讼标的管辖权(subject matter jurisdiction)。一般而言,在美国起诉,法院需要同时拥有属人管辖权与诉讼标的管辖权。

属人管辖权指法院对案件或争议的当事方或参与的个人(或实体)的权力,包括对其作出影响该主体权利义务的判决或裁决的权力。在联邦层级,《美国联邦民事诉讼法》(Federal Rules of Civil Procedure)第 4 条规定,联邦地区法院应遵守该联邦法院所在州的现行的关于属人管辖的法律规定。[1] 联邦法院也可以通过州法的长臂管辖规则管辖其正常管辖范围以外的被告。此外,在只能在

---

〔1〕 Federal Rules of Civil Procedure: Rule 4.

联邦法院提起的诉讼中,如涉及联邦证券法和反托拉斯法相关的诉讼,无论被告位于哪里,联邦法院对被告均有属人管辖权。然而,需注意的是,法院不可因缺乏属人管辖权而主动驳回起诉。

在州层级,一般而言,有四种方式可以建立属人管辖权:(1)州法院始终对居住(domicile)在该法院所在州的当事人拥有属人管辖权;(2)如果当事人在所在州内时被送达了该州法院的传票与起诉状副本,则该法院对当事人具有属人管辖权;(3)当事人同意该州对其的属人管辖权;(4)通过"长臂管辖规则"对不居住在该法院所在州的当事人拥有属人管辖权。具体而言,美国大部分州设有"长臂管辖规则"(long - arm statute),允许州法院与不居住在该州但与该州建立了"最小限度联系"(minimum contact)的当事人建立属人管辖权。美国联邦最高法院(Supreme Court)在 International Shoe Co. v. Washington 一案以及后续案例中明确了"长臂管辖规则"与存在"最小限度联系"的判断标准,即在同时满足以下两个条件时,州法院对不居住在该州的当事人享有长臂管辖权:(1)被告必须已经与州法院地的州建立了"最小限度联系",并表明其有意利用该州法律的利益和保护;(2)要求该当事人在该州进行辩护必须是合理的。[1]

诉讼标的管辖权(subject matter jurisdiction)是指法院对向其提交的特定的诉讼请求的审理权。法院仅能审理所在管辖区内法律授权审理的诉讼请求。美国联邦法院仅对特定事项拥有诉讼标的管辖。在美国联邦法院审理前,首先需要确定是否存在美国宪法或美国国会授予联邦法院的特定的诉讼标的管辖权。一般而言,美国法院对国会授予的诉讼标的管辖权的相关规定会进行狭义解读,在存在任何异议时,也会倾向于否认其拥有管辖权。美国

[1] International Shoe Co. v. Washington, 326 U.S. 310 (1945).

宪法或国会赋予的美国联邦法院的诉讼标的管辖权主要有两类：多样性管辖权（diversity jurisdiction）和联邦问题管辖权（federal question jurisdiction）。联邦法院的多样性管辖权允许联邦法院审理由来自不同州的当事人在联邦法院提起的标的金额超过 75,000 美元的诉讼。[1] 值得注意的是，如以存在多样性管辖权为基础在联邦法院提起诉讼，各当事方间必须存在完全的多样性。也就是说，无论原告或被告有几个主体，任何一个原告与被告均不可是同一个州的公民。一般而言，对于个人而言，其被认为是其主要居住地所在州的公民，且一个人在同一时间内仅可是一个州的公民。对于公司而言，该公司既是其注册地所在州的公民，同时也是其主要营业地所在州的公民。因此，一个公司可以同时构成两个州的公民。

联邦问题管辖权的建立必须满足美国宪法要求（constitutional requirement）与法律要求（statutory requirement）。具体而言，宪法要求指《美国宪法》第 3 条赋予了美国联邦法院审理“根据本宪法（和）美国法律产生的所有普通法和衡平法的案件……”的权利。[2] 美国联邦最高法院对此条规定进行了扩大解释，认为该条规定允许联邦法院审理任何有联邦成分的案件。美国法律要求是指《美国法典》第 28 编第 1331 节项下的规定，即联邦法院仅可审理由联邦法律引发（arise under）的案件。[3]

概括而言，美国联邦法院对以下联邦问题拥有排他的诉讼标的管辖权：（1）国家或州之间的诉讼；（2）涉及大使和其他高级公众人物的案件——外国大使和其他高级公职人员之间发生的案件；

---

〔1〕 28 U. S. Code § 1332.

〔2〕 U. S. Const. art. Ⅲ.

〔3〕 28 U. S. Code § 1331.

(3)由《美国宪法》定义的犯罪或由联邦法规定义和/或惩罚的犯罪;(4)破产相关问题;(5)专利、版权和商标案件;(6)海事法相关案件;(7)反垄断相关案件;(8)证券和银行监管相关案件;(9)适用联邦法规规定的任何其他案件。

与属人管辖权不同的是,首先,诉讼标的管辖权不可通过同意等方式主动放弃。其次,如果不存在诉讼标的管辖权,法院可依职权主动驳回起诉。

在州层面,州法院被推定为有权审理除联邦法院拥有排他的诉讼标的管辖权(exclusive jurisdiction)事项外的、根据美国联邦法或州法所产生的任何诉讼案件。在实务中,以下情形可以建立州法院的诉讼标的管辖权:(1)违反了州内刑法规定且在该州内实施的行为;(2)民事纠纷涉及州法律;(3)民事诉讼的一方系该州公民。

(二)英国及英联邦法域的管辖权规则

以英国为例,英国法院将诉讼分为对人诉讼(action in personam)和对物诉讼(action in rem)。对人诉讼与属人管辖对应,原则上,如果英国法院能够将传票有效送达给管辖范围内的被告,那么英国法院就可以建立案件管辖权。但是,固守该原则可能导致对被告不公平——比如被告途经英国或者在英国短暂停留,但案件与英国缺乏实质联系,此时案件一概由英国法院管辖对被告不公平,因而衍生出"不方便法院"原则,允许英国法院从维护私人利益以及公共利益的角度,主动放弃管辖权。固守该原则也可能导致对原告不公平——比如被告长期不在英国境内,但案件由英国法院审理具有合理性和必要性,此时英国法院无法对该案行使管辖权对原告不公平;对此,英国高等法院规则第11号令(Order 11, Rules of the Supreme Court)规定了允许域外送达的情形。此外,如果原被告双方通过协议约定英国法院有权管辖,或者被告对案件实质部分进行抗辩或者提出反诉时,那么英国法院可以基于被告的行为建立对案件的管辖权。对物诉讼与属地管辖对应,在这类案件中,一方当事人要求获得被另一方当事人所占有的财产。无论该财产为动产还是不动产,英国法院基于该物之所在地位于英国境内的事实而具有管辖权,因而财产所在地的法院即为对物诉讼中有管辖权的法院。英国法院在对物诉讼中,以"实际控制原则"为实现其管辖权的基础。对物诉讼的传票不能往外国送达,也不能送达其他可替代的人,而必须等待该"物"进入法院管辖范围才可完成送达。

(三)大陆法系国家的管辖权规则

大陆法系民事诉讼的管辖制度比较有代表性的是法国和德国,两国民事诉讼管辖都可以分为事物管辖和地域管辖。

就事物管辖而言,在法国,法院系统是混合的法院体系,对于民事案件,各个初审法院都有自己比较确定的权限范围。大审法院作为法国的普通法院,是审理民事案件的第一审法院。它的管辖范围宽泛,凡法律没有规定由其他法院管辖的民事案件都可以由其管辖。它的管辖范围主要取决于两方面因素:一是案件的性质,二是某类案件的数额。根据德国法院组织法,普通法院具有广泛的民事诉讼管辖权,划分普通法院中某一类法院对特定事项的管辖的制度称为事物管辖。德国的州法院主要对两类案件享有管辖权:一类是所有初级法院不受理的民事案件和商事案件,包括涉及政府责任的案件,无论其数额大小;另一类是来自初级法院的上诉案件。

就地域管辖而言,法国一般由被告居住地法院管辖。被告是自然人的,居住地是被告的住所地,无住所地时,居所地为居住地。

对于被告是法人的，由其注册成立地法院管辖。另外，法国民诉法规定，关于不动产的诉讼由该不动产所在地法院管辖，关于财产继承诉讼案件由继承发生地法院管辖，关于保险合同的诉讼，由被保险人住所地法院管辖。根据《德国民事诉讼法》的规定，被告是自然人的，由被告住所地法院管辖，没有住所地的，由现居地法院管辖，现居地不能查明的，由其最后住所地法院管辖。对于法人，由其主要办事机构所在地的法院管辖。另外，《德国民事诉讼法》规定关于不动产的诉讼由该不动产所在地法院管辖。

三、管辖权异议

（一）在美国提起管辖权异议

在美国，当事人可以以法院缺乏对人管辖权或缺乏诉讼标的管辖权为由提起管辖权异议。就对人管辖权异议，当事人需根据其所适用的管辖规则提起对人管辖权异议，常见的对人管辖权异议诉由包括：(1)该当事人（包括公司和个人）的居住地并非该州；(2)该当事人未在该州收到该州法院送达的传票与起诉状副本；(3)该当事人未同意该州法院对其拥有管辖权；(4)对于居住地所在州外的当事人，其未建立足够的与该州的“最小限度联系”，或即使建立了足够的“最小限度联系”，该州法院对其行使对人管辖权是不合理的。

就诉讼标的管辖权异议，在联邦法院层面，当事人可以通过以下诉由主张法院缺乏诉讼标的管辖权：(1)如果当事人通过多样性管辖权建立诉讼标的管辖权，相对方可以主张存在原告与被告系同一个州的公民的情形或标的金额未超过75,000美元；(2)如果当事人通过联邦问题管辖权建立诉讼标的管辖权，相对方可以主张该案并非由《美国宪法》或其他联邦法律授权美国联邦法院审理的案件。在州法院层面，当事人可主张该案争议焦点属于《美国宪法》或其他联邦法律授权仅可由美国联邦法院审理的事项，进而主张州法院缺乏诉讼标的管辖权。

就提起管辖权异议的程序要求而言，《美国联邦民事程序规则》第12(b)(2)条规定，当事人可以通过动议(motion)提起管辖权异议。[1] 一般而言，对人管辖权异议申请应在对方提交答辩意见(responsive pleading)前提出。如果当事人的诉讼请求不需要对方进行答辩，则相对方可以在庭审过程中提出对人管辖权异议。但与对人管辖权不同的是，诉讼标的管辖权异议则可以在诉讼过程中的任何时候提出。美国大部分州法院亦采用类似的诉讼程序。

(二)在英国及英联邦法域或地区提起管辖权异议的一般规则

英国及英联邦国家或地区提起管辖权异议的规则比较类似。具体而言，如果被告想要质疑法院审理某案的管辖权；或者争辩认为法院不应行使其管辖权，可向法院申请命令，宣布其不具有此类管辖权或不应行使其可能具有的任何管辖权。提出管辖权异议的一方必须提交送达确认书，提交送达确认书的被告不会因此而丧失对法院管辖权提出异议的任何权利。以英国为例，管辖权异议必须在提交送达确认书后14天内作出，并且提供证据支持。如果被告提交了送达确认书，但是未在规定的期限内提出管辖权异议，那么他将被视为已接受法院对于该案的管辖权。

法院作出关于无管辖权或者不会行使其管辖权的声明的命令，还可以包含以下内容：(a)撤销索赔请求；(b)撤销索赔请求的送达；(c)撤销在索赔开始之前或在索赔表送达之前作出的任何命

---

〔1〕 Federal Rules of Civil Procedure: Rule 12(b)(2).

令;(d)暂停诉讼程序。

被告提出管辖权异议的理由可以包括:(1)双方之间存在支持另一法院管辖权的有效管辖权协议;(2)双方之间存在有效的仲裁协议;(3)需要法院的许可才能进行域外送达,但未获得许可;(4)法院错误地批准域外送达,理由是未满足批准条件,并且/或者原告未能履行其披露义务。

(三)在其他大陆法系国家或地区提起管辖权异议

大陆法系各国规定的管辖权异议制度比较类似,试以法国为例进行介绍。在法国,管辖权纠纷并不是简单作为诉讼中的前置程序,而是会被视为本诉的附带诉讼,适用简单诉讼程序进行处理。法国管辖权异议制度主要有以下特点:首先,一般由被告主动向法院提出管辖权异议以启动程序,法院在少数情况下也可以依职权启动程序。被告在提出管辖权异议时一般会申请法院驳回原告起诉。比如,被告可以声称相关法院放弃了案件的管辖权。如果不同法院的若干案件之间在某种程度上存在关联,那么法院之间可以协商将这类案件合并由其中一个法院进行审理,其他法院可能被要求放弃管辖权并移送案件。同时,《法国民事诉讼法》还规定,法院可以在被告没有提出管辖权异议的情况下主动审查管辖权问题。例如,不得违反具有公共性质的法律对于管辖问题的规定。其次,在法院启动管辖异议程序之后即管辖异议处理期间,不论是法院还是案件当事人,均不能采取推动诉讼进程的行为。对于法院而言,在管辖权异议问题没有得到解决之前,法院不得实质性推进案件审理进而对案件管辖问题形成一个既成事实。另外,对于当事人而言,当事人不得在管辖权异议处理期间加快诉讼进程,例如,对相关财产进行保全。最后,为了防止当事人利用管辖权异议拖延诉讼进程,法国对提出管辖权异议的当事人进行了一定限制。比如,要求当事人在提出管辖权异议时缴纳诉讼费用;对于无正当理由而提出管辖权异议的行为人进行罚款;要求滥用管辖权异议的当事人赔偿对方当事人以此而遭受的损失。

(四)提起管辖权异议的策略考量

在跨境诉讼中,管辖权异议可以成为重要的诉讼工具。原告作为诉讼的发起方抢占先机,往往会利用"先手"优势选择最有利于自身的管辖法院,比如,选择距离自身较近的本国法院,可以或多或少享受一些地方保护主义。此时,被告如果被动应诉,亦步亦趋,有可能被原告拉入于己不利的法院管辖。在竞争激烈、水平较高的重大、疑难、复杂案件中,一方在审理法院方面的优势将被放大,进而对整个案件的处理结果产生影响。此时,管辖权异议制度给失了先机的被告一次重新选择管辖法院的机会,如何利用好这次宝贵的机会,值得跨境诉讼中的当事人重视。

首先,司法环境的优劣是当事人决定是否提出管辖权异议的重要因素。在跨境诉讼中,当事人一般希望选择司法环境比较清廉公正的法院,尽量减少法外因素的干扰,增强结果的可预测性,尽快获得公正高效的判决,有效地为当事人双方定分止争。在有些欠发达国家和地区,司法程序较为拖沓混乱,法官审理案件容易受到当地政治、经济等势力的影响和干扰,给案件的公正审理带来了不小的挑战,当事人一般希望对这些法域的法院管辖提出管辖权异议;但是,作为被告,有时为了拖延诉讼进程,或者在特定法域拥有诉讼优势,也可以反其道而行之。

其次,判决的可执行性也是当事人决定是否提出管辖权异议的重要因素。在跨境诉讼中,当事人、管辖法院、财产所在地等案件要素往往不在同一个法域。在一国法院获得胜诉判决之后,向另一国法院申请强制执行的情况时有发生。《承认与执行外国民商事判决公约》尚未被中国批准生效。中国法院目前有两种承认与执行外国判决的依据:(1)中国与其他国家签订的双边司法协助条约;(2)互惠原则。很多外国法院判决目前还难以在中国得到承认与执行,同样地,也有很多中国法院判决无法在境外得到承认与执行。最为理想的情况是,作出生效判决的法院和执行法院同属一个法域,这就不存在跨境执行难的问题;否则,通过诉讼千辛万苦得到的生效判决,有可能因为无法在境外执行而成为一张废纸。当事人如果认为法院作出判决后可能难以执行,而主观上希望判决能够便于执行;或者如果认为法院作出判决后可能高效执行,而主观上不希望判决快速执行,都可以考虑通过提出管辖权异议的方式争取调整管辖法院。

再次,文化、语言的相近性是当事人提出管辖权异议的另一考量。很难想象,中国当事人希望案件由美国州法院管辖,陪审团成员都是美国某郡当地人,而且用全英文开庭。在这种情况下,中国当事人如何通过讲述故事唤起美国陪审团的共情,从而获得对自身有利的判决?一般而言,当事人都希望由本国法院审理本案,用本国语言向法院申辩,以期达到最为理想的效果。

最后,尽管存在以上提起管辖权异议的各种考量,但是实践中,管辖权异议也经常被用于拖延案件进程,争取更多时间。诉讼进程的拖延往往能够为被告赢得宝贵的应对时间,同时让原告面临更大的不确定性。需要注意的是,如前所述,在一些对于管辖权异议审查更为严格,对于滥用管辖权异议行为将采取罚款、要求赔偿损失等限制措施的法域,当事人在提起管辖权异议时需要更加谨慎,必须确实存在正当的事实和法律理由;而在一些对提起管辖权异议限制较少的法域,当事人在使用管辖权异议拖延诉讼时间时,可以顾虑较少。

四、平行诉讼

平行诉讼（Parallel Proceedings），也称诉讼竞合（multiplicity of Proceedings），是指基于同一案件事实所提起的诉讼，有两个或两个以上的法域法院根据该国管辖权的规定，对于该案件同时拥有管辖权，当事人同时在这些拥有管辖权的不同法院提起诉讼。对于平行诉讼的表现形式，大概可以分为重复诉讼、对抗诉讼两类。重复诉讼是指，同一个原告基于同一个案件事实，针对同一被告在不同的法院所提起的诉讼，且所诉的法院对于该案均具有管辖权。对抗诉讼是指，当事人双方所起诉的案件是基于同一个案件事实，但是在不同的具有管辖权的法院提起诉讼，在这两个诉讼之中，双方当事人的诉讼地位发生了倒置，即第一个诉讼中的原告，在第二个诉讼中为被告。

（一）美国关于平行诉讼的规定

美国没有明令禁止其法院审理平行诉讼。在处理平行诉讼时，美国各法院尚未形成统一的标准，在处理方式上，各法院也拥有较大的自由裁量权。一般而言，美国法院会综合考虑诉讼成本、公共利益、个人权益、诉讼效率、国际关系等因素，参照其国内平行诉讼的处理原则处理国际间的平行诉讼。概括而言，主要有以下四种处理方式：

一是依据“不方便法院”原则撤销美国本地诉讼。在该模式下，美国法院会依据美国国内法律法规或者国际条约，当美国法院认为其审理该诉讼不方便但另一国法院审理更方便时，美国法院放弃其管辖权。该原则是美国法院在处理平行诉讼时较为常用的审理原则。一般而言，在适用“不方便法院”原则时，美国法院一般会综合考量当事人的个人权益（如取证便利性、各方当事人出庭的便利性、现场勘验的便利性、判决执行的便利性等)以及公共利益(如法院管理的困难、对没有陪审义务的人员施加陪审义务的适当性、准据法适用的合理性等)。

二是依据国际礼让原则撤销美国本地诉讼。在该模式下,美国法院会综合审查平行程序是否存在欺诈、违反正当程序和偏见的可能性,基于履行国际义务、保障本国与他国国民权利等目的,承认他国司法行为的效力,并撤销美国本地诉讼。

三是依据未决诉讼原则中止审理美国本地诉讼。在该模式下,美国法院可以其他国家对同一诉讼标的正在进行同一诉讼为由,中止审理本国的诉讼,在外国法院作出生效判决后,在美国法院的诉讼将会被撤销。然而,当外国法院无法完全解决提交至美国本地法院的争议;外国诉讼仍处于诉讼初期阶段;或者外国法院的判决无法获得美国的承认时,该原则不适用,美国法院可以继续审理。

四是向受美国法院管辖的当事人发布禁诉令以禁止在他国法院的诉讼。与前述三种处理模式不同,禁诉令则是禁止受美国法院管辖的当事人在美国之外的其他国家进行同一诉讼,即允许法院审理美国本地的诉讼,禁止当事人在他国的诉讼。一般而言,在判断是否发出禁诉令时,美国法院会通盘考量他国诉讼是否会使美国国内法院的政策目标落空、他国诉讼对美国国内的管辖权的威胁、他国诉讼是否违反美国平衡法原则等,拥有一定的自由裁量权。然而,实践中,禁止当事人在他国法院诉讼的行为可能被认为侵害了他国主权,因此美国法院较少采用该方式处理国际间的平行诉讼问题。

(二)英国及英联邦法域关于平行诉讼的规定

英国和美国同属英美法系国家,美国关于平行诉讼的部分规则即滥觞于英国,因而两国法院在处理平行诉讼方面存在一定的相似性。英国及英联邦国家法院关于平行诉讼的处理规则可以总结归纳为以下几点:

首先,英国及英联邦国家法院原则上不禁止平行诉讼。具体而言,当事人就同一案件分别在两个以上的国家和地区进行起诉,其中包含英国及英联邦国家,如果相对方在英国及英联邦国家法院主张因为原告已经在其他国家和地区就同一诉由提起诉讼,而请求英国及英联邦国家法院中止诉讼程序,那么法院原则上是不予支持的。

其次,作为例外,英国及英联邦国家法院对于平行诉讼也会进行一定的限制。当事人不得基于不合法或者不合理的意图在英国及英联邦国家提起平行诉讼,也不得滥用诉讼权利拖延诉讼进程或者增加对方诉讼负担,而在不同法域就同一诉由分别提起诉讼,必须是为了实现自身的合法权益而为之。如果英国及英联邦国家法院审查发现当事人提起诉讼的目的不正当,那么可能命令中止在法院进行的诉讼程序。

最后,英国及英联邦国家法院为最大限度保护原告诉权,对以平行诉讼为由申请中止程序实施非常严格的审查要求。当事人需要提供正当且充分的理由,并提供充分的证据。如果存在不同法域的平行诉讼,且英国及英联邦国家诉讼继续进行可能导致案件处理结果不公正,损害当事人的合法权益,那么法院才有可能中止或者驳回诉讼。

(三)中国关于平行诉讼的规定

中国的司法实践不排除平行诉讼。对同一案件,只要根据中国法律或者中国参加的国际条约规定,中国法院有管辖权,则不问该案是否在其他国家或者地区起诉,或者该案是否已由其他国家或者地区审理,或者其他国家或者地区是否已对该案作出判决,均不影响中国法院对该案的管辖。《民事诉讼法》第280条规定,同一纠纷当事人同时向外国法院和我国法院起诉的,我国法院如果有管辖权的,可以受理。当事人订立排他性管辖协议选择外国法院管辖且不违反我国对专属管辖的规定,不涉及我国主权、安全或者社会公共利益的,人民法院可以裁定不予受理;已经受理的,裁定驳回起诉。应当注意的是,在满足前述相关情形时,人民法院不是“应当”,而是“可以”受理、不予受理或者驳回起诉。《民事诉讼法》第281条规定,我国法院受理涉外民商事案件后,当事人以外国法院受理在先为由,向我国法院申请中止诉讼的,我国法院可以裁定中止诉讼,但是存在下列情形之一的除外:(1)当事人协议选择人民法院管辖,或者纠纷属于人民法院专属管辖;(2)由人民法院审理明显更为方便。

根据中国现行法律规定,与平行诉讼密切相关的两项规则是“不方便法院原则”和“禁诉令”制度。首先,提起平行诉讼时,对方当事人可能会根据中国法律的规定提出管辖权异议,即主张应由更方便外国法院管辖,请求人民法院驳回起诉。《民事诉讼法》第282条规定,人民法院受理的涉外民事案件,被告提出管辖异议,且同时有下列情形的,可以裁定驳回起诉,告知原告向更为方便的外国法院提起诉讼:(1)案件争议的基本事实不是发生在中华人民共和国领域内,人民法院审理案件和当事人参加诉讼均明显不方便;(2)当事人之间不存在选择人民法院管辖的协议;(3)案件不属于人民法院专属管辖;(4)案件不涉及中华人民共和国主权、安全或者社会公共利益;(5)外国法院审理案件更为方便。其次,当事人在境外提起诉讼时,相对方可以向中国法院申请“禁诉令”,阻止被告在境外提起与境内未决的诉讼程序相同或者相关的诉讼。我国法院在发布禁诉令时,会援引《民事诉讼法》中的行为保全规定,近年来的标志性案件是“华为技术有限公司等与康文森无线许可有限公司确认不侵害专利权及标准必要专利许可纠纷案”[1]。在该案中，华为公司向最高人民法院提出行为保全申请，请求禁止康文森公司在最高人民法院终审判决作出前申请执行德国法院判决。最高人民法院在要求华为公司提供担保的基础上，作出行为保全裁定，要求康文森公司不得在最高人民法院终审判决前，申请执行上述德国判决。如违反本裁定，自违反之日起，处每日罚款人民币100万元，按日累计。中国法院在决定是否签发禁诉令时考虑的主要因素包括但不限于：(1)域外判决临时执行对中国诉讼的影响；(2)采取行为保全措施是否具有必要性；(3)申请人和被申请人相关利益的合理权衡；(4)是否会损害公共利益；(5)国际礼让因素的考量。

(四)平行诉讼策略的选择

在中国企业海外投资和跨境贸易逐渐增多、中美大国博弈方兴未艾的后疫情时代，可以预见的是，中国企业和个人面临的跨境纠纷乃至平行诉讼情形也会不断增加，笔者认为，可以采取包括但不限于以下措施防范和应对平行诉讼相关情形：

首先，组建中国律师领导的、境内外一体化的跨境律师团队，分工合作，统筹管理并应对境内外不同的诉讼程序。出于沟通便利、跨境证据传输、文化认同等方面的考量，建议由中国律师担任总协调人，在全面梳理案件材料、了解案件事实的基础上，协调境内外律师，一体化制定诉讼策略方案，协调推进境内外诉讼程序，以有效应对平行诉讼程序带来的各种挑战。

其次，对于案涉不同法域的法律规定，应当有较为全面深入的

---

[1] 最高人民法院民事裁定书，(2019)最高法知民终732、733、734号之一。

了解和认识,并在此基础之上制定稳妥的诉讼策略方案。由于世界各国存在法律文化传统、意识形态、政治经济立场等方面的差异,各国法院可能就同一案件作出互相冲突的裁判。但是,复杂的跨境争议纠纷也为各方当事人启动、应对跨境平行诉讼,分别在各自的司法管辖区与对方展开"攻防战"提供了广阔的法律空间。中国企业在充分认识到这一点的基础上,可以尽可能地在境内外法律规定和司法案例中寻找并创造有利因素,积极主动地应对乃至运用平行诉讼程序,以最大限度保障自身的权益。

再次,当事人如果发现相对方在禁诉令签发地有财产,可以及时申请财产保全,这样有助于确保在禁诉令签发后,相对方不敢轻易在其他法域启动平行诉讼程序,因为禁诉令签发地法院可能对违反禁诉令的当事人处以高额罚款,从而帮助企业抢占跨境诉讼中的主动权。

最后,如果对方当事人在境外已经申请了禁诉令,甚至获得了胜诉判决,仍可以在国内申请"反禁诉令"及"禁止执行令"加以限制,以制衡对方,迫使对方达成和解。但是,需要注意的是,此时有跨境业务、境外资产及出入境需求的企业或个人要积极防范,避免因境外法院的强制执行措施而陷入被动境地。

第六章 临时措施

一、跨境诉讼临时措施概述

(一)临时措施的概念及类型

1. 临时措施的界定

临时措施(Interim Measures, Provisional Measures, Interim Reliefs, Provisional and Protective Measures)是指民事诉讼程序中具有临时性、保护性、预防性、救济性的措施,我国将其称为"保全措施"。由于各国根据自身诉讼制度对临时措施有着不同的设计,对临时措施的界定和理解存在一定程度的差异,临时措施的名称、类型、程序、条件等在各法系呈现多样性,学者给临时措施下定义时往往从其目标和功能出发,[1]将其定义为在民事诉讼程序中为保证最终实体判决的有效执行,或为防止损害的进一步扩大而采取的强制性临时救济措施。

2. 临时措施的分类

各司法管辖区的临时措施比较多元化,下文从不同角度简要介绍临时措施的分类,以帮助读者快速对各类临时措施产生直观认知。

---

〔1〕 付小梅:《国际民事诉讼中临时措施的适用研究》,西南政法大学 2019 年博士学位论文,第 3 页。

从功能目标出发,临时措施可以分为三类:一是为维持现有状况而采取的措施,比如财产冻结、财产扣押;二是为阻止进一步侵权而采取的措施,比如行为禁令;三是为诉讼程序提供证据的法院命令,比如证据披露令。[1]

从实施阶段出发,临时措施可以分为诉前临时措施、诉中临时措施和诉后临时措施。一般而言,只要提出请求的一方能够证明有正当理由给予救济,临时措施可以在诉讼程序的任何阶段作出,包括预审阶段、审判期间和判决后。针对紧迫性很强的案件情况,法院有时会依当事人申请,在尚未进入实体审理之前即采取一定的临时救济措施,即诉前临时措施。实践中很多临时救济措施是在审理期间依当事人申请或法院依职权作出的,即为诉中临时措施。有些国家还会在判决后、正式进入执行阶段以前针对可能影响执行的情况采取临时措施,即为诉后临时措施。

从指向对象出发,临时措施可以分为对人的临时措施和对物的临时措施。对人的临时措施主要是限制当事人的侵权行为、转移财产的行为等,对物的临时措施主要是指财产保全,以限额为标准,又可以进一步分为限于索赔价值的财产保全、针对特定资产的保全、适用于当事人所有资产的冻结、混合型财产保全等。

从效力范围出发,临时措施可以分为域内执行的临时措施与具有域外效力的临时措施。通常而言,临时措施仅适用于法院地国管辖范围内的人员和财产,即域内执行的临时措施。然而,在某些情况下临时措施的效力可以延伸至法院地国境外的财产,即具有域外效力的临时措施。

---

〔1〕 海牙国际私法会议《2005年选择法院协议》的解释报告。转引自付小梅:《国际民事诉讼中临时措施的适用研究》,西南政法大学2019年博士学位论文,第3页。

(二)跨境诉讼临时措施的重要性

1. 保证可执行财产

由于法院在复杂的跨境纠纷中通常需要较长时间才能作出最终判决,被告很可能在此期间转移财产。国际民事案件常常涉及多个司法管辖区,如果被告在国家间隐匿财产、逃避债务,即使最终原告获得了胜诉判决,也将面临执行落空的风险。基于跨境诉讼耗时长、跨国境的特殊性,采取临时措施及时扣押冻结相关资产,对于保障判决的有效执行具有重要意义,其必要性相较国内诉讼更高。

2. 保护证据

证据是当事人证明事实主张、法院查明案件情况的关键依据。跨境诉讼取证难度大,程序复杂,更有必要采取临时措施对证据进行保护。很多司法管辖区的证据保全制度都允许在证据有可能毁损、灭失或以后难以取得的情况下,采取临时措施对证据进行保护,以防止当事人隐藏、损毁证据。

3. 防止损害进一步扩大

在存在持续性侵权行为的案件中,如果等待法院判决后再采取措施,可能会对当事人的人身、财产权益造成无法弥补的损害。英美法系的行为禁令即为解决此类问题而生。中国在知识产权领域也有诉前行为禁令,比如《著作权法》第56条规定:"著作权人或者与著作权有关的权利人有证据证明他人正在实施或者即将实施侵犯其权利、妨碍其实现权利的行为,如不及时制止将会使其合法权益受到难以弥补的损害的,可以在起诉前依法向人民法院申请采取财产保全、责令作出一定行为或者禁止作出一定行为等措施。"

4. 促成和解

临时措施不仅是防止执行落空的有效手段,其重要性还体现在可以作为一种诉讼策略,向对方施加压力,"以保促谈",增加和解谈判的筹码,迫使对方主动履行债务,快速获得清偿的同时,有效减轻双方当事人的诉累,高效解决纠纷,实现互利共赢。比如,在日本、法国,大量民商事案件在采取诉讼保全措施之后得以和解解决而不再进入实体审理,可见临时措施常常是原告"不战而屈人之兵"的重要手段。[1]

二、常见司法管辖区的临时措施

(一)美国

1. 法律渊源

由于美国实行州法和联邦法双轨制,各州和联邦均有涉及民商事诉讼中临时措施的规则和标准。现行《美国联邦民事程序规则》对联邦法院适用的临时措施做出部分规定,但大量关于临时措施的规定散见于各州的制定法及判例当中。

2. 临时措施的类型

美国法下的临时措施可以分为对人的临时措施和对物的临时措施。对人的临时措施包括初步禁令(Preliminary Injunction)与临时限制令(Temporary Restraining Order, TRO)两大类,规定于《美国联邦民事程序规则》第 65 条。初步禁令是指在法院作出最终判决之前要求当事人履行某种作为或不作为义务的命令。法院签发初步禁令必须通知被申请人,并就初步禁令的动议举行听证会(听证会可与庭审合并进行)。[2] 临时限制令则是在法院审理初步禁令的动议并作出决定之前要求当事人作出或不得作出某种行为的

---

〔1〕 参见李仕春:《民事保全程序基本问题研究》,载《中外法学》2005 年第 1 期,第 43 页。

〔2〕 Federal Rules of Civil Procedure: Rule 25(a).

命令,有效期为14天,可依据法院命令或当事人同意延长。[1] 如果法院批准原告的初步禁令请求,并在最终判决中授予该方永久禁令,则初步禁令将转化为永久性禁令。但是,如果原告在审判中败诉,初步禁令将自动解除,并且原告可能需要支付被告因错误申请初步禁令而遭受的费用和损失。

对物的临时措施主要体现为扣押令(Attachment Order),由各州法律规定,鉴于没有相关联邦法律、普通法或示范法规,扣押令的具体要求和程序因州而异。扣押是一个严格受各州法律管辖的程序,因此,扣押令通常只适用于位于州内的财产。在某些情况下,如果法院发现被告在管辖范围内没有足够的资产以履行判决,法院可能会下令扣押其管辖范围以外其他州的资产,但一般仍限于美国国内。美国法院一般不会签发与海外资产相关的扣押令。除扣押令外,对物的临时措施还包括冻结案外人控制的被告资产(Garnishment)以及当被告占有原告有形资产时要求在最终判决作出前返还原物(Replevin)等。[2]

3. 临时措施的适用标准

就对人的临时措施而言,联邦法院在评估初步禁令或临时限制令的动议时通常会考虑四个因素:一是申请方取得实体判决胜诉的可能性,二是在没有临时救济措施的情况下申请方遭受无法弥补的损失的可能性,三是对申请方与被申请方可能遭受的损害的权衡,四是临时措施对公共利益的影响。[3]

---

[1] Federal Rules of Civil Procedure: Rule 25(b).

[2] Practical Law Litigation, *Standard for Preliminary Injunctive Relief by Circuit Chart (United States)*, Practical Law, https://us.practicallaw.thomsonreuters.com/8-524-0128.

[3] Practical Law Litigation, *Standard for Preliminary Injunctive Relief by Circuit Chart* (United States), Practical Law, https://us.practicallaw.thomsonreuters.com/8-524-0128.

就对物的临时措施而言,尽管各州规定了不同的适用标准,一般而言,法院签发扣押令等临时措施需要原告证明满足以下条件:一是存在未决的损害赔偿诉讼,二是拟扣押的财产或资产的范围明确,三是原告对财产或资产提出权利主张,四是在诉讼结束前保护财产或资产具有必要性。在加利福尼亚州、新罕布什尔州等地区,法院在判断是否签发扣押令时还会考虑实体案件的胜诉可能性。[1]

4. 临时措施的申请与执行

就临时措施的申请而言,为满足正当程序要求,首先,一般需要将临时措施的动议申请通知被告,并给予被告举行听证的机会。实践中听证会可以与庭审合并进行。其次,为了充分保护被告权利,法院一般会要求原告提交保证金或其他形式的担保,金额应当覆盖不当禁令可能给被告造成的损失。[2]

就临时措施的执行而言,如果当事人违反初步禁令或临时限制令的条款,法院可以判处其藐视法庭。藐视法庭分为民事藐视法庭和刑事藐视法庭罪。民事藐视法庭的后果包括对原告进行金钱赔偿或补偿、罚款、监禁以迫使遵守禁令,以及法院认为遵守禁令所必需的其他非经济手段。刑事藐视法庭罪的后果则是罚金、监禁或两者并罚。[3]

5. 临时措施与跨境诉讼

一方面,对于外国法院审理的案件,如涉及外国被告在美国的

---

〔1〕 Gustavo J. Membiela and Verónica A. Ucros, *Attachment (Freezing) Orders: Overview (United States)*, Practical Law, https://uk.practicallaw.thomsonreuters.com/w-036-6043.

〔2〕 Federal Rules of Civil Procedure: Rule 25(c).

〔3〕 Samuel T. Bull, Foster Pepper PLLC, *Preliminary Injunctive Relief: Initial Considerations (Federal, United States)*, Practical Law, https://uk.practicallaw.thomsonreuters.com/9-521-5760.

财产,财产所在地的美国州法院可以签发扣押令以支持外国的诉讼程序。[1] 另一方面,外国法院作出的财产扣押令也可能在美国的部分州得到执行。如果相关州的法律规定了执行外国判决的程序,很可能会执行已在该州登记的外国临时措施命令。比如佛罗里达州的《外国判决法》规定,根据该法规定登记的外国判决"与佛罗里达州巡回法院或地方法院的判决具有相同的效力,并适用相同的民事诉讼规则……可以被强制执行……"[2]

(二)英国

1. 法律渊源

历史上英国的禁令等临时措施是衡平法院基于衡平法授予的救济措施,如今法院签发禁令等临时措施的权限已为制定法所确认,规定于《1981 年高级法院法》第 37 条。

就法律渊源而言,一方面,制定法对英国法院可以适用的临时措施类型和程序进行了详尽规定,主要体现在《英国民事诉讼规则》第 25 章以及《诉讼指引》中关于该章的实施细则。另一方面,判例法则发展出临时措施审查标准的相关规则。

2. 临时措施的类型

就临时措施的类型而言,《英国民事诉讼规则》第 25.1 条非穷尽式列举了英国法院有权采取的临时措施类型,并明确授权法院作出本条未明确列举的临时性救济措施。实践中,英国的临时性救济措施主要包括以下三种类型。

---

〔1〕 Standard Oil Co. v. Superior Court in and for New Castle County, 62 A. 2d 454 (1948).

〔2〕 Gustavo J. Membiela and Verónica A. Ucros, *Attachment (Freezing) Orders: Overview (United States)*, Practical Law, https://uk.practicallaw.thomsonreuters.com/w-036-6043.

一是财产类禁令。财产类禁令包括财产扣押令[1]、财产给付令[2]、财产冻结令[3]、提供财产所在地等相关信息的命令[4]等。此外,实践中原告也可以申请通知禁令,即要求被告不得在未事先通知原告律师的情况下处置、交易其资产。一般而言,可以采取临时措施的财产范围既包括银行账户、机动车、艺术品、财物、股票、债券和其他金融工具等有形资产,也包括商誉等无形资产。[5]

二是证据类禁令。证据类禁令主要是指责令被申请人为证据保全等目的,而允许申请人进入其住所并搜索、复制、移走或扣押相关文件、信息或材料的搜查令(Search Order)[6]。搜查令的目的在于保存证据,而非获取证据或强制当事人披露信息,仅在当事人可能违反法院命令销毁文件或证据的情况下签发。

如搜查令系针对位于外国司法管辖区的场所,可能构成对国家主权的侵犯,因此,一般而言,应向对搜查场所享有管辖权的当地法院申请搜查令。[7] 然而,根据《1982 年民事管辖权和判决法》第 25 条,对于已向被告妥善送达的案件,英国法院有权颁发涉及外国当事人及外国场所的搜查令(仅限于保存证据的搜查令,不包括获取证据的命令)。[8] 比如在 Cook Industries Inc v Galliher (1978)3 All ER 945 一案中,法院在送达完成之后针对美国被告在

---

[1] Civil Procedure Rules: 25.1(c).

[2] Civil Procedure Rules: 25.1(e).

[3] Civil Procedure Rules: 25.1(f).

[4] Civil Procedure Rules: 25.1(g).

[5] Stuart Ritchie KC, *James Bickford Smith. Injunctions: An Overview*, Practical Law, https://uk.practicallaw.thomsonreuters.com/3-619-2826.

[6] Civil Procedure Rules: 25.1(h).

[7] Allen & Overy LLP, *Search Orders: An Overview*, Practical Law UK, https://uk.practicallaw.thomsonreuters.com/2-204-8056.

[8] Civil Jurisdiction and Judgments Act 1982: Section 25.

法国巴黎的公寓签发了搜查令。

三是行为类禁令。行为类禁令大体可以分为禁止令与强制令，分别指要求某人不得做出不当行为的命令（如不得擅自闯入指定土地）以及纠正错误行为或消除错误行为后果的命令（如要求拆除非法建造的房屋）。

典型的行为类禁令包括预防性禁令（Quia time Injunction）、"跳板"禁令（Springboard Injunction）和普适性禁令（Contra mundum Injunction）。禁令通常是在侵权行为已经发生的情况下授予的，然而在一方的权利受到侵犯之前亦可基于对侵权行为的担忧申请预防性禁令，即 Quia timet Injunction。Quia timet 拉丁语的字面意思是"因为其害怕"，如果被申请人威胁将采取不法行为，或者存在实际风险，法院可能会授予预防性禁令。[1]

"跳板"禁令起源于商业秘密保护领域，通常用于防止前雇员滥用其前雇主的商业机密信息，与其他形式的禁令不同，其目的是消除当事人因先前的不法行为而获得的不公平优势，而不是防止未来的非法活动。[2]

普适性禁令（Contra mundum Injunction）是指具有普遍约束力的禁令，其不仅约束诉讼当事人，而且对所有人均具有约束力。比如在 Persons formerly known as Winch and others（application for contra mundum injunction）（2021）EWHC 1328（QB）一案中，法院颁布普适性禁令，禁止任何人发布或索取可以识别申请人（警方线

---

〔1〕 Stuart Ritchie KC and James Bickford Smith, *Injunctions: An Overview*, Practical Law UK, https://uk.practicallaw.thomsonreuters.com/3-619-2826.

〔2〕 Paul Maynard, *Briefing Note: Springboard Injunctions*, Gaby Hardwicke Solicitors(Aug. 2014), https://www.gabyhardwicke.co.uk/briefing-notes/springboard-injunctions/.

人)及两名相关人员身份的照片、图片或其他资料。[1]

3. 临时措施的适用标准

就临时措施的适用标准而言,American Cyanamid Co (No. 1) v Ethicon Ltd (1975) UKHL 1 一案确立的 American Cyanamid 原则成为英国法院判断是否采取临时措施的重要依据。

根据该原则,法院首先需要经过四步测试。首先,法院要审查是否存在一个尚待审理的重要争议点。为此法院仅需判断是否存在具有实质性内容的诉请,只要该诉请不是"无聊或无理取闹"即可,而无须审查胜诉概率。

其次,如果通过第一步测试,法院将继续审查如果申请人在审判中胜诉,判决中的损害赔偿是否对申请人来说是充分的补救措施。为此法院会考虑损害是否可以弥补、损害是否可以评估等要素。如是,则通常不会授予临时禁令救济。

再次,如果损害赔偿无法为申请人提供充分救济,法院将继续审查如果最终判决被告胜诉,临时措施被证明是错误的,申请人关于赔偿被告损失的保证承诺是否能够为被告提供充分的保护。换言之,原告能否保证赔付被告因禁令所受损失。如否,则不予临时救济。

最后,如果在应用前述测试时对损害赔偿的充分性存有疑问,法院会权衡双方因授予或拒绝禁令而各自遭受的不利或损失。法院在权衡时考虑的因素和事实情况因案而异,临时救济措施是否可以在禁令中明确阐述,是否可以强制执行、当事人的相对实力等均是法院行使自由裁量权时考虑的重要因素。[2]

---

[1] Holyoake v Candy [2017] EWCA Civ 92.

[2] Paula Barry, *Prohibitory Injunctions: An Overview*, Practical Law UK, https://uk. practicallaw. thomsonreuters. com/1 -205 -5518.

4. 临时措施的申请与执行

就申请时间而言,英国法院可以在任何程序阶段作出临时措施命令,包括在起诉前、诉讼过程中以及判决作出之后。[1] 通常来说临时措施申请与起诉状同时提交或在起诉后不久提交。

就申请法院而言,一般应当向进行实体审理程序的法院,即对诉讼有管辖权的法院提出临时措施申请,其中冻结令和搜查令应当由高等法院法官处理。

就申请的程序性要求而言,第一,原告应当在提交临时措施申请后尽快将申请书副本送达被告。仅在极少数情况下,经法院准许可以免于送达。第二,法院在授予临时禁令时一般都会要求申请人向法院作出损害赔偿承诺(交叉承诺),承诺赔偿禁令给相对人造成的损失。[2]

就临时措施的执行而言,如果当事人不遵守禁令,通常会以藐视法庭论处,受到监禁或罚款处罚。在某些情况下,如果公司违反了禁令,自然人董事可能会因藐视法庭而被判处监禁。

5. 临时措施与跨境诉讼

一方面,英国法院可以就其管辖的案件针对位于其他司法管辖区的被告适用临时措施。根据《1981 年高等法院法》第 37 条第 3 款,在当事人位于英国以外的司法管辖区时,高等法院仍可行使授予临时措施的权力。比如前文提到,在 Cook Industries Inc v Galliher(1978)3 All ER 945 一案中,英国法院对美国被告在法国巴黎的公寓签发了搜查令。

另一方面,英国法院亦可授予临时措施以支持境外法院审理的诉讼程序。根据《1982 年民事管辖与判决法》第 25 条,英国高等

---

〔1〕 Civil Procedure Rules: 25.2.

〔2〕 Practice Direction 25A 5.1(1).

法院有权就《2005 年海牙选择法院协议公约》缔约方法院审理的公约规定范围内的国际民商事案件诉讼程序授予临时措施。[1] 法院在审理时通常会进行两步测试:第一,判断如果实体程序在英国进行,法院是否会授予该临时性救济措施,即进行前文提到的 American Cyanamid 测试;第二,如是,则需判断英国法院对案件实体没有管辖权之事实是否意味着英国法院授予该临时救济措施不适宜。[2] 如通过两步测试,英国法院则可以授予临时措施支持境外诉讼。值得注意的是,英国法院依据前述规定为支持境外诉讼程序而授予的临时措施不包括财产扣押令和要求提供证据的命令。[3]

(三)德国

1. 法律渊源

作为大陆法系国家的典型代表,德国以制定法形式规定了临时措施的适用规则,主要体现在《德国民事诉讼法》第 8 编第 5 章“假扣押与假处分”(第 916 条至第 945 条)。

2. 临时措施的类型

德国法下的临时措施分为假扣押(Arrest)与假处分(Einstweilige Verfügung)两种类型,此处的“假”并非真假的假,而是代表暂时性、假定性的含义。[4]

假扣押是指为保全因金钱债权或可以转化为金钱债权的请求

---

〔1〕 Civil Jurisdiction and Judgments Act 1982: Section 25(1).

〔2〕 Civil Jurisdiction and Judgments Act 1982: Section 25(2).

〔3〕 Civil Jurisdiction and Judgments Act 1982: Section 25(7).

〔4〕 参见丁文严:《民事行为保全的申请与审查》,载《人民司法(应用)》2017 年第 34 期,第 76 页;李仕春:《民事保全程序基本问题研究》,载《中外法学》2005 年第 1 期,第 52 页。

权而对动产或不动产的强制执行。[1] 假扣押包括针对财产的保全与针对被告个人的保全。针对动产的假扣押通过扣押动产、提存款项等方式执行;[2]针对土地等不动产的假扣押通过登记债权担保抵押权的方式执行;[3]针对个人的假扣押则是以拘留或其他限制人身自由的方式执行。[4] 针对个人的假扣押旨在阻止债务人转移或隐藏可执行的财产,仅在对物的假扣押不足以保全财产的情况下方可实施。[5]

假处分是指为保全非金钱请求而要求或禁止被告作出特定行为的命令,典型的假处分包括禁止对土地、船舶实施让与、设定负担或抵押。与假扣押针对金钱债权或可转化为金钱债权的请求相对,假处分针对的是非金钱请求,即关于特定标的物的给付或其他行为的请求。[6] 假处分包括保全假处分与保持假处分两种类型。保全假处分即涉及诉讼标的的假处分,规定于《德国民事诉讼法》第935条,比如临时返还或给付特定标的物。保持假处分即确定暂时状态的假处分,规定于《德国民事诉讼法》第940条,是指为避免严重损害、阻止急迫的暴力或因其他事由而有必要时,对于争议的法律关系尤其是持续的法律关系,为确定其暂时状态而采取的临时救济。[7] 保持假处分侧重于阻止侵权,比如命令暂时停止特定的不正当竞争行为、临时取消某企业高管的领导权限或代理权

[1] 《德国民事诉讼法》第916条。
[2] 《德国民事诉讼法》第930条。
[3] 《德国民事诉讼法》第932条。
[4] 《德国民事诉讼法》第933条。
[5] 参见[德]汉斯-约阿希姆·穆泽拉克:《德国民事诉讼法基础教程》,周翠译,中国政法大学出版社2005年版,第428页。
[6] 参见李仕春:《民事保全程序基本问题研究》,载《中外法学》2005年第1期,第54页。
[7] 《德国民事诉讼法》第940条。

限等。[1]

3.临时措施的适用标准

(1)假扣押

对物的假扣押需满足请求权及假扣押理由两方面要件。首先,原告应当具有涉及金钱债权或可以转化为金钱债权的请求权,该请求权可以是附条件或附期限的,但应当具有实体法上的依据,且在主诉中涉及。[2] 其次,只有在不实施假扣押则判决将无法执行或者难以执行时,方可实施对物的假扣押。当国内不存在足够的可执行财产,判决需要在国外执行且未保证对等原则时,视为存在充分的假扣押理由。[3]

对人的假扣押除了需符合前述要件外,还应满足以下前提:首先,只有当对物的假扣押不足以保障未来判决的执行时,才可以采取对人的假扣押。[4] 其次,只有在扣押身份证件等手段仍不足以限制债务人逃避债务或转移财产的情况下才可采取限制人身自由的假扣押措施。[5]

(2)假处分

与假扣押相同,实施假处分同样需要满足请求权与假处分理由两方面的要件。关于请求权,与假扣押相反,假处分针对的是非金钱类型的请求权。关于假处分理由,对于保全假处分(涉及诉讼标的的假处分)而言,只有存在原告权利无法实现或难以实现的

---

〔1〕 参见[德]汉斯-约阿希姆·穆泽拉克:《德国民事诉讼法基础教程》,周翠译,中国政法大学出版社2005年版,第431、432页。

〔2〕《德国民事诉讼法》第916条。

〔3〕《德国民事诉讼法》第917条。

〔4〕《德国民事诉讼法》第918条。

〔5〕 参见[德]汉斯-约阿希姆·穆泽拉克:《德国民事诉讼法基础教程》,周翠译,中国政法大学出版社2005年版,第428页。

风险时才能实施;[1]对于保持假处分(确定暂时状态的假处分)而言,只有存在严重损害风险、急迫的暴力威胁等情况时才能实施。

4. 临时措施的申请与执行

(1)假扣押

就假扣押而言,对实体案件拥有管辖权的法院、假扣押标的物所在地或对其人身自由进行限制的人员所在地的初级法院均享有假扣押申请的管辖权,[2]申请人在申请假扣押时,应当阐明其请求权以及假扣押的理由。[3]

德国法院实施假扣押不必然要求申请人提供担保,对此法院拥有较大的自由裁量权。如果申请人未能阐明其请求权或假扣押理由,但是为对方当事人可能因假扣押遭受的损害提供了担保时,法院可以准予假扣押申请。同时,即使当事人阐明了请求权和假扣押理由,法院也可要求申请人提供担保。[4]

德国法院决定是否准予假扣押申请不要求一定采取听证会或言词辩论的形式。如果进行了言词辩论,法院将以终局判决的形式对假扣押申请进行裁判,其他情形则以裁定的形式进行裁判。准予假扣押申请的裁判将规定一个"赎金"数额,被申请人提存等额资金即可申请撤销或解除假扣押。[5] 准予假扣押的命令应当由申请人向被申请人完成送达,驳回假扣押申请或者要求事先提供担保的裁定无须通知被申请人。[6]

---

〔1〕《德国民事诉讼法》第935条。
〔2〕《德国民事诉讼法》第919条。
〔3〕《德国民事诉讼法》第920条。
〔4〕《德国民事诉讼法》第921条。
〔5〕《德国民事诉讼法》第923条。
〔6〕《德国民事诉讼法》第922条。

(2)假处分

申请假处分的程序与假扣押大体相同，仅在管辖法院方面略有不同。[1] 一般而言，应当向审理本诉的法院提出假处分申请，但是在紧急情况下，诉讼标的所在地的初级法院可以作出假处分，但会要求申请人在一定期间内在本诉法院与被申请人就假处分的合法性进行言词辩论。在非紧急情况下，土地登记地、船舶登记地等的初级法院也可以作出假处分。[2]

5. 临时措施与跨境诉讼

首先，德国法院的假扣押命令并不针对特定的资产，如果被告在英国的资产不足以覆盖扣押令的金钱请求范围，原告如希望在海外执行德国的扣押令，需要依据有关国家的法律规定向该国有权机关申请执行。

其次，德国未专门设立支持海外诉讼程序的临时救济措施制度，假扣押或假处分命令仅为支持德国法院拥有管辖权的案件中原告的诉讼请求而做出。通常而言，如果案件已在外国法院开始审理，德国法院将不具有临时救济措施的管辖权。

最后，德国法律也未规定承认和执行外国临时措施命令的程序。《德国民事诉讼法》第722条规定了承认和执行外国判决的程序，但该条适用的范围不包括临时措施。然而，其他欧盟成员方法院作出的判决可根据《关于民商事案件管辖权及判决的承认与执行公约》第39条在德国执行，[3] 德国判例法已确认该规定也适用

---

[1] 参见[德]汉斯-约阿希姆·穆泽拉克：《德国民事诉讼法基础教程》，周翠译，中国政法大学出版社2005年版，第430页。

[2] 《德国民事诉讼法》第942条。

[3] EU Regulation 1215/2012: Article 39.

于外国的临时措施命令。[1]

（四）中国香港特别行政区

1. 法律渊源

关于临时措施的申请与适用的规则可见于香港法例第4章《高等法院条例》及第4A章《高等法院规则》。此外，作为普通法司法管辖区，香港也通过案例确立了临时措施相关规则。

2. 临时措施的类型

由于特殊的历史渊源，香港法律呈现出部分英国法特征，这一点同样体现在临时措施方面。与英国类似，香港法院可以采取的临时措施可以归纳为财产类、证据类、行为类三种类型。

财产类临时措施包括扣押或冻结财产的命令[2]、出售易毁消财产的命令[3]、返还受留置权等限制的非土地财产的命令[4]、检查财产的命令[5]、中期付款的命令[6]等。一般来说，临时措施可以适用于所有形式的财产，包括银行账户、股票、证券、机动车、轮船、飞机、贸易商品、珠宝和绘画等。[7]

值得注意的是，财产冻结令包括玛瑞瓦禁令和所有权冻结禁

---

〔1〕 Maximilian Sattler and Baker McKenzie, *Attachment Orders* (*Freezing Injunctions*) *Q&A*: *Germany*, Practical Law, https://uk.practicallaw.thomsonreuters.com/w-033-3765.

〔2〕《高等法院规则》第29号命令第2条规则、第44A号命令第7条规则。

〔3〕《高等法院规则》第29号命令第4条规则。

〔4〕《高等法院规则》第29号命令第6条规则。

〔5〕《高等法院规则》第29号命令第7A条规则。

〔6〕《高等法院规则》第29号命令第9条规则。

〔7〕 Danny Leung and Sarah Kwong, *Attachment* (*Freezing*) *Orders in Hong Kong*: *Overview*, Practical Law, https://www.twobirds.com/-/media/disputes-plus/files/pdfs/various-qas---january-2021/attachment-orders-freezing-injunctions-qanda-hong-kong.pdf.

令两种不同的类型。玛瑞瓦禁令得名于英国 Mareva Compania Naviera SA v. International Bulkcarriers SA（1975）2 Lloyd's Rep 509 一案,英国将其更名为财产冻结令,香港则保留该名称并沿用至今。玛瑞瓦禁令旨在防止被告转移或隐匿财产,以保证足够的财产用以执行判决。玛瑞瓦禁令属于对人禁令,并不针对特定的资产,只要在原告索赔范围内的被告资产,原告均可申请玛瑞瓦禁令。与此相对,所有权冻结禁令则针对原告拥有所有权诉请的资产,旨在防止被告在案件审理期间处分特定案涉财产,以保证原告获得胜诉判决后可以将该等财产移交给原告。[1]

此外,香港法下有一种特殊的财产保全制度,即委托接管人制度。如公正且适当,香港法院有权委任接管人在最终判决之前负责管理案涉争议财产,以防止被告转移或处分财产,保证最终判决能够得到有效执行。[2]

证据类临时措施主要指搜查令,规定于《高等法院规则》第 29 号命令第 3 条规则。该条规定:"凡法庭认为就任何诉讼请求或事项取得完整资料或证据是必要或适当的,法庭可应一方当事人的申请,并以其认为公正的条件(如有),发出命令授权或要求对属于该诉讼请求或事项的标的或其中可能出现任何问题的财产进行取样、观察或试验。"

行为类临时措施的典型例证是禁止特定人员离开香港的禁令。根据《高等法院条例》第 21B 条,当债务人即将离开香港且将导致判决履行受到妨碍或迟延时,我国香港法院有权作出禁止债务人离开香港的命令。[3] 此外,行为类临时措施还包括禁止召开

---

〔1〕 Zimmer Sweden AB v KPN Hong Kong Ltd and Brand Trading Limited HCA2264/2013.

〔2〕《高等法院条例》第 21L(1)条、《高等法院规则》第 30 号命令。

〔3〕《高等法院条例》第 21B 条、《高等法院规则》第 44A 号命令第 2 条规则。

公司股东会或董事会会议的命令、禁止行使董事权利的命令等。[1]

3. 临时措施的适用标准

我国香港关于临时措施的法律规定与英国存在诸多相似之处。与英国法院审理临时措施申请时适用的 American Cyanamid 测试相似,香港法院作出临时措施决定时一般需要审查是否满足以下条件:第一,存在尚待审理的实质案件,即存在真实、有效的诉由;第二,临时措施命令不会对被申请人造成无法弥补的损失;第三,经过权衡双方因授予或拒绝禁令而各自获得的方便与遭受的损失,认定临时措施是适当的。[2]

此外,对于不同的禁令另有更加具体、细化的适用标准。以玛瑞瓦禁令为例,因其属于衡平法救济,司法实践确立了较为严格的适用标准。法院签发玛瑞瓦禁令需要满足的要件包括:第一,就针对被告的实质性诉请拥有充分的理由和依据。第二,被申请人在香港或境外有资产。第三,存在被告在最终判决作出前转移或隐匿财产的风险。第四,经过权衡双方因授予或拒绝禁令而各自获得的方便与遭受的损失,认定临时措施是适当的。相比较而言,所有权冻结禁令的适用标准则更加宽松,申请人无须证明存在转移或隐匿财产的风险。[3]

4. 临时措施的申请与执行

香港司法机构《实务指示》规定了申请临时措施的程序。临时

---

〔1〕 香港司法机构《实务指示》第 11.1 条第 13 款。

〔2〕 Peter Yuen and Howard Chan, *Law and Practice*: *Hong Kong*, https://www.fangdalaw.com/wp-content/uploads/2020/12/ChambersPartners-Litigation-Law-and-Practice-Hong-Kong-2020.pdf.

〔3〕 Danny Leung and Sarah Kwong, *Attachment* (*Freezing*) *Orders in Hong Kong*: *Overview*, Practical Law, https://www.twobirds.com/-/media/disputes-plus/files/pdfs/various-qas---january-2021/attachment-orders-freezing-injunctions-qanda-hong-kong.pdf.

措施可以依单方申请做出,以防止通知被告会后被告转移或隐匿财产,导致临时措施失效。提出临时措施的申请需要提供宣誓书、论点纲要以及令状草拟本。宣誓书上应当列明:(1)导致对被告提出诉请的事实因由;(2)导致申请临时救济措施的事实因由;(3)单方面向法院提出申请的事实因由(包括预先向被告发出通知的详情,或没有向被告发出该等通知的原因);(4)被告可能对实体诉请及临时措施申请作出的抗辩回应;(5)申请人已知的可能导致法院不批准临时措施申请的事实;(6)申请人希望法院批准的确切具体的救济措施。[1] 论点纲要则是简洁明确地列明申请人的理由和请求,并指明对应宣誓书的相关段落。[2]

尽管具体要求因案而异,但一般而言,申请人需要承担以下义务:(1)对损害赔偿作出承诺;(2)立刻以适当方式将临时措施命令的条款内容通知被告;(3)支付第三方因为遵从临时措施命令而招致的合理讼费及支出;(4)如果诉讼程序尚未开展,立刻开展有关诉讼程序;(5)如果提出新的事实或口头披露了其他资料,以宣誓书的方式对该等事实或资料进行确认。[3]

香港法主要通过藐视法庭确保临时措施的强制执行。如果被告或第三方违反法院的临时措施命令,将以藐视法庭被处以罚款、没收财产或监禁处罚。[4]

5. 临时措施与跨境诉讼

一方面,香港法院的玛瑞瓦禁令可以覆盖被告位于香港以外

---

〔1〕 香港司法机构《实务指示》第11.1条第32款。

〔2〕 香港司法机构《实务指示》第11.1条第33款、第35款。

〔3〕 香港司法机构《实务指示》第11.1条第38款。

〔4〕 Danny Leung and Sarah Kwong, *Attachment (Freezing) Orders in Hong Kong: Overview*, Practical Law, https://www.twobirds.com/-/media/disputes-plus/files/pdfs/various-qas---january-2021/attachment-orders-freezing-injunctions-qanda-hong-kong.pdf.

的财产。[1] 尽管前述玛瑞瓦禁令能否直接在海外获得执行取决于财产所在司法管辖区的规定，一旦被告违反禁令要求处置该等海外资产，其在香港将面临藐视法庭的相关处罚，通过该机制在一定程度上督促了被告在海外执行玛瑞瓦禁令。

另一方面，对于外国法院已经进入实体审理的案件，香港法院仍有权作出临时措施命令。因为香港法院授予的临时救济是独立的，不附属于香港法院正在审理的任何实体诉讼。香港法院在作出该等临时措施时会考虑如果原告在海外司法管辖区胜诉，由此产生的判决是否可以由香港法院执行。如果答案是肯定的，法院将按照香港境内临时措施的适用标准进行审查并作出裁定。[2]

比如在中国进出口银行诉泰丰纺织集团有限公司与刘某平一案中，香港法院应原告申请，颁布了玛瑞瓦禁令，禁止被告之一刘某平转移或处置其位于香港的价值 1.07 亿港元的资产，以支持原被告在中国内地的诉讼程序。[3] 在中国银行股份有限公司诉杨某一案中，香港法院同样批准了原告的玛瑞瓦禁令申请，限制被告处分其在香港持有的价值 5 亿元人民币的资产，以支持原被告在山东省高级人民法院和日照市中级人民法院的 5 起诉讼。[4]

---

〔1〕《高等法院条例》第 21M 条。

〔2〕 Danny Leung and Sarah Kwong, *Attachment (Freezing) Orders in Hong Kong: Overview*, Practical Law, https://www.twobirds.com/-/media/disputes-plus/files/pdfs/various-qas---january-2021/attachment-orders-freezing-injunctions-qanda-hong-kong.pdf.

〔3〕 The Export-Import Bank Of China v. Taifeng Textile Group Co Ltd And Another [2018] HKCFI 1840.

〔4〕 Bank of China Limited v. Yang Fan [2016] 3 HKLRD 7.

(五)新加坡

1. 法律渊源

新加坡关于临时措施的法律渊源主要体现在《新加坡民法》(Civil Law Act)第4条第10款、《法庭规则》(Rules of Court 2021)第13章、《新加坡国际商事法庭规则》(Singapore International Commercial Court Rules 2021)第18章、《最高法院诉讼指引》(Supreme Court Practice Directions)第71条、第72条、第73条以及《地方法院诉讼指引》(State Court Practice Directions)第4章。此外,作为普通法国家,新加坡同样通过案例确立了部分临时措施相关规则。

2. 临时措施的类型

因为特殊的历史渊源,新加坡的临时措施类型与英国、我国香港较为相似,也可划分为财产类、证据类、行为类。典型的财产类临时措施是玛瑞瓦禁令,其功能及适用标准与英国财产冻结令和我国香港的玛瑞瓦禁令无甚差异。此外,法院还可以作出对财产进行扣押、保管、检查、取样、实验等临时措施命令。[1] 证据类临时措施则以搜查令为代表,即允许原告进入被告的场所搜查、检查和没收可能在审判前被销毁的证据。行为类禁令则主要体现为禁止侵权行为的命令。

3. 临时措施的适用标准

新加坡法律体系深受英国法影响,在临时措施的适用标准方面参照英国的 American Cyanamid 原则。这一点已通过新加坡本

---

〔1〕 Singapore International Commercial Court Rules 2021: O. 18, r. 2; Rules of Court 2021: O. 13, r. 2.

国案例予以确认。[1] American Cyanamid 原则的具体内容参见前文英国部分的介绍。

4. 临时措施的申请与执行

首先，就申请时间而言，当事人可以在诉讼程序开始后的任何阶段提出临时措施的申请，在紧急情况下，也可在诉讼程序开始之前提出申请。[2]

其次，就申请程序而言，原告仅在紧急情况下可以在不通知被告的情况下直接向法院提出临时措施申请，但需附有宣誓书，说明紧急情况并解释不通知被告的理由。除非通知会导致临时措施的目的落空，即使是在未通知被告的情况下申请了临时措施，也应当在举行临时措施的听证会之前通知其他有关各方。通知可以通过电子邮件发出，或者在极其紧急的情况下通过电话口头发出。[3] 此外，如果法院批准临时措施申请，可能会附加条件，比如要求原告作出赔偿承诺。

最后，就临时措施的执行而言，与英美等国相同，新加坡以藐视法庭作为被告不履行临时措施命令的惩罚，并以此确保临时措施的强制执行效力。在新加坡被认定为藐视法庭将面临罚款、监禁或两者并罚。[4]

---

〔1〕 Astrata (Singapore) Pte Ltd v. Tridex Technologies Pte Ltd 14 [2011] 1 SLR 449; Chen Siyuan, Denise Wong. Interim Relief: *National Report for Singapore* [J]. Flinders Law Journal, 2018(1): 149.

〔2〕 Rules of Court 2021: O. 13, r. 1, (1)(2); Singapore International Commercial Court Rules 2021: O. 18, r. 1 (1)(3).

〔3〕 Rules of Court 2021: O. 13, r. 1, (3); Singapore International Commercial Court Rules 2021: O. 18, r. 1 (2); Supreme Court Practice Directions: 71(2)(3); State Court Practice Directions: 53(2)(3).

〔4〕 Loong Tse Chuan, *Attachment (Freezing) Orders in Singapore: Overview*, Practical Law, https://uk.practicallaw.thomsonreuters.com/w-033-7009.

5. 临时措施与跨境诉讼

首先,与英国、我国香港类似,新加坡法院同样可以签发全球玛瑞瓦禁令,效力及于被告位于新加坡境外的资产,并通过藐视法庭相关处罚一定程度上确保该禁令对被告的约束力。同时,如果财产所在司法管辖区法律允许承认和执行新加坡法院颁布的临时措施,则该等措施可以得到更加直接的落实。

其次,根据《新加坡民法》第 4 条第 10A 款,新加坡法院有权在其认为公正而便利的情况下授予临时措施,以协助已经或将要在新加坡境外进行的民商事诉讼程序。[1] 法院在决定是否批准该等临时措施申请时会审查两个要件,第一,法院对诉讼没有管辖权的事实并不意味着法院不适合作出临时措施的命令;第二,该外国诉讼程序产生的判决日后能够在新加坡获得承认和执行。任一要件无法满足,法院都将拒绝授予临时措施。[2] 值得注意的是,与英国的规定一样,新加坡法院为支持境外诉讼程序而授予的临时措施不包括财产扣押令和要求提供证据的命令。[3]

比如,在 Bi Xiaoqiong v. China Medical Technologies, Inc 一案中,新加坡法院签发了用以支持原被告在香港诉讼程序的玛瑞瓦禁令,限制被申请人处分或转移其位于新加坡国内的资产,确保其在新加坡的资产总值不低于 1.76 亿美元。上诉法院在审查原被告之间是否存在尚待审理的重要争议点、相关资产流失的风险、是否存在程序拖延和滥用等要素的基础上,认可了该禁令的效力。[4]

最后,如果外国法院作出的临时措施需要在新加坡执行,则需

---

〔1〕 Civil Law Act: Article 4 (10A).

〔2〕 Civil Law Act: Article 4 (10C).

〔3〕 Civil Law Act: Article 4 (10D).

〔4〕 Bi Xiaoqiong v China Medical Technologies, Inc [2019] 2 SLR 585 https://www.elitigation.sg/gd/s/2019_SGCA_50.

要根据前述《新加坡民法》第 4 条第 10A 款之规定在新加坡提起相应程序，向法院申请用以支持外国民商事诉讼程序的临时措施命令。[1]

（六）BVI

1. 法律渊源

一方面，BVI 是东加勒比海国家组织及东加勒比最高法院的成员，民事诉讼程序适用《东加勒比海最高法院民事诉讼规则》（Eastern Caribbean Civil Procedure Rules 2000）。就临时措施而言，其法律依据主要可见于《东加勒比海最高法院民事诉讼规则》第 17 章以及《东加勒比海最高法院（BVI）法案》[Eastern Caribbean Supreme Court（Virgin Islands）Act]第 24 条。[2]

另一方面，作为英联邦国家，BVI 的司法体系以英联邦的司法体系为基础构建，尽管其法律体现了较强的当地特点，但 BVI 法律在特定情况下仍会规定如果 BVI 法律中缺少具体规定，则适用英国的法律或程序规则。[3] 因此英国案例中确立的部分临时措施规则同样可能会适用于 BVI 法院。

2. 临时措施的类型

《东加勒比海最高法院民事诉讼规则》第 17.1 条与《英国民事诉讼规则》第 25.1 条列举的临时措施种类高度相似，包括以财产冻结令为代表的财产类临时措施、以搜查令为代表的证据类临时

---

〔1〕 Loong Tse Chuan, *Attachment（Freezing）Orders in Singapore: Overview*, Practical Law, https://uk.practicallaw.thomsonreuters.com/w-033-7009.

〔2〕 Tameka Davis and Alecia Johns, *Litigation and Enforcement in the British Virgin Islands: Overview*, Practical Law, https://uk.practicallaw.thomsonreuters.com/2-519-2427.

〔3〕 https://bvi.gov.vg/judicial-branch.

措施以及以中期禁令为代表的行为类临时措施。具体可参见前文英国部分的介绍。

BVI 的财产冻结令通常包含与披露被告资产有关的辅助披露令,其目的在于确保冻结令的有效性或者促进判决的执行。附属命令通常会要求被告在数小时或数天内披露其在全球范围内超过特定价值的所有资产,并提供一份宣誓书。[1]

3. 临时措施的适用标准

与前述普通法司法管辖区的规定类似,在 BVI 法院申请临时措施需要证明以下几点:首先,申请人需要证明存在一个实质的争议案件且其拥有很好的支持论据。值得注意的是,仅证明存在一个尚待审理的重要争议点是不够的,但也不会要求预估的原告胜诉率必须超过 50% 。其次,申请人需要证明存在资产流失的风险,比如被告可能会出于并非正常或适当的商业目的处置或挥霍其资产,使裁决或判决面临无法执行的风险。最后,申请人还需证明寻求的临时措施是公平且便利的。[2]

4. 临时措施的申请与执行

就申请时间而言,在诉讼程序的任何阶段都可以向 BVI 法院申请临时措施,包括起诉前、诉讼程序过程中甚至判决作出以后。但是诉前临时措施仅在紧急且为公正之目的十分必要的情况下方可批准,且须要求申请人承诺在指定日期之前提交和送达起诉状。值得注意的是,如果诉讼的被告拟申请临时措施,必须首先提交送

〔1〕 Mourant, *Freezing Orders in the British Virgin Islands*, https://www.mourant.com/file - library/media - - - 2021/freezing - orders - in - the - british - virgin - islands.pdf.

〔2〕 Mourant, *Freezing Orders in the British Virgin Islands*, https://www.mourant.com/file - library/media - - - 2021/freezing - orders - in - the - british - virgin - islands.pdf.

达确认书。[1]

就申请要求而言,首先,申请临时措施通常需要递交宣誓书及支持证据;其次,一般情况下申请人应当提前3天将临时措施申请事宜通知被申请人,法院可以在未通知被申请人的情况下签发临时措施命令,但需要有证据支持不通知的理由,包括情况紧急或通知被申请人将会使临时措施的目的落空;最后,除非法院另有指示,申请人必须承诺赔偿因临时措施给他方造成的损害。[2]

就临时措施的执行而言,BVI同样以藐视法庭作为强制执行临时措施的保障。不履行临时措施命令被认定为藐视法庭的个人可能被判处监禁,公司则可能被没收资产。此外,对于居住在其境外的主体,BVI法院有权以藐视法庭对其作出具有域外效力的拘留令。与英国规定藐视法庭最高可判处两年监禁不同,持续违反禁令的主体可能会面临无限期的监禁处罚。[3]

5. 临时措施与跨境诉讼

根据《东加勒比海最高法院(BVI)法案》第24A条,BVI法院有权签发临时措施命令以支持海外的诉讼程序。[4] 比如Claimant X v. A TVI Company一案中,法官参考英国司法实践,进行了两步测试,首先,法院判断如果实体程序在BVI进行,是否会批准申请人提出的临时救济措施;其次,在第一个问题获得了肯定答案之后,考虑法院没有实体程序管辖权这一事实是否导致授予临时措

[1] Eastern Caribbean Civil Procedure Rules 2000: Article 17.2.

[2] Eastern Caribbean Civil Procedure Rules 2000: Article 17.3, 17.4.

[3] Mourant, *Freezing Orders in the British Virgin Islands*, https://www.mourant.com/file-library/media---2021/freezing-orders-in-the-british-virgin-islands.pdf.

[4] Eastern Caribbean Supreme Court (Virgin Islands) Act: Section 24A.

施是不合适的。[1] 通过前述两步测试后,BVI 法院签发了独立的所有权禁令和辅助披露令,以支持在英国进行的诉讼程序。

三、临时措施的申请与抗辩

(一)临时措施的申请

对于国际民商事诉讼的原告而言,申请临时措施需要考虑诸多问题,包括确定临时措施的管辖法院、获取被申请人的资产信息、判断临时措施适用标准的满足情况、衡量提供担保的成本收益、了解申请的程序要求等。

1. 确定临时措施的管辖法院

一般而言,诉讼实体争议的管辖法院有权签发临时措施。实践中,如果相关标的物、资产、证据、人员等在诉讼管辖法院所在国境外时,也可以向财产所在地、证据所在地等国家和地区的法院申请临时措施。比如前文提到的美国、英国、我国香港、新加坡、BVI 的法律均允许其法院签发临时措施命令以协助境外的民商事诉讼程序。日本则是在《日本民事保全法》第 11 条中明确规定,"在日本法院提起本案诉讼时,或是须临时扣押的物品或系争物在日本国内时,可以申请保全命令"[2]。但是部分国家未设立支持海外诉讼程序的临时救济措施制度,比如前文提到的德国。换言之,如

---

[1] David Welford and Sarah Latham, *British Virgin Islands: BVI Commercial Court Provides Guidance On The New Statutory Jurisdiction To Grant Free – standing Interim Relief In Support Of Foreign Proceedings*, Mondaq(May 17, 2021), https://www.mondaq.com/trials – appeals – compensation/1068938/bvi – commercial – court – provides – guidance – on – the – new – statutory – jurisdiction – to – grant – freestanding – interim – relief – in – support – of – foreign – proceedings.

[2] [日]本间靖规、[日]中野俊一郎、[日]酒井一:《国际民事诉讼法》,柴裕红译,商务印书馆 2020 年版,第 14、153 页。

果诉讼标的物或相关资产在这些国家，除非在其国内提起民事诉讼程序，否则较难从其法院获得临时措施命令。基于此，当事人在选择司法管辖区提起诉讼时，建议将临时措施的管辖权考虑在内。

2. 获取被申请人的资产信息

在申请冻结令等财产类临时措施时，获取被申请人的资产信息至关重要。获得该等信息的方法和制度因司法管辖区而异。部分国家要求申请人收集并提供拟扣押或冻结的资产信息，比如法国法要求申请人提供相关资产的位置、价值和描述等，申请人通常会采取私人调查等方式获取相关信息。但是在许多普通法法域，申请人不需要对被告的资产进行独立调查，也没有义务在提出申请时提供资产的位置等具体信息，而是由法院在签发临时措施时命令被告披露其资产的详细信息，比如前文提到的 BVI 法院签发的辅助披露令。

因此，跨境诉讼的原告在申请临时措施时需要首先判断，在相关司法管辖区申请人是否有义务自行调查和提供被申请人的资产信息。如果答案为是，那么通常可以采取哪些方法获取该等信息，是否需要私人查询还是可以借助司法程序；如果答案为否，是否需要申请辅助披露令等，并据此拟定下一步的诉讼计划和策略。[1]

3. 判断临时措施适用标准的满足情况

不同司法管辖区法院在审查不同类型的临时措施申请时适用的标准宽严不一，但大体上都需要考虑是否存在实体争议、财产转移或灭失的风险，并结合公平和便利上的考量进行判断。因此，跨境诉讼当事人在申请临时措施时需要对照适用标准评估相关要件

---

〔1〕 Practical Law Dispute Resolution, *Attachment Orders: Overview (Cross – Border)*, Practical Law, https://uk.practicallaw.thomsonreuters.com/w – 018 – 4802.

的满足情况,有针对性地收集相关证明材料一并提交,以获得更大的胜算。

4. 衡量提供担保的成本收益

尽管不同司法管辖区规定各异,但大多会要求申请人提供特定的担保、保证金,或者要求申请人作出保证,承诺如果临时措施给被申请人或第三人带来损失,申请人将承担赔偿责任。因此,跨境诉讼当事人在申请临时措施时需要评估胜诉可能性,给被申请人或第三方带来损失的风险,临时措施的必要性、紧迫性等因素,综合权衡风险与利弊得失后决定是否推进临时措施的申请。

5. 了解申请的程序要求

关于临时措施的申请程序,申请人可以关注以下要点:首先,提交申请文件,并附宣誓书或/及相关证明文件;其次,确认相关司法管辖区关于通知的规定,并及时通知被告或者提交不通知被告的理由和证明文件;再次,按照法律规定或法院要求准备提交担保、保证金或保证承诺(如需);最后,准备参加关于临时措施的口头辩论或聆讯等程序(如有)。

(二)临时措施的抗辩

就被申请人的角度而言,当面临相对方提出的临时措施申请时,可以从程序瑕疵、实体依据、担保与保证等角度,结合具体个案情况,进行有针对性的抗辩,申请法院更改、解除或撤销有关的临时措施,避免在程序对抗中陷入被动。

1. 筛查程序瑕疵

被申请人可以从程序角度寻找抗辩依据,比如作出命令的法院是否具有管辖权、申请人是否依法进行了通知、申请书及宣誓书是否符合要求、申请人是否提供了证明文件、法院是否依法举行了听证或聆讯、是否超过了法定期限等。如果存在程序瑕疵,被申请人可以向法院申诉,请求撤销、变更临时措施或者要求纠正程序问题。

2. 关注实体依据

被申请人可以从实体角度确认临时措施是否存在足够的法律和事实依据,比如是否存在真实的实体争议、是否存在财产灭失或转移的风险、是否符合保留最低生活费的例外规定等。此外,被申请人还可以从临时措施命令的表述是否清晰无歧义、对应的财产范围是否符合规定等角度捍卫自身的权益,要求澄清、变更或撤销临时措施命令。

3. 要求提供担保与保证

被申请人可以确认申请人是否依法就该临时措施提供了符合条件的担保、保证或承诺,如未提供或提供的担保与保证不符合要求,可以向法院请求补充提供,以确保原告在被告胜诉后充分赔偿临时措施给被告造成的损失。

四、临时措施的执行

(一)临时措施的跨境执行

如果临时措施的对象如财产、证据等位于法院地国以外,则可能会涉及临时措施的跨境执行问题。通常而言,由于临时措施不属于对法律纠纷的终局性解决,不具有实体判决的终局效力,在海外司法管辖区较难直接获得承认与执行。国际普遍适用的临时措施的域外执行机制尚不明朗,临时措施的域外执行仍有赖于国家间司法互助协定及国际礼让。但是,这并不意味着临时措施完全不具有域外执行力。

首先,个别国际条约规定了缔约方之间互相承认和执行临时措施命令的制度。比如欧盟成员方可以依据《关于民商事案件管辖权及判决的承认与执行公约》第39条规定承认和执行其他欧盟成员方法院作出的临时措施,前文提到德国已有此类判例。

其次,普通法法域作出的全球冻结令尽管难以获得其他法域法院的协助执行,但是因其本身以藐视法庭的罚款及监禁处罚作为督促手段,一定程度上能够保证被告对临时措施命令的遵守。

(二)临时措施的法院地执行

实践中,在签发临时措施命令的法院地国申请执行的情况更加普遍。各司法管辖区规定了不同的执行机制。

就执行方式而言,在法国,如财产扣押令涉及被申请人持有的个人财产,会由法警向财产扣押令的被申请人送达文件,说明其资产被冻结进而禁止出售或出租等事项。[1] 在德国,针对动产的假扣押通过扣押动产、提存款项等方式执行,[2]实物财产的扣押由法警完成;针对土地等不动产的假扣押通过登记债权担保抵押权的方式执行,[3]申请人需要向土地登记机关提出申请;针对个人的假扣押则是以拘留或其他限制人身自由的方式执行。[4] 在美国,一般由法警向被告送达财产扣押令并保管相关财产。[5]

---

〔1〕 Practical Law Dispute Resolution, *Attachment Orders: Overview (Cross - Border)*, Practical Law, https://uk.practicallaw.thomsonreuters.com/w-018-4802.

〔2〕 《德国民事诉讼法》第930条。

〔3〕 《德国民事诉讼法》第932条。

〔4〕 《德国民事诉讼法》第933条。

〔5〕 Gustavo J. Membiela and Verónica A. Ucros, *Attachment (Freezing) Orders: Overview (United States)*, Practical Law, https://uk.practicallaw.thomsonreuters.com/w-036-6043.

就执行保障而言，大多数司法管辖区以藐视法庭作为敦促被申请人遵守临时措施命令的有效手段，藐视法庭的处罚通常是罚款、监禁或二者并罚。

第七章 证 据

一、跨境诉讼中的证据

证据通常指在诉讼中能够证明案件事实的各种材料,[1]是法院认定案件事实和作出裁判的根据。[2] 一般而言,根据证据的载体不同,证据一般可以分为书证、物证、证人证言等各种形式。[3] 对于证人证言类证据,本书将在第九章进行专章介绍,而本章主要针对的是证人证言以外的其他证据种类。本章节将首先介绍跨境诉讼中证据的重要性和意义,以及跨境诉讼当事方在使用证据的过程中存在的难点。此后,本章还将从证明规则、证据种类、证据收集、证据出境、证据可采性等方面来对比介绍主要司法管辖区对证据的要求。此外,本章还将从实务角度介绍中国企业如何进行跨境取证与举证。

证据是进行跨境诉讼活动的必要条件。在跨境诉讼案件中,

---

〔1〕 关于证据的定义,学术界多有争论。有学者主张事实说,认为证据系“证明案件真实情况的事实”;也有学者认为“证据是证明案件事实的材料”。参见陈瑞华:《证据的概念与法定种类》,载《法律适用》2012 年第 1 期,第 24 页;易延友:《证据法学:原则 规则 案例》,法律出版社 2017 年版,第 5 页;陈光中主编:《证据法学》,法律出版社 2019 年版,第 127 页。为免歧义,本章节关注的证据主要指用以证明案件事实的各种载体及材料。

〔2〕 参见张卫平:《民事证据法》,法律出版社 2017 年版,第 15 页。

〔3〕 同上。

一般而言法官都不是案件亲历者,法官对于案件事实的认知均取决于当事人提供的或者法院依职权搜集的各项证据。事实上,为了保证法官的中立性和客观性,一般而言,如果法官个人私下参与或者了解争议事项的关键性事实的话,法院应当回避审理。因此,才会有学者提出司法过程实际上是对过去事实的探寻,[1]而“在裁判者视野中,证据是认识过去的桥梁”。[2] 故而,没有证据法院便无法探究案件事实,也无法“以事实为依据,法律为准绳”地作出令人信服的裁判。因此,证据对于查明案件事实和影响裁判结果具有重要意义,是进行跨境诉讼活动的必要条件。

二、跨境诉讼中的证据难点

由于跨司法管辖区的固有属性,跨境诉讼主体常常在取证、举证、证据的采信等方面面临难题,具体而言有以下几个方面。

(一)跨境诉讼中跨境取证的难点

由于跨境诉讼涉及多个司法管辖区,故与案件争议事实相关的证据也可能常分散于不同的司法管辖区。此时,一方当事人如何跨境搜集证据常成为棘手的问题。具体而言:

第一,作为民事主体的当事人取证途径有限。首先,大陆法系国家往往没有完善的庭前证据开示制度,当事人之间可能不会就双方掌握的证据在庭审前进行交换,因此跨境诉讼当事人可能欠缺获取主要证据的法律途径。其次,取证对象往往不局限于跨境诉讼案件的当事人,因此即使在证据开示制度较为完善的英美法

〔1〕 参见王敏远、张继成等:《“证据法的基础理论”笔谈》,载《法学研究》2004 年第 6 期,第 116 页。

〔2〕 同上书,第 111 页。

系国家,也存在向当事人以外的机构或个人进行取证时,相关主体不配合的可能性。此外,跨境诉讼中的取证涉及各个司法管辖区的证据规则,例如在实践中往往会出现案件当事人注册地位于开曼群岛或 BVI,但大量业务发生的证据(例如签署的合同、发送的邮件、银行流水)等位于中国香港的情形。此时,当事人不仅仅要遵守开曼或 BVI 法院的证据规则,在向中国香港调取证据时还需考虑证据所在地对于证据取证、出境的相关规定,故而加大了当事人取证的难度。

第二,通过国际条约或外交途径进行取证的程序复杂、效率低,并且存在不被外国法院支持的可能。为了提升民商事案件司法合作的效率之目的,各国进行了数年的协商,最终于 1970 年签署了《关于从国外调取民事或商事证据的公约》(以下简称《海牙取证公约》),目前该公约已有 63 个缔约方,使得该公约成为"迄今为止涉及司法协助方面内容最为完善的多边公约之一,也是在域外取证国际合作方面影响最广的多边公约"。[1] 该公约第 1 条第 1 款规定:"在民事或商事方面,一个缔约方的司法机关可以根据其法律规定,通过嘱托书要求另一个缔约方的司法机关调取证据或为其他司法行为。"[2]但是,通过《海牙取证公约》嘱托书方式进行取证的程序较为复杂,需经历将嘱托书交予被请求国负责接收嘱托书的中央机关,被请求国的中央机关再转交给被请求机关,被请求机关再根据当地法律的规定决定如何执行请求等一系列程序。程序的复杂性也降低了取证的效率,例如在海牙国际私法会议于 2013 年向各缔约方发送的调查问卷答复中显示,2012 年只有

---

〔1〕 乔雄兵:《〈海牙取证公约〉在我国的实施分析》,载《政法论丛》2010 年第 4 期,第 81 页。

〔2〕 Convention on the Taking of Evidence Abroad in Civil or Commercial Matters, Article 1.

37.68%的取证请求可以在两个月内完成(主要集中于瑞士和荷兰两个国家)。[1] 除了程序的复杂性和效率问题外,通过《海牙取证公约》进行取证时,还存在被请求机关不予执行取证请求的风险,正如《海牙取证公约》第12条第1款规定,"只有在下列条件下,嘱托书才能被拒绝执行:(一)嘱托书的执行不属被请求的法院权限范围之内;或者(二)被请求国认为嘱托书的执行将会损害其主权或安全"。因此,通过现有国际条约进行取证存在程序复杂、效率较低和不被执行的风险。此外,通过外交途径进行跨境取证还会受到国家间关系、互惠原则等方面的影响,具有较大的不确定性。因此,无论是通过国际条约还是外交途径取证,当事人都面临取证程序复杂、效率低等方面的困难。

(二)跨境诉讼中跨境举证的难点

除了取证,跨境诉讼当事人也面临与日俱增的跨司法管辖区举证的需求。一般而言,英美法系国家普遍存在证据开示(discovery)制度。根据《布莱克法律词典》,证据开示指了解原先所不知道的,揭露和展示原先隐藏起来的事实。在该制度中,诉讼的当事人往往被强制要求进行证据材料交换,即使是针对域外形成的证据。[2] 以美国为例,根据《美国民事诉讼规则》第26条的规定,当事人需要向另一方当事人提供与案件任何主张或抗辩相关的信息

---

〔1〕 Hague Conference on Private International Law, *Synopsis of Responses to the Questionnaire of November* 2013 *Relating to the Hgue Convention of* 18 *March* 1970 *on the Taking of Evidence Abroad in Civil or Commercial Matters* (2014-08-05), https://assets.hcch.net/docs/2bdf80df-bde5-48c9-935f-55e82db4bc1c.pdf.

〔2〕 参见乔雄兵:《也论美国的审前证据开示制度》,载《法学评论》2010年第4期,第113页。

(属于保密事项范围内的除外)。[1] 根据《美国民事诉讼规则》第37条"未开示或未协作开示的制裁"的规定,不进行证据开示的当事人可能被要求进行强制证据开示,此外,法院还可以决定不得在庭审使用未出示过的证据、因不履行法院披露命令被判藐视法庭等。[2]

但是为应对普通法系法域强势的证据开示制度,各国从上世纪起便已经开始制定障碍立法(blocking statute),对抗"单方面审前域外证据开示程序"。[3] 例如1980年7月,法国制定了《关于个人或官员向外国自然人、法人提供经济、商业、工业、财政或技术性文件或者情报的第80-538号法律》,其中第1bis条禁止任何人传递经济、商业、工业、金融或技术性质的文件或信息,以为外国司法或行政程序提供证据。根据该法,法国最高法院于2007年作出判决,判定一法国律师收集法国商业信息以用于美国诉讼程序的行为违法。[4] 此外,近年来,各国还基于数据主权、个人信息保护等方面的考量,不断出台限制数据出境的规定,加大跨境诉讼当事人的举证难度。[5] 例如,我国《数据安全法》第36条规定:"……非经中华人民共和国主管机关批准,境内的组织、个人不得向外国司

---

〔1〕 Federal Rules of Civil Procedure, Rule 26. b.

〔2〕 Federal Rules of Civil Procedure, Rule 36.

〔3〕 参见乔雄兵:《也论美国的审前证据开示制度》,载《法学评论》2010年第4期,第113页。

〔4〕 Hogan Lovells, *Four years after the Christopher X Decision, US courts still give little deference to the French blocking statute* https://f. datasrvr. com/fr1/312/84340/Christopher_X_-_Feature_5. pdf.

〔5〕 参见顾萍、崔晓霞等:《美国诉讼证据开示阶段中国涉诉主体个人信息跨境传输的法律冲突与应对》,载微信公众号"中伦视界"2022年10月11日,https://mp. weixin. qq. com/s/H8Y5Sv2vlHPIL3iKfDTx0g。

法或者执法机构提供存储于中华人民共和国境内的数据。"[1]欧盟《通用数据保护条例》(General Data Protection Regulation, GDPR)亦对于个人数据的跨境传输、处理等环节进行了严格限制,要求数据控制人只有在符合第5章"向第三国或国际组织传输个人数据"的规定的情况下,才能进行跨境传输。[2]

因此,跨境诉讼的当事人往往面临违反一国阻断法案、数据出境、个人信息保护等规定或违反证据开示的要求的两难的抉择。例如,在Cadence Design Systems, Inc. v Syntronic AB一案中,被告新拓尼克(北京)科技研发中心有限公司(以下简称新拓尼克)被诉未经许可使用原告的软件,在证据开示环节,法官要求新拓尼克提供24台在其控制下的位于中国境内的电脑至美国以供检查。[3]新拓尼克主张这一要求与中国《个人信息保护法》的规定相悖,因为电脑中储存有员工个人信息,根据《个人信息保护法》第39条的规定需获取个人同意之后才能进行数据出境,而被告无法获得员工的同意,故无法满足美国法院证据开示的要求。然而法官并未支持被告的主张,认为《个人信息保护法》中存在例外规定,无法阻碍证据开示的要求,因此仍然要求被告提供电脑。[4] 由此案可知,如何在不违反各国关于数据、个人信息保护等法律规定的前提下

---

〔1〕 司法部:《关于国际民商事司法协助的常见问题解答》,载中华人民共和国司法部官网,http://www.moj.gov.cn/pub/sfbgw/jgsz/jgszzsdw/zsdwsfxzjlzx/sfxzjlzxxwdt/202303/t20230330_475371.html。

〔2〕 Regulation (EU) 2016/679 of the European Parliament and of the Council of 27 April 2016 on the protection of natural persons with regard to the processing of personal data and on the free movement of such data, and repealing Directive 95/46/EC, Section 5.

〔3〕 *Cadence Design Systems, Inc. v Syntronic AB*, No. 21 – cv – 3610, (N. D. Cal. June 24, 2022).

〔4〕 *Cadence Design Systems, Inc. v Syntronic AB*, No. 21 – cv – 3610, (N. D. Cal. June 24, 2022).

满足法院的要求,亦成为跨境诉讼当事人需要考虑的难点。

(三)跨境诉讼中证据采信的难点

1. 证据形式

跨境诉讼中,由于涉及多个司法管辖区内形成的证据,法院对于另一司法管辖区内形成的证据可能会科以更高标准的形式要求。实践中常见的要求包括对外国证据进行公证认证,或者要求对外文证据进行翻译等。

例如《德国民事诉讼法》中对于"本国公文书"和"外国公文书"的要求便存在差异。《德国民事诉讼法》第 437 条规定,对于本国文书的真实性而言,"依照其形式与内容可以视为是由公职机关或具有公信力的人员制作的文书,推定其本身是真实的"[1]。然而对于外国文书的真实性,《德国民事诉讼法》第 438 条第 1 款规定,"是否无需进一步的证明即可视为是真实的,由法官根据案件具体情况裁量"。第 2 款规定,"对于此种文书,经联邦的领事或公使认证后,即视为是真实的"[2]。因此,对于在德国法院作为证据使用的外国公文书而言,若未经联邦的领事或公使认证,法院便有权质疑其真实性,而对本国公文书并未科以此类要求。需关注的是,关于外国文书的形式要求,各国也一直在协商、讨论,并通过了《海牙关于取消要求外国公文书认证的公约》(以下简称《海牙取消认证公约》),意在简化公文书跨国流转程序。2023 年 11 月 7 日,《海牙取消认证公约》正式在中国生效。在《海牙取消认证公约》生效前,为确认公文书的真实性,一缔约方的文书需要经过使领馆认证后方可在另一国使用。而《海牙取消认证公约》取消了缔约方之

---

[1] 赵秀举译:《德国民事诉讼法》,法律出版社 2021 年版,第 143 页。
[2] 同上。

间领事认证环节,以主管机关签发的“附加证明书”(Apostille)替代领事认证。因此,《海牙取消认证公约》对中国生效后,将大大减少公文书跨国流转的时间和成本,便于跨境诉讼中证据的交换和认可,在一定程度减轻证据“采信难”的问题。

又如,《得克萨斯州证据规则》第 1009 条规定,当事人在提交外文文件时,还需要提交外文文件的译本,并且译本上需要有“合格翻译的宣誓书或未经宣誓的证明以说明翻译的资格,并证明翻译是准确的”,届时该外文文件才可被法院接受(admissible)。[1] 在得克萨斯州上诉法院 International Commercial Bank of China v. Hall - Fuston Corp. 一案中,法院明确表明,在缺少翻译的情况下,当中文文件被提交用于证明其中的内容时,是完全缺乏证明力的,因此该中文证据应当被排除。[2] 因此,如何满足各司法管辖区对于在其他司法管辖区形成的证据的形式要求,系跨境诉讼当事人必须面临的重要问题。

2. 证据效力和可采性

各司法管辖区的证据规则之间存在较大的差异,在证据效力和采信方面各司法管辖区都有各自特殊的规定。通常认为,英美法系国家在证据的效力和可采性方面设置了一套复杂、严格的程序,[3] 然而大陆法系国家却一般没有明确的法律规定。例如,《美国联邦证据规则》第 8 章建立了一整套传闻证据排除规则,包括传闻证据的定义,传闻证据排除规则的例外情形等。[4] 然而,《法国

---

〔1〕 Texas Rules of Evidence, Rule 1009.

〔2〕 *International Commercial Bank of China v. Hall - Fuston Corp.*, 767 S. W. 2d 259 (Court of Appeals of Texas, Beaumont, 1989).

〔3〕 参见张卫平:《民事证据法》,法律出版社 2017 年版,第 8 页。

〔4〕 Federal Rules of Evidence, Article Ⅷ.

民事诉讼法》中并没有针对传闻证据的排除性规则。[1]《德国民事诉讼法》亦是如此,传闻证据通常不会被排除,而是有赖于法官的自由心证,对传闻证据的证明力进行综合考虑,并结合其他证据材料,对案件事实进行认定。由此可知,各司法管辖区之间在证据可采性方面具有较大的差异,因此跨境诉讼当事人如何适应各司法管辖区的规定亦是需要面临的难题。

综上,在跨境诉讼中,证据对于案件事实的查明和法官作出令人信服的判决具有关键作用。但是由于跨司法管辖区,当事人在取证、举证、证据采信方面会遇到多重困难,这就需要当事人通盘了解各司法管辖区的证据规则,以最大限度地利用不同证据规则带来的便利进行举证,从而更好地维护自身权益。

三、常见司法管辖区的证据规则

本部分中,笔者将从证据的取证、提交、采信等方面,以及证据的产生到最终被法院用作定案依据的整个过程,对主要司法管辖区相关规定进行对比和介绍。

(一)证明规则

1. 举证责任

举证责任又被称作证明责任,学界通常认为证明责任一词有两层含义:一是实质上的举证责任,即当某种事实真伪不明时,由哪一方当事人承担不利法律后果的责任分配;二是形式上的举证责任,即向法院提出证据并证明主张的行为责任。[2] 受古罗马法

---

〔1〕 Doris Jonas Freed, *France*, (1970), https://scholar.smu.edu/cgi/viewcontent.cgi?article=4131&context=til.

〔2〕 参见张卫平:《民事证据法》,法律出版社2017年版,第271页。

中"谁主张,谁举证"原则的影响,[1]目前多数司法管辖区都遵循了这一原则。

例如《法国民事诉讼法典》第9条规定,"为支持诉讼请求的成立,各方当事人有责任根据法律对必要的事实提供证据证明"。[2]在德国,一般由当事方承担证明有利于他们案件的相关事实的证明责任。[3] 在英国,举证责任一般由实质上主张某一事项成立的一方承担(substantially asserts the affirmative of the issue)。[4] 也就是说,无论是积极还是消极的主张,只要该主张构成一方当事人案件的重要部分,则该当事人就需要承担举证责任。[5] 正常而言,在合同纠纷中,原告就合同的成立和违约行为承担举证责任,被告对合同无效事由承担举证责任。[6] 但是总体而言,英美法系国家"并不承认存在一个统领于各个诉讼领域的证明责任分配规则",而是希望通过"政策、公平、可能性"等因素的考量来确定具体的证明责任分配。[7]

2. 证明标准

证明标准指"法律规定的证明责任主体,运用证据对待证事实

---

〔1〕 参见陈光中主编:《证据法学》,法律出版社2019年版,第313页。

〔2〕 参见周建华译:《法国民事诉讼法典》,厦门大学出版社2022年版,第2页。

〔3〕 Practical Law Global. *Rules of Evidence* (*Civil Proceedings*): *Overview* (*Germany*) (2023-04-01), https://1.next.westlaw.com/Document/Iebd214277eb011ec9f24ec7b211d8087/View/FullText.html? originationContext = document&transitionType = DocumentItem&ppcid = ae9df21597ef4e32932d4d88a13d63c9&contextData = (sc.Search)#co_anchor_a513851.

〔4〕 *Robins v National Trust Co* [1927] A.C. 515 at 520.

〔5〕 Hodge Malek. *Phipson on Evidence*. Sweet & Maxwell, 2022, chapter 6, section 2.

〔6〕 Hodge Malek. *Phipson on Evidence*. Sweet & Maxwell, 2022, chapter 6, section 2.

〔7〕 参见易延友:《证据法的体系与精神——以英美法为特别参考》,北京大学出版社2010年版,第299页。

加以证明所要达到的要求或程度,又被称为证明要求、证明程度”。[1] 换言之,它要求举证方举出充足的证据使法官对案件事实产生一定程度的确信。

英国法传统上在民事案件中使用“或然性权衡”(proof on a balance of probabilities)的证明标准。[2] 这意味着当事人必须举出足够的证据使得法院相信当事人所依据的事实更有可能发生(more likely to have occurred than not);如果只是发生的可能性相当,则没能达到证明标准。此外,澳大利亚、加拿大、中国香港等司法管辖区也确定一般民事诉讼的证明标准是或然性平衡标准。[3]

在美国,民事案件中的证明标准通常被表述为优势证据标准(preponderance of evidence),即“如果负有证明责任的当事人所举证据比对方当事人所举的证据更可能真实时,法院应支持前一当事人”。[4] 但是在一些特殊案件中(例如搁置选举结果的程序)会采取更高的证明标准,也即清晰和有说服力的证据(clear and convincing evidence)。[5]

在德国的民事诉讼中,当事人通常被要求进行完全证明(full proof),达到排除合理怀疑的标准,而不仅仅是优势证据的标准。[6] 德国法学家认为:“德国的法律与美国法比较起来,在证明

---

〔1〕 陈光中主编:《证据法学》,法律出版社2019年版,第313页。

〔2〕 Hodge Malek. *Phipson on Evidence*. Sweet & Maxwell, 2022, chapter 6, section 2.

〔3〕 Practical Law Global. *Rules of evidence (including cross - border evidence) in civil proceedings Q& A*: *Canada* (2018 - 09 - 30), https://uk. practicallaw. thomsonreuters. com/w - 016 - 7575.

〔4〕 张卫平:《民事证据法》,法律出版社2017年版,第242页。

〔5〕 David Sklansky & Andrea Roth. *Evidence Cases*, *Commentary and Problems*, Wolters Kluwer, 2020, p. 1288.

〔6〕 Practical Law Global. *Legal Systems in Germany*: *Overview* (2020 - 12 - 01), https://uk. practicallaw. thomsonreuters. com/w - 007 - 7132.

标准方面有许多不同。在德国的制度之下,无论是在何种诉讼当中,无论诉讼包含的问题是涉及私法、刑法,还是公法(行政法和宪法),对法官心证的要求都是排除合理怀疑。"[1]但是在特定程序中,证明标准可能有所降低,例如以确定损失金额为目的的程序中,证明标准是优势证据标准。[2] 法国与德国类似,即"法国民法和刑法中所要求的证明标准都是一样的:无论民事诉讼法还是刑事诉讼法,对于一个人的过错而言,法官都应当被说服到没有任何怀疑之阴影的程度"[3]。

(二)证据种类

证据种类指"法律规定的证据的不同表现形式"。[4] 大陆法系国家的证据通常被分为:物证、书证、勘验笔录、证人、鉴定人等。

《德国民事诉讼法》第2编第1章第6节至第10节规定了"勘验、人证、鉴定、书证、讯问当事人"五种证明方式,具体而言:

(1)鉴定:鉴定人是由法院委托的,而非当事人委托的,但是法院在委托前可以听取当事人的意见,当事人也可以申请鉴定人回避。[5] 通常鉴定人需要在法院指定的期间内出具书面鉴定意见,法院可以命令鉴定人出庭对书面鉴定意见进行解释,当事人可以对鉴定意见提出异议。[6] 可以说"法院有权使用一名鉴定人,有权确定鉴定的价值,并且不受其结论的约束"。[7]

---

〔1〕 易延友:《证据法学:原则 规则 案例》,法律出版社2017年版,第624页。

〔2〕 Practical Law Global. *Legal Systems in Germany*: *Overview* (2020-12-01). https://uk.practicallaw.thomsonreuters.com/w-007-7132.

〔3〕 易延友:《证据法学:原则 规则 案例》,法律出版社2017年版,第625页。

〔4〕 陈光中主编:《证据法学》,法律出版社2019年版,第152页。

〔5〕 参见赵秀举译:《德国民事诉讼法》,法律出版社2021年版,第134、135页。

〔6〕 同上书,第137页。

〔7〕 沈达明编著:《比较民事诉讼法初论》,中国法制出版社2002年版,第323页。

(2)书证:德国的书证分为公文书和私文书两大种类。公文书指“公职机关在其职权范围内或就有公信权限的人员在其分配的业务范围内,以规定的形式制作的文书”,而私文书指公文书以外的一切文书。[1] 对于按恰当格式制作的公文书,法院会推定其真实性;而对于私文书,若对方当事人不认可其真实性的,举证人应当证明私文书的真实性或者通过比较笔记的方式证明真实性。[2] 公文书可以完全证明其中所载事项,如果该公文书是在政府机关或文书制作人面前所作陈述的记载。[3] 由机关制作的包含公务命令、决定或者裁判的公文书可以构成对其内容的证明。[4] 其他公文书也可以证明其所载事项,只要文书记载的事实不以机关或文书制作人亲身感知为基础。[5] 由制作人签名或借助于经公证人员公证而签名的私文书,可以证明制作人在私文书中所作的陈述。[6]

(3)勘验:法官可以自行勘验或者指示鉴定人勘验物品,包括不动产。

(4)讯问当事人:法院可以依申请或依职权对当事人进行讯问。只有在一方当事人对待证事实无法完全通过其他手段进行证明时,才能向法院申请讯问对方当事人;法院若认为待证事实的反面事实已经被证明了,则可以不批准当事人的申请。[7] 这样规定的理由是德国民事诉讼法的基本原则之一为诉讼当事人不能充当证人,认为当事人的证言的可靠性不能与独立证人比拟,所以只是

---

〔1〕 赵秀举译:《德国民事诉讼法》法律出版社2021年版,第138页;沈达明编著:《比较民事诉讼法初论》,中国法制出版社2002年版,第323页。

〔2〕 赵秀举译:《德国民事诉讼法》,法律出版社2021年版,第143、144页。

〔3〕 同上书,第138页。

〔4〕 同上书,第139页。

〔5〕 同上。

〔6〕 同上。

〔7〕 赵秀举译:《德国民事诉讼法》,法律出版社2021年版,第144、145页。

在极为例外的情况下，才考虑当事人所熟悉的事实。[1] 对方当事人可以拒绝接受讯问或者拒绝按法院的要求作出说明，但后果是法院会根据总体情况（尤其是拒绝接受讯问的理由），通过自由心证判断该待证事实是否已经得以证明。[2] 在证据调查的结果不足以让法官对事实真伪形成心证时，法官可以在未经申请的情况下，直接依职权讯问当事人。[3] 鉴于德国民事诉讼法对于当事人证言的可靠性持怀疑态度，故在当事人所作证言不足以使得法官就待证事实的真伪形成心证时，法院可以命令当事人就其证言进行宣誓。[4]

《法国民法典》规定的主要证明方式包括：书证、证言、推定、当事方的自认、宣誓。

（1）书证：《法国民法典》第 1365 条规定："书证由字母、文字、数字或者其他有清晰含义的符号或者代号构成，其载体再所不问。"法国的书证可以分为公文书、私文书和其他书面材料。公文书是由公职人员按照一定格式限制作成的文书，该类文书被推定能证明其所载内容，直至提出公文书属伪造的异议，并报送检查机关。如果提出公文书属伪造的申请人败诉，将被判处罚款和损害赔偿。[5] 对于私文书而言，它价值全部来自于当事人的签名。如果当事人认可对其不利的私文书的，则该文书在签字方之间具有证明力。[6] 但是当事人也可以否认文书上的签字，在这种情形下需要对字迹进行核对。[7] 其他书证包括：商人账簿或文档、家庭自

---

〔1〕 沈达明编著：《比较民事诉讼法初论》，中国法制出版社 2002 年版，第 321 页。

〔2〕 赵秀举译：《德国民事诉讼法》，法律出版社 2021 年版，第 144、145 页。

〔3〕 同上书，第 145 页。

〔4〕 同上书，第 146 页。

〔5〕 周建华译：《法国民事诉讼法典》，厦门大学出版社 2022 年版，第 55 页。

〔6〕《法国民法典》第 1372 条。

〔7〕《法国民法典》第 1373 条。

立的登记簿和字据等。[1]

法国关于书证的规则中最特殊的是确立了书证优先的原则,赋予书证大于其他证据形式的证明力。[2] 例如《法国民法典》第1359条规定:涉及的金钱或价值高于法令规定上限的法律行为,需要有私文书或者公文书证明。并且,只有私文书或公文书才能被用于反对书证确立的法律行为。[3] 书证优先原则也有其例外:由于物质上或道德上的原因不能获得书证的,例如习惯上不需要书证或者书证因不可抗力灭失的情况。[4]

(2)推定:《法国民法典》规定了两种推定的方式,一种为法定推定,另一种为非法定推定。法定推定为法律条文中所作的推定;非法定推定由法官决定的,但法官只能采纳严肃的、准确的、前后一致的推定,并且只有在法律允许通过任何方式进行证明的情形下,才可适用。[5]

(3)自认:《法国民法典》第1383条规定,"自认是承认事实真实性的声明,且会对自认一方产生不利的法律后果"。自认分为诉讼中的自认和诉讼外的自认。诉讼中的自认指当事人或其特别受托人在诉讼中作出的声明,它构成对自认一方不利的证据,但是不能以对作出者不利的方式进行拆分(divided)。[6] 诉讼中的自认原则上不得撤回,除非存在事实上的错误。例如"继承人承认被继承人的债务,但后来收据证明已经清偿"。[7] 诉讼外的口头自认

〔1〕《法国民法典》第1378条。

〔2〕欧明生:《法国民事证据制度书证优先原则及其借鉴》,载《社科纵横》2010年第1期,第59页。

〔3〕《法国民法典》第1359条。

〔4〕《法国民法典》第1360条。

〔5〕《法国民法典》第1382条。

〔6〕《法国民法典》第1382-2条。

〔7〕沈达明编著:《比较民事诉讼法初论》,中国法制出版社2002年版,第312页。

原则上不会被认可,除非法律允许通过任何方式进行证明,诉讼外自认的证明力也由法院决定。[1]

(4)宣誓:宣誓分为决讼宣誓和法院要求的宣誓。决讼宣誓非常少见,因为这一宣誓将直接决定裁判结果。[2] 它可以由一方当事人要求另一方当事人作出,诉讼中任何阶段都可以提出决讼宣誓的请求,但宣誓的内容限于与当事人本人有关的事实。[3] 被请求一方可以:作出宣誓从而胜诉;拒绝宣誓而败诉;要求对方当事人进行宣誓(反宣誓)。[4] 如果被请求一方或者反宣誓一方已经宣布可以进行宣誓,那么请求宣誓或反宣誓的一方就不能撤回宣誓要约。[5] 宣誓后,另一方将不得证明宣誓的错误。[6] 学者认为,"这种宣誓,不仅是一种证明的方法,而且是一种解决争议的手段"[7]。而法院要求的宣誓只是一种补充性的证据方法。《法国民法典》第1386-1条规定:"只有在请求或抗辩尚未完全得到证明或者并非完全无证据时,法官才能够依职权要求一方当事人宣誓。"对该宣誓的证明力判断取决于法官的自由心证。[8]

英美法系国家成文证据法中通常没有列举证据种类的规定,

---

〔1〕《法国民法典》第1382-1条。

〔2〕李浩:《当事人陈述:比较、借鉴与重构》,载《现代法学》2005年第3期,第47页。

〔3〕《法国民法典》第1384、1385-1条。

〔4〕李浩:《当事人陈述:比较、借鉴与重构》,载《现代法学》2005年第3期,第47页。

〔5〕《法国民法典》第1385-3条。

〔6〕《法国民法典》第1385-3条。

〔7〕李浩:《当事人陈述:比较、借鉴与重构》,载《现代法学》2005年第3期,第47页。

〔8〕《法国民法典》第1386条。

在证据理论中也只是进行粗略的划分。[1] 英国学者认为,常见的证据种类有实物证据、书证和证人证言。美国学者曾直接将证据划分为言词证据、实物证据和司法认知三种。[2]

(三)证据收集规则

1. 常见司法管辖区收集境内证据的规则

英美法系法域和大陆法系法域最大的差异在于:英美法系法域往往存在比较完善的证据开示(pre – trial discovery)制度;然而大陆法系法域基本不存在类似制度,当事人需要通过文书提出命令制度或法院自行收集的方式获得证据。

美国的证据开示制度主要规定在《美国联邦民事诉讼程序规则》的第 26 条至第 37 条。《美国联邦民事诉讼程序规则》第 26 条第 2 款第 1 项规定,证据开示的范围及"与当事人请求或抗辩相关的(relevant),且不属于保密特权范围的事项(nonprivileged matter)",[3]属于保密特权范围的事项,例如律师和委托人之间的沟通记录。具体的开示事项包括:掌握可开示信息的人的姓名、地址、联系电话,相关的书面材料或者其他证据等。[4]《美国联邦民事诉讼程序规则》还规定了多种当事人可以获取证据的途径,包括

---

〔1〕 陈光中主编:《证据法学》,法律出版社 2019 年版,第 152 页;罗海敏:《关于证据种类之思考》,载《国家监察官学院学报》2005 年第 4 期,第 141 页。

〔2〕 何家弘:《外国证据法》,法律出版社 2003 年版,第 174 页。

〔3〕 Federal Rules of Civil Procedure, Rule(b)(1).

〔4〕 Federal Rules of Civil Procedure, Rule(a)(1)(A), (a)(3)(A).

笔录证言(deposition),[1]书面质询(interrogation),[2]要求提供证据(request to produce),[3]医疗检验(medical exam),[4]要求承认(request for admission)[5]等。对于一方当事人未能进行证据开示的行为,对方当事人可以向法院提出动议(motion),强制一方当事人开示证据。[6] 此外,对于违反证据开示制度的行为,法官可采取一定的制裁措施,包括免除一方当事人的证明责任,禁止违反一方对其请求或抗辩作证,不予支持某项请求,驳回诉讼或缺席判决,甚至判处藐视法庭罪等。美国证据开示制度本意是防止证据突袭,最大限度地发现客观真实,[7]然而,实践中该制度常常被作为

---

〔1〕 笔录证言是美国民商事案件证据开示中常用的取证方式,是一种证人宣誓下作出的法庭之外的证言。该过程主要由当事人发起和监督,法院并不参与笔录证言的获取。笔录证言可以分为口头笔录证言和书面笔录证言。口头笔录证言中,参与获取口头笔录证言过程的主要有证人、当事人双方律师以及有资格进行宣誓的人。参见 Federal Rules of Civil Procedure, Rule 30。

〔2〕 质问书指当事人可以通过书面的方式向对方当事人发送不超过 25 个问题(written interrogatories),并要求对方当事人进行答复。对方当事人受送达后需要以书面的方式答复提问,可以答复或者反对(object)并释明反对的理由。参见 Federal Rules of Civil Procedure, Rule 33。

〔3〕 要求提供证据指当事人可以要求对方当事人提供并允许当事人检查、复制、测试或抽样在对方当事人控制之下的文件或其他物证,可以要求提供的证据范围包括:特定的文件或电子储存信息、特定的物证。参见 Federal Rules of Civil Procedure, Rule 34。

〔4〕 医疗检验指在当事人的精神或身体状态存在争议时,当事人在有充足依据(good cause)的情况下可以向法院提出检查身体或精神状态的申请,法院可以命令当事人接受检验。参见 Federal Rules of Civil Procedure, Rule 35。

〔5〕 要求承认指当事人一方可以向对方当事人发送请求,要求对方当事人对案件所涉事实或者所涉文件的真实性进行答复。对方当事人可以承认(admit)或明确否认(deny)请求中所涉事项,也可以声明已经尽了合理努力但还是因缺乏相关信息而不能进行承认或否认。如果对方当事人保持沉默,将会被视为自认。参见 Federal Rules of Civil Procedure, Rule 36。

〔6〕 Federal Rules of Civil Procedure, Rule 37.

〔7〕 田琼文:《美国证据开示制度对完善我国证据交换的启示》,载《学理论》2015 年第 9 期,第 84 页。

拖延诉讼进程,实现不当目的的手段,因此,为了限制证据开示制度带来的不利影响,《美国联邦民事诉讼程序规则》第26条经过多次修改,限制证据开示的范围。[1] 目前第26条要求:证据开示的范围需要与案件的需要成比例关系,需要考虑当事人对相关信息的获取渠道,当事人的资源,开示事项的重要性,以及开示的负担或成本是否会超出所带来的利益。

除了上述当事人之间进行证据开示外,《美国联邦民事诉讼程序规则》第34条还规定,当事方也可以通过申请法院发出"传票"的方式,要求案外人提供文件、物品或允许检查,或者录取非当事方的笔录证言(deposition)。[2]

英国的证据开示范围较美国而言更为限缩,主要指的是书证的开示(disclosure)和查阅(inspection)。[3] 在英国,书证的开示和查阅是两个不同的步骤:开示指的是宣称某个文件存在;查阅指的是开示某项文件的一方允许相对方查看文件原件或提供复印件。[4] 与美国不同,英国证据开示的开始和查阅程序并不会随着案件的启动而自动开启,需要由法院签发开示命令。[5] 对于文件的开示分为:标准证据开示(standard disclosure)和特定证据开示(specific disclosure)。标准证据开示指"除法院另有指令的书证开

---

〔1〕 乔雄兵:《也论美国的审前证据开示制度》,载《法学评论》2010年第4期,第112页。

〔2〕 Federal Rules of Civil Procedure, Rule 34.

〔3〕 夏先华:《英美法系民事证据开示制度检视及其启示》,载《湖南工业大学学报(社会科学版)》2019年第4期,第121页。

〔4〕 Civil Procedure Rules, Rule 31.2, 31.3.

〔5〕 崔婕:《英美两国民事证据开示制度比较及其对我国的启示》,载《学术研究》2002年第2期。

示命令外,当事人应进行的其他证据开示命令”[1]。开示的范围包括当事人依赖的证据,或者对当事人案件不利的证据、对对方当事人案件不利或有利的证据等。[2] 特定证据开示指法院签发的要求一方当事人特定开示或特定查阅的命令,当事人申请进行特定开示的,需提交相应的证据并说明理由。[3] 为了防止证据开示制度带来的不利影响,英国法中同样对开示范围进行了限制,当事人可以开示可能损害公共利益、[4]需开示的书证与案件争点并不相称、[5]涉及保密特权、[6]不属于当事人的控制范围[7]为由,拒绝相对方查阅有关文件。若未进行证据开示,除法院允许外,当事人在庭审过程中便不能依赖该项未开示的证据。[8]

除了上述当事人之间的证据开示外,当事人还可以向法院申请命令(order)案外人提供书证,或者发出证人传票(witness summon)。法院对于是否发出命令具有自由裁量权,只有在以下条件同时满足的情况下,法院才会命令案外人提供书证:拟向案外人获取的书证有可能支持或不支持案件当事人,并且对于合理处理案件和节约成本是必要的。[9] 此外,法院也可以通过发出证人传票,

---

〔1〕 夏先华:《英美法系民事证据开示制度检视及其启示》,载《湖南工业大学学报(社会科学版)》2019年第4期,第121页。

〔2〕 Civil Procedure Rules, Rule 31.8.

〔3〕 夏先华:《英美法系民事证据开示制度检视及其启示》,载《湖南工业大学学报(社会科学版)》2019年第4期,第121页。

〔4〕 Civil Procedure Rules, Rules 31.19.

〔5〕 Civil Procedure Rules, Rule 31.3.

〔6〕 夏先华:《英美法系民事证据开示制度检视及其启示》,载《湖南工业大学学报(社会科学版)》2019年第4期,第121页。

〔7〕 Civil Procedure Rules, Rule 31.3.

〔8〕 Civil Procedure Rules, Rule 31.21.

〔9〕 Civil Procedure Rules, Rule 31.17.

要求证人提供书证或者作证。[1]

大陆法系国家往往不存在证据开示制度,[2]但是当事人可以将文书提出命令制度作为搜集证据的主要手段。[3]《德国民事诉讼法》中允许当事人依照实体法的请求权,请求相对方提交文书,相对方负有提交义务,[4]例如《德国民法典》第371条规定,在债务人履行完债务时,债务人有权要求债权人归还债务证明。此外,《德国民事诉讼法》第421条还规定,举证人主张对方当事人持有文书时,可以向法院申请要求命令对方当事人提供文书。如果法院认为待证事实是重要的且申请理由成立的,对方当事人又承认持有文书或者未发表意见,法院可以命令对方当事人提交文书。[5]如果对方当事人没有遵守文书提出命令的,将会影响法官的自由心证。同样,在德国当事人也可以通过文书提出命令制度,申请法院命令案外人提供文书。[6]类似的,《法国民事诉讼法典》也规定了文书提出命令制度。《法国民事诉讼法典》第11条第2款规定:"法官有权依据一方当事人的申请,要求或命令当事人以外的人员在不存在法定阻碍事由的情形下提供其持有的文件;必要时,法官可以采取强制措施。"[7]当事人也可以申请案外人提供证据,法院可以命令案外人在不存在法定阻碍事由的情形下提供其持有的

---

〔1〕 Civil Procedure Rules, Rule 34.

〔2〕 例如法国并没有庭前证据开示的规则,认为该程序没有必要地增加了诉讼成本和拖延诉中进程。

〔3〕 熊跃敏:《大陆法系民事诉讼中的证据收集制度论析——以德国民事诉讼为中心》,载《甘肃政法学院学报》2004年第4期,第3页。

〔4〕 同上。

〔5〕 赵秀举译:《德国民事诉讼法》,法律出版社2021年版,第140页。

〔6〕 同上书,第141页。

〔7〕 周建华译:《法国民事诉讼法典》,厦门大学出版社2022年版,第2页。

文件。[1]

2. 常见司法管辖区跨境收集证据的规则

在美国,跨境取证的方法因掌握证据的主体是否为案件当事人而不同。

第一,如果掌握证据的主体是案件当事人,则另一方当事人可以依据证据开示规则,直接请求出示位于美国境外的证据。[2] 实践中,案件当事人常常会主张其所在国为《海牙取证公约》缔约方,故而《海牙取证公约》中关于跨境取证的程序应当适用,而不是适用《联邦民事诉讼规则》。但是美国法院在 Aerospatiale 一案中明确否定了这一主张,认为《海牙取证公约》是意在设立促进跨境取证的选择性程序,而并非强制性和排他性的要求。[3]

第二,如果掌握证据的主体是案外人,一般可以通过传票、案外人自愿提供证据或《海牙取证公约》、嘱托书等方式取证。[4] 具体而言:

首先,如果位于美国境外的案外人系美国公民或永久居民,当事人可以向美国法院提出动议,请求法院发出传票。[5] 根据《沃尔什法案》第 1783(a)条规定,美国法院可下令发出传票,要求身处外国的美国公民或居民作为证人出庭,或要求他出示特定的文件或其他物品。根据《沃尔什法案》第 1783(a)条的规定,传票的签发需要满足以下两个基本条件:该证据是"为了司法利益所必需

---

〔1〕 周建华译:《法国民事诉讼法典》,厦门大学出版社 2022 年版,第 2 页。

〔2〕 *In re Automotive Refinishing Paint Antitrust Litig.*, 358 F. 3d 288, 305 (3d Cir. 2004).

〔3〕 *Societe Nationale Industrielle Aerospatiale v. U. S. Dist. Court*, 482 U. S. 522 (1987).

〔4〕 Practical Law Global. *International Litigation: Requesting Discovery Abroad for US Proceedings*, https://uk. practicallaw. thomsonreuters. com/3 –525 –0855.

〔5〕 28 U. S. C. § 1783.

的”;“不可能以任何其他方式获得”。法官对是否发出传票享有自由裁量权。[1] 如果潜在的证人有相关信息,反对传票动议的一方需要说明:该证据与当事人的请求与抗辩都无关且与案件的需求不相称;[2] 取证的负担超过了“支持广泛证据开示的普通推定”。[3] 仅仅指称取证是“压迫性的、负担性的或骚扰性的”(oppressive, burdensome, or harassing),并不足以反对传票的动议。

其次,如果案外人位于《海牙取证公约》缔约方的话,当事人还可以通过《海牙取证公约》规定的方式进行跨境取证。《海牙取证公约》建立了两个基本机制,缔约方的诉讼一方可以通过这些机制在国外寻求证据。首先,它允许一个缔约方的司法当局为获取证据而向被请求国的主管当局提交调查取证请求书。其次,《海牙公约》允许一缔约方的外交官员、领事代理人或专员(diplomatic officer, consular agent, or commissioner)在某些有限的情况下在另一缔约方的领土上取证。

(1)通过调查取证申请书取证:在美国,当事人可以向受诉法院申请调查取证申请书。美国法院会将调查取证申请书、相关文件和翻译直接发送给寻求证据的缔约方指定的“中央机关”,[4] 中央机关一旦收到调查取证请求书,就会将调查取证请求书转交给主管司法机关执行。[5] 调查取证申请书中必须载明基本信息,包括当事人、诉讼性质、对所寻求的证据的描述,以及适当时要求披

---

〔1〕 28 U.S.C. § 1783.

〔2〕 Federal Rules of Civil Procedure, Rule 26(b)(1).

〔3〕 *Klesch & Co. Ltd. v. Liberty Media Corp.*, 217 F.R.D. 517, 524 (D. Colo. 2003).

〔4〕 Convention on the Taking of Evidence Abroad in Civil or Commercial Matters, arts. 2, 27(a).

〔5〕 Convention on the Taking of Evidence Abroad in Civil or Commercial Matters, art. 2.

露的具体文件或信息。当司法机关执行请求书时,除非请求国在请求书中指定了“特殊方法或程序”(前提是这些方式并不违背该国国内法且具有执行的可能性),否则司法机关将对所要遵循的方法和程序适用其当地法律。[1] 执行国司法机关只有在以下两种情形才可以拒绝执行调查取证申请书:执行申请书不属于执行国司法机关的职能,或执行申请书将对执行国的主权或安全造成不利影响。[2] 一旦被请求国的中央机关从当地法院收到确定执行请求书的文件,这些文件将通过收到请求书的相同渠道发送给请求国。尽管《海牙取证公约》已经很大程度上简化了取证流程,但还是面临效率不高的批评。据美国国务院预测,执行一份调查取证申请书所花费时间约为6个月至1年。[3]

(2)通过外交官员、领事代理人或专员取证:根据《海牙取证公约》,缔约方的外交官、领事代表或专员可以不受强迫地向其所在缔约方的人取证,以帮助民商事诉讼,尽管可能需要得到取证所在国的许可。[4] 然而,这一机制的可用性因缔约方而异。《海牙取证公约》允许缔约方全部或部分排除与外交官员、领事代表或专员

[1] Convention on the Taking of Evidence Abroad in Civil or Commercial Matters, art 9.

[2] Convention on the Taking of Evidence Abroad in Civil or Commercial Matters, art 12.

[3] Practical Law Global, *International Litigation: Requesting Evidence Abroad by Letter of Request or Letter Rogatory*, https://1. next. westlaw. com/Document/I77556c411c8911e38578f7ccc38dcbee/View/FullText. html? contextData = (sc. Default) &transitionType = Default&oWSessionId = 15df36c384834d00be6c82550470167f&isplcus = true&fromAnonymous = true&firstPage = true&bhcp = 1.

[4] Convention on the Taking of Evidence Abroad in Civil or Commercial Matters, arts. 15, 16, and 17.

取证有关的规定的适用。[1] 此外,《海牙取证公约》明确允许缔约方作出某些声明,并规定在允许外交官员、领事代表或专员取证的基础上,增加额外义务。例如,缔约方可以作出声明,允许外交官员、领事代表或专员向主管当局申请强制获取证据。例如,美国和意大利已经提出无条件的声明,允许外国采取这些行动。当通过外交官员、领事代理人或专员进行跨境取证时,由于被取证人拒绝提供证据,当事人可以采取调查取证请求书的方式进行。[2]

最后,如果案外人所在国不属于《海牙送达公约》[3]缔约方,当事人还可以通过嘱托书(letter rogatory)的方式取证。[4] 嘱托书是由一个正在进行诉讼的法院向一个外国法院提出的正式请求,要求协助执行一项司法行为。在没有像《海牙取证公约》这样的适用条约的情况下,嘱托书可能是一方当事人强制要求不受美国法院管辖的外国非当事人提供证据的唯一手段。美国法院一直认为,根据《美国法典》第 28 篇第 1781 条和《美国联邦民事诉讼规则》第 28(b)条,他们有权发出嘱托书,有些法院认为发出嘱托书的权力属于法院的"固有"权力。[5] 规则第 28(b)条明确规定,可

---

〔1〕 Convention on the Taking of Evidence Abroad in Civil or Commercial Matters, art. 33.

〔2〕 Convention on the Taking of Evidence Abroad in Civil or Commercial Matters, art. 22.

〔3〕 除了《海牙取证公约》外,当事人还可以通过其他双边或多边司法互助条约来进行跨境取证,但由于该类条约规模较小、数量较多,在本书中不便一一列举,故没有详述。

〔4〕 22 C. F. R. 92. 54 (2012); Federal Rules of Civil Procedure, Rule 28(b).

〔5〕 *United States v. Staples*, 256 F. 2d 290, 292 (9th Cir. 1958); *Barnes & Noble, Inc. v. LSI Corp.*, No. C 11 -02709 EMC LB, 2012 WL 1808849, at 2 (N. D. Cal. May 17, 2012); 28 U. S. C. § 1781; Federal Rules of Civil Procedure, Rule 28(b).

以通过嘱托书在外国取证,[1]尽管外国法院认为美国式的取证是有问题的,有可能侵犯外国的主权。某些法院认为,根据第28(b)条拒绝嘱托书需要有“充分的理由”。[2] 如果国外的取证成为过度负担或昂贵(unduly burdensome or expensive)时,法院也可以对取证的范围作出限制。法院在决定是否批准嘱托书的申请时,也会根据国际礼让的有关原则进行分析。嘱托书机制主要依赖于外交渠道的使用。[3] 在律师准备好嘱托书后,该嘱托书必须由美国法官签署,如果被寻求援助的外国要求,还必须经过认证。[4] 嘱托书通常通过国务院传达给美国大使馆、目标司法管辖区的外交部和目标司法管辖区的司法部,然后到达可以执行该委托书的外国法院。[5] 然而,嘱托书的程序与《海牙取证公约》下的调查取证申请书相比既缓慢又昂贵,一般需要耗费一年以上的时间。

在英国法证据开示制度下,当事人也可以请求另一方当事人提供位于境外但仍处于其控制(control)范围内的证据。《英国民事诉讼法》第31.8条规定,控制可以指物理上的持有,有权持有或有权查阅、复制。在 Lonrho Ltd v Shell Petroleum Co. 一案中,原告

---

〔1〕 Federal Rules of Civil Procedure, Rule 28(b); *Lantheus Med. Imaging, Inc. v. Zurich Am. Ins. Co.*, 841 F. Supp. 2d 769, 776 (S. D. N. Y. 2012).

〔2〕 *In re Bankers Trust Co. v. Bethlehem Steel Corp.*, 752 F.2d 874, 890 (3d Cir. 1984); *Evanston Ins. Co. v. OEA, Inc.*, No. Civ. S – 02 – 1505 (DFL) (PAN), 2006 WL 1652315, at 1 – 2 (E. D. Cal. June 13, 2006); *Brake Parts, Inc. v. Lewis*, No. 09 – 132 (KSF), 2009 WL 1939039, at 2 (E. D. Ky. July 6, 2009); *B &L Drilling Electronics v. Totco*, 87 F. R. D. 543, 545 (W. D. Okla. 1978); *United States v. Badger*, No. 2:10 – CV – 00935, 2013 WL 1309165, at 7 (D. Utah Mar. 31, 2013).

〔3〕 22 C. F. R. § 92.66 (1995).

〔4〕 US Department of State. *Preparation of Letters Rogatory*, https://travel. state. gov/content/travel/en/legal/travel – legal – considerations/internl – judicial – asst/obtaining – evidence/Preparation – Letters – Rogatory. html.

〔5〕 Id.

起诉两家石油公司,并主张要求开示由两家石油公司的子公司在津巴布韦所持有的证据。法院在衡量两家石油公司是否对于这类证据存在“控制”时认为:首先,两被告只是可能持有证据的子公司的股东,而公司章程规定董事会对公司进行管理,故而股东并不具有查阅和复制的权利;其次,当地法律禁止以此种方式向另一国提供证据,董事会也以该行为可能构成犯罪为由明确拒绝了提供证据的询问。因此,法院认为在这种情况下,不能视为被告对该文件具有控制。通过《海牙取证公约》进行取证的程序与美国类似,在此笔者不再赘述。

(四)证据出境规则

很多司法管辖区都对跨境的信息流动进行了积极管制,常见的有数据保护法、阻断法案等形式。[1]

例如,在欧盟,证据出境会受到 GDPR 的严格限制。2016 年 4 月 27 日,欧盟通过了 GDPR,成为全方位处理欧盟内部数据主体的个人可识别资讯的条款和要求,适用于与欧洲做生意的所有企业,不论该企业实体位置何在。在证据出境方面,GDPR 对保护存储于欧盟境内的数据起到了关键作用。GDPR 第 48 条规定:“任何法庭判决、仲裁裁决或第三国行政机构的决定,若要求控制者或处理者对个人数据进行转移或披露,同时满足以下条件时方能得到认可或执行:一是该判决、裁决或决定必须基于提出请求的第三国与欧盟或其成员方之间订立的法律互助协议等国际条约,二是该判决、裁决或决定不会对本章规定的其他转移形式产生消极影响。”[2]

---

〔1〕 Timothy P. Harkness, Rahim Moloo, Patrick Oh. & Charline Yim. *Discovery in International Civil Litigation: A Guide for Judges*, Federal Judicial Center, 2015, p 24.

〔2〕 GDPR, Article 48.

欧盟对跨境调取欧盟数据的基本观点,仍在于坚持数据存储地原则之下的司法协助方式,“欧盟及其成员方签署了许多可以给美国提供司法协助的国际条约和协定。欧盟希望执法合作所依赖的法律框架能够避免法律冲突,基于持续的对话、自愿的合作、尊重对方对隐私和执法的根本利益”。[1]

又例如在法国,证据出境还会受到阻断法案的限制。1980 年 7 月 16 日,法国颁布了 80－538 号法律,即法国阻断法案[2]。第 80－538 号法律的立法目的是应对以美国为首的普通法系国家利用其域外管辖权进行大范围跨境取证,它的主要有两个目标:第一,阻断在法国境内的个人对外国公共机构提供可能对法国造成损害的与经济和商业等相关领域有关的信息;第二,阻断外国正在进行的诉讼调取在法国境内与商业有关的相关信息。第 80－538 号法律第 1 条禁止在法国境内的企业和个人以及外国企业在法国的代表在日常工作中书面、口头或以其他形式向外国主管机关提供与法国经济及商业有关的信息(如果这些信息的泄露可能给法国造成损失)。[3] 第 1 条之二对于将有关信息用作外国司法程序中的证据进行命令禁止,“禁止任何人以书面、口头等形式要求、寻找或传递经济、商业、工业、金融或技术性质的文件或信息,使得这些信息为外国司法或行政程序或与之有关的程序建立证据”。但是允许通过国际条约(尤其是《海牙取证公约》)的方式对外提供信息。因此法国第 80－538 号法律第 1 条和第 1 条第 2 款事实上要求在法国境内的公司和个人,除非通过法国与其他国家之间缔结的双边条约或国际条约,否则不得为在外国进行的诉讼程序及行政调查

[1] GDPR, Article 48.

[2] Law N° 80－538 of July 16, 1980.

[3] Law N° 80－538 of July 16, 1980, Article 1.

程序提供书面或口头资料。对于违反第 80－538 号法律的行为,法院有权进行刑事处罚,违反人员可能会被“处以 6 个月的监禁和 18,000 欧元的罚款,或只处以其中之一的处罚”。[1] 虽然在实践中该法律很少得到实际执行,但是在 2007 年的 Christopher X 案中,一名法国律师为美国诉讼案件向一家法国企业的前董事咨询相关信息并得到答案,后该律师被指控违反第 80－538 号法律,并被巴黎上诉法院处以刑事罚款 1 万欧元。

又如在英国,证据出境也可能受到阻断法案的限制,这取决于政府机构的自由裁量权。《1980 年贸易利益保护法案》(Protection of Trading Interests Act 1980,以下简称《贸易保护法案》)的颁布旨在对抗美国的域外管辖或长臂管辖,特别是具有域外管辖效力的美国对伊朗和古巴的制裁,以及对抗外国“单方面对英国实施其经济和商业政策”。贸易保护法案规定英国政府能够根据该法发布命令和指示,以侵犯英国管辖权为由,禁止英国人向外国法院或当局提供信息或文件,因为这样做会侵犯英国的管辖权。

(五)证据可采性规则

一般来说,与案件具有关联性的证据可以被法院用作定案的依据,但是各国均存在证据排除规则,将特定种类的证据排除在证据范围之外。

1. 传闻证据排除规则

传闻(hearsay evidence)证据排除规则是英美法系证据法中最为著名的规则。在美国,传闻证据指:“在审判外所作的用以在法庭上证明所断定事项之真实性的陈述或叙述性动作。”确定传闻证据排除规则的理由为:第一,法庭外未经宣誓的陈述通常不可靠;

[1] Law N° 80－538 of July 16, 1980, Article 3.

第二,未经法庭上的交叉询问不易发现陈述者陈述过程中的漏洞;第三,陪审团可能给予传闻证据过高的评价。[1]

需注意的是,有一些在庭外所做出的陈述仍可以在庭上使用,因为举证人并非通过该陈述证明所"断定事项之真实性",故该陈述并非传闻证据。常见的不属于传闻证据的情形有:证明行为的合理性或对行为的合理性进行解释;证明通知的存在;证明主观上的善意或恶意;作为弹劾证人可信度使用,或者用以证明陈述者的意识状态。举例而言,在 Subramaniam v Public Prosecutor 一案中,被告拟证明受到胁迫,于是被告称两名恐怖分子曾对被告说:"我们要带你去见首领。"这一陈述虽在法庭外作出,但是被告的证明目的并不是证明"他将被带去见首领",而是想证明"该语句对听者所产生的影响",也即被告听到这句话后产生了恐惧的情绪,故而存在胁迫情形。因此,该证据并非传闻证据,不应当被排除。

虽然美国确定了传闻证据排除规则,但也确定了传闻证据排除规则的例外,也即在符合例外情形时,就算该证据是传闻证据,也可以被法院采纳。例外规则包括:

①先前陈述(prior statement):一般而言,先前不一致的陈述需要满足下列条件:第一,证人必须在当下的法庭上出席作证并接受交叉盘问;第二,先前宣誓的证言(例如在先庭审)可以被用于证明案件的事实和弹劾证人;第三,先前没有宣誓的证言只能被用于弹劾证人。而对于先前一致性的陈述,美国法律坚持认为"重复不代表真实"的原则,一般不予接受,但是在证人出庭接受盘问的情况下,可以被用于"反驳证人曾受到不当因素的影响",或"存在不恰当的动机",或仅仅作为恢复证人可信度的证据。

---

[1] 易延友:《证据法的体系与精神——以英美法为特别参考》,北京大学出版社2010年版,第225页。

②当事方一方的陈述(party admission):一方当事人可以将对方当事人之前陈述用作对对方当事人不利的证据。例如在 Salvitti v Throppe 一案中,原告受被告卡车实际的影响撞到树上而受到经济损失。原告作证称,被告卡车在现场说"事故是我们的责任"。这句话是对方当事人先前的陈述,并且以对对方当事人不利的方式使用,而且当事人出庭作证了,因此符合传闻证据的例外规则情形。

③当场印象(present sense impression):如果一个陈述在于描述或解释陈述者正在感觉到或者紧随该感觉之后的一个事件或一种情况,则该陈述不得因其为传闻规则而被排除。[1] 美国法认为,在该种情况下,由于事件正在发生,说话的人在大脑中处理完该信息再撒谎的可能性比较小,故该陈述具有一定的可靠性。

④惊呼(excited utterance):陈述者在令人惊诧的事件或情况的压力下作出的与引起惊诧的事件或情况有关的陈述,具有可采性。它要求陈述是在该事件或情况产生的兴奋驱动力下作出的。[2]

⑤当下的身体或精神状态(state of mind):一个有关陈述者当时存在的精神、情感、感觉或身体状况(例如意图、计划、动机、设想、精神感觉、痛苦以及身体健康)的陈述,具有可采性。例如"我感觉冷""我感觉很绝望"等。

⑥用于医疗诊断或治疗的陈述(statement for purpose of medical diagnosis or treatment):一个有关陈述者医疗历史、过去或当前疼痛或感觉,或者只要与诊断或诊疗该疾病有关的关于改价并开始或者引起原因之一的一般性特征或者外部来源的陈述,均具有

[1] Federal Rules of Evidence, Rule 803.

[2] 易延友:《证据法的体系与精神——以英美法为特别参考》,北京大学出版社 2010 年版,第 234 页。

可采性。

⑦对于过去回忆的记录(recorded recollection):如果一名证人已经记不起一个事件,以至于无法向法庭提供有关事件的完整、准确的证言,在证人记忆尚未清楚时写下的备忘录或者记录可以用于帮助证人恢复其对该事件的正确的认识。该条的意义在于用过去的记录唤醒证人的记忆,使得证人更好作证。

⑧日常商务活动的记录(business record):以任何形式记载的任何有关行为、事件、状况、意见或诊断的备忘录、报告、记录、资料汇编,如系由经手人在其所了解之信息的基础上,出于保存日常商务活动而当场或随即制作,并且该制作本身亦属于日常商务活动,在经过保管人或其他适格证人作证或认证后,具有可采性。该规定的逻辑在于大部分商业机构的正常运转都依赖于记录的保存,因此这些记录被造假的可能性较小。[1]

⑨公共记录(public record):公共机关或机构以任何形式记载的记录、报告、陈述或资料汇编,在下列三种情况具有可采性:第一,有关机构或组织自身活动的记录;第二,根据法律有义务观察、监视之事项的记录;第三,民事诉讼中,经法律授权机构的调查认定的事实,但信息来源或者其他情况表明该记录不可靠的除外。

英国法中关于传闻规则较美国而言最大的不同是区分第一手传闻(first - hand)和第二手(second - hand)传闻。1968 年《英国民事证据法》第 2 条规定,在民事诉讼中第一手传闻是可以采纳的。第一手传闻和第二手传闻是根据该庭外陈述作出者是否了解相关事实进行区分的:如果作出者知道相关事实,则其陈述为第一手传闻;如果不知道,则为第二手传闻。例如工长写成事故报告交给雇

〔1〕 易延友:《证据法的体系与精神——以英美法为特别参考》,北京大学出版社 2010 年版,第 236 页。

佣人,雇佣人试图将事故报告作为事故情况的证据提交。此时,如果工长亲眼看到该事故的发生,则其报告为第一手传闻;如果只是记录其他看到事故的人员陈述,而他本身并没有亲眼所见,则该报告为第二手传闻。[1] 英国法中也有很多关于传闻证据的排除规则,包括:作为"已发生的事"的一部分而采纳的陈述,非正式自认,作出陈述后死亡的人的陈述,政府文件,具备特定条件的书面记录等。英国传闻证据排除例外规则的逻辑基本与美国类似,均会考虑该传闻是否能够具有额外的可信度。

在德国,传闻证据一般不会被法院排除,但是法院可能考虑到该证据只是"传闻",可能存在偏见,故而具有较低的证明力,从而影响法官的自由心证。[2] 法国与德国类似,也并无专门的证据规则排除传闻证据。

2. 保密特权规则

与本章所介绍的其他规则不同,保密特权规则广泛地存在于大陆法系国家和英美法系国家,只不过各国就具体的特权内容有差异。

《美国联邦证据规则》中并没有就具体保密特权的内容进行规定,而是遵循普通法的原理来确定保密特权。常见的保密特权有婚姻家庭特权、律师 - 委托人特权以及工作成果原则、医患特权、神职人员 - 忏悔者特权等。

在澳大利亚,以下三种情形将免予证据开示程序:①为获取法律建议而进行的委托人和律师之间的保密沟通(又称委托人法律特权);②委托人与律师之间为了潜在或正在进行的诉讼获得法律

---

〔1〕 沈达明编著:《比较民事诉讼法初论》,中国法制出版社2002年版,第290页。

〔2〕 Practical Law Global. *Legal Systems in Germany*: *Overview* (2020 - 12 - 01), https://uk. practicallaw. thomsonreuters. com/w - 007 - 7132.

建议进行的保密沟通(又称诉讼特权);③为协商和解进行的保密沟通(又称免于不利影响特权)。[1]

新加坡证据法中也规定了法律职业特权(又称律师－客户特权)。原则上,律师未经客户同意不得披露在工作过程中客户与律师进行的沟通,在工作过程中所获得的文件,或给客户的任何建议。但是,这类特权并不适用于为促成任何非法目的而进行的任何此类沟通,或律师其工作过程中观察到的表明犯罪或欺诈的事实。[2]

在德国,《德国民事诉讼法》第 383 条规定:"下列人员有权拒绝作证:①当事人一方的未婚夫(妻)或当事方一方承诺与其建立同性生活伴侣关系者。②当事人一方的配偶,即使婚姻关系不再存续;当事人一方的同性生活伴侣,即使同性生活伴侣关系不再存续。③当事人一方的直系血亲或直系姻亲,三等亲以内的旁系血亲或二等亲以内的旁系姻亲,或曾经存在前述亲属关系。④教会人员对在进行灵魂救助中因被信任而知悉的事项。⑤从事或曾经从事过定期刊物的准备、制作或发行工作或者广播节目工作的人,对文稿或资料的作者、投稿人或提供人的个人状况,以及基于其工作而获知的消息,但以涉及编辑部份的文稿、资料或消息为限。⑥因职务、身份或职业而知悉了基于其性质或基于法律规定要求保密的事实的人,对涉及负有保密义务的事实。"

《日本民事诉讼法》第 281(1)(ii)条规定,如果律师或专利代理人被询问的事实是关于他在履职过程中获取的保密信息,则律师或专利代理人可以拒绝作证。并且第 281(1)(iii)条进一步规定,任何证人都可以以被询问的事项涉及技术或职业秘密为由拒

---

〔1〕 Practical Law Global, *A World Tour of the Rules of Privilege* (2022－10－01), https://uk.practicallaw.thomsonreuters.com/9－205－5802.

〔2〕 Id.

绝作证。[1]

四、中国企业的跨境取证与举证

需明确的是,证据是跨境诉讼整体方案中的一部分,因此中国企业在跨境诉讼中需要配合诉讼的整体策略来进行。具体在取证与举证的过程中,需要中国企业考虑的事项可以参考如下:

第一,从跨境取证与举证整体来看,中国企业需要根据掌握证据的主体信息和证据所在地,确定可能涉及的证据规则,并征求当地律师就跨境取证与举证的意见。鉴于前文所述,各司法管辖区在证据种类、证据收集、证据可采性等各个方面存在大量差异,尤其是大陆法系国家和英美法系国家之间,因此,中国企业在跨境诉讼中需要先确定证据所在地和法院地,从而有针对性地征询当地律师的意见,才能更好地让证据配合整体诉讼策略,实现环环相扣、相辅相成。

第二,在跨境取证和举证方面,中国企业可以充分考虑国际关系、企业间的合作与矛盾,争取掌握证据的主体主动提供证据。一般而言,没有法律禁止某一主体主动提供证据(涉及证据跨境传输的除外),因此中国企业可以充分考虑国家间或企业间的关系,争取持有证据的主体主动提供证据。例如,根据笔者的经验,一些大型的国企、央企在海外开发过程当中,形成了良好的企业形象,并与当地的企业建立了友好合作关系,在这种情况下中国企业可以主动寻求当地企业的帮助,当地企业也可能会愿意提供帮助。反之,如果中国企业和掌握证据的外国企业之间合作僵化,当地企业可能就不愿意协助中国企业提供证据,使得中国企业获取证据的

---

〔1〕 Practical Law Global, *A World Tour of the Rules of Privilege* (2022-10-01), https://uk.practicallaw.thomsonreuters.com/9-205-5802.

途径受限。又例如,如果中美国际关系恶化,可能会导致中美之间的监管趋严,从而中国相关部门在审查某项证据是否可以出境时,施以更高的审查标准,导致证据跨国流动受限。

第三,在跨境取证方面,中国企业注意法院地对于取证方式的规定,考虑不同取证手段的效率,选择最合适的取证手段。例如,在美国存在一项特殊规定,即美国允许为了外国法庭诉讼之目的,在美国境内通过获取联邦地区法院命令的方式取证。《美国法典》第 18 编第 1782 条允许外国法律程序中的诉讼人(或潜在诉讼人)向美国联邦法院申请命令,迫使另一方为该外国程序之使用提供证据。根据第 1782 条向地区法院申请调取证据的,申请人需要向地区法院证明以下 3 个要件:(1)申请人是某一外国程序的当事人或“利益相关者”;(2)该程序是在一个“外国或国际法庭”进行的;(3)被要求提供证据的人“居住在或被发现在”被提交申请的法院所在的地区。如果申请人满足这些法定要求,第 1782 条“授权……联邦地区法院向外国或国际法庭或国外诉讼中的‘相关人员’提供司法协助”。[1] 这种途径与通过《海牙取证公约》规定的方式取证相比具有建议和便捷性,无须通过国家机关之间的层层转递和审查,是实践中中国企业可以选取在美国进行取证的方式之一。

此外,在我国《民事诉讼法》涉外程序进行重大修改之际,新修订的《民事诉讼法》也扩大了域外调查取证的方式,为诉讼当事人提供更多便利,可供中国企业参考选择。修订后的《民事诉讼法》第 284 条明确规定,除通过国际条约或外交途径进行域外调查取证外,人民法院还可以通过替代性方式进行域外调查取证,即如果所在国法律不禁止,那么人民法院可以采用下列方式调查收集:

---

〔1〕 *Intel Corp. v. Advanced Micro Devices, Inc.*, 542 U. S. 241, 247 (2004).

(1)对具有中华人民共和国国籍的当事人、证人,可以委托中华人民共和国驻当事人、证人所在国的使领馆代为取证;(2)经双方当事人同意,通过即时通讯工具取证;(3)以双方当事人同意的其他方式取证。此变化将为涉外诉讼中的域外取证工作带来更多的便利,有助于帮助当事人调查获取更多的域外证据材料。

但是,如果中国企业希望通过跨境取证的方式,延缓诉讼进程,从而配合采取其他行动的,中国企业也可以主动选择通过《海牙取证公约》或者嘱托书等所需时间长、效率较低的方式,实现诉讼目的。

第四,在跨境举证方面,中国企业要充分协调与证据所在国和法院地国有关主管机关的关系,以保护自身权益。例如,假设一中国企业被法院要求进行证据开示,而相关证据却是被中国法律所禁止向外国提交时,一方面,中国企业可以向美国法院解释中国法律中对于证据跨境提交的限制性规定和保密规定;另一方面,中国企业也可以向中国有关主管机关说明关于外国法律中证据开示的要求,以及中国企业违反后所面临的后果。从而使得两国主管机关充分理解中国企业的困难处境,从而寻求各方均能接受的解决问题的方式。

第五,在跨境取证与举证方面,中国企业可以根据不同司法管辖区的证据偏好,有倾向性地选择所提交的证据。例如,在英美法系国家,法院对于证人证言证据有着特殊的偏好,因此中国企业在进行诉讼策略设计时,可以多关注证人的选取和证言的准备。然而,在以“书证为王”的大多数大陆法系国家,尤其是像法国等确立了书证优先制度的大陆法系国家,中国企业在考虑跨境取证和举证时,可以更多地关注书证的收集、留存和公证等步骤。从而,通过对不同证据的有针对性的收集和选用,来适应不同司法管辖区的个性化要求,达成跨境诉讼的目的。

第八章　证　　人

一、跨境诉讼证人概述

（一）证人的内涵及特点

证人，是指了解案件情况并向法院或当事人提供证词的人。证人证言是由证人提供的，广义的证人指一切向司法机关陈述与案件有关之情况的人，包括诉讼当事人、鉴定人和勘验检查人；狭义的证人仅指了解案件事实情况的第三人。由于历史传统、法律习惯等原因，英美法系和大陆法系对证人的认识在概念上有很大的差别。英美法系多采用广义的证人概念，大陆法系一向采用狭义的证人概念。〔1〕本章接下来所要讨论的证人是指广义上的证人。证言，是指证人将其了解的案件事实向法院所作的陈述或证词。在强调证言言辞原则的国家，证人须以口头表达的方式予以作证。大陆法系均以口头方式接受询问。〔2〕

证人具有以下特点。第一，证人是对案件事实或所涉行业熟悉的人。通常而言，证人必须是自己亲身经历、感知案件情况的人，对案件有切实的亲身感受，或者是精通案件所涉行业专业的

〔1〕齐树洁主编：《台湾地区民事诉讼制度》，厦门大学出版社2016年版，第103页。

〔2〕张卫平：《民事证据法》，法律出版社2017年版，第49页。

人,这是证人的本质特征。而对于未亲身感知案件情况的人所做的“传闻证据”是否可作为证人证言,不同国家的法律则有不同的具体规定。第二,证人具有明显的主观性和复杂性。证言是在案件发生后提供的,经过了证人的思维过程,不可避免带有一定的主观性。并且,受其年龄、心理、文化、生理、职业、好恶等因素的制约,对案情的感知往往与案件的实际情况有一定差距,甚至可能与案情的实际情况不完全吻合;证人还可能出于担心遭受打击报复或受当事人的威胁、指使、贿买、利诱等原因,故意歪曲案件事实。也就是说,证人证言是在众多因素作用下,经过证人自己的意识加工后形成的。[1] 因此,与其他证据相比,证人的主观性及复杂性决定了要判断其证言的真伪并非易事。第三,证人一般应当以口头形式提供证言。根据大多数英美法系和大陆法系的法律,证人提供证人证言,原则上要求证人必须出庭,在法庭上以口头的形式进行陈述。法律之所以如此规定,其目的在于:一是保证证人知晓其法律上的权利和义务。二是便于对证人进行交叉询问,以保证证人证言的可靠性。有的国家法律还要求证人在作证之前必须在法庭上宣誓。[2]

(二)跨境诉讼中证人的重要性

在证据法甚至整个司法制度内,证人本身具有特殊而又特别重要的意义。就个案而言,证人证言能协助法官证明案件事实的部分甚至是全部。不同于书证物证容易灭失,证人具有相对稳定性,能够最大限度地还原案件事实,填补证据空白。此外,即便是

---

〔1〕 江伟主编:《证据法学》,中共中央党校出版社 2002 年版,第 115 - 118 页。

〔2〕 张纯:《证人证言在民事诉讼中证明作用的研究》,载保靖县人民检察网 2016 年 7 月 26 日,http://www.hnbaojing.jcy.gov.cn/index.php? ac = article&at = read&did = 423。

存在书证物证的情况下,证人证言也能起到完整证据链条、印证书证物证的作用。证人证言对诉讼中案件事实的查明至关重要。就司法制度而言,法院对证人证言的认定是对各种公共利益、个人权益的权衡,某种程度上,法院对证人证言的采信,即是对价值、权益交织渗透后权衡的结果,体现了司法公正。可见,证人不论就个案而言,还是就整个司法制度而言,都意义重大。

在跨境诉讼中,证人的重要性愈发凸显。英美法系"无证人即无诉讼",可见证人地位的重要性。在采用当事人主义诉讼模式的英美法系,证人证言和证人出庭属于诉讼中几乎不可或缺的重要环节,证人证言在证据体系中享有核心地位。证人证言的范围非常广泛,表现形式多样。整个诉讼证明过程几乎就是围绕收集、审查证人证言进行的,程序设计以证人证言的形成过程为中轴,具有鲜明的当事人主义特色。在大陆法系,虽然采取职权主义的诉讼模式,但近年来也逐渐借鉴吸收英美法系的证人制度,在传统的职权主义诉讼模式中增加当事人主义因素,日益倡导言辞原则、直接原则,强调证人的重要性。

我国司法实践中,存在重视物证而轻人证的传统,民事诉讼中,法院普遍认为人证有易变的特点,证人关于案件情节的描述,存在根据利害关系重新取舍的可能,故在没有其他种类证据予以佐证的情形下,对证人证言,法院采信度低。因此,中国企业在国内诉讼时往往并不重视证人,这也进一步导致中国企业在面对跨境诉讼时,不了解、不重视证人证言的重要性,在诉讼中处于被动。比如,参考 WADA 诉孙杨拒检兴奋剂一案,在种种导致孙杨败诉的因素中,较为突出的是孙杨方证人在出庭接受对方律师盘问时表现不佳,使得仲裁庭对证人的可信度产生质疑,并最终导致仲裁庭对某些重要事实问题作出了不利于孙杨方的认定结论。该案反映出的证人出庭作证问题,不仅对孙杨等知名明星个人,而且对中国企业处理和应对境外诉讼仲裁,均具有十分重要的启发和借鉴意义。如何应用好证人证言,突破跨境诉讼的维权瓶颈,将是中国企业及中国律师需要深研的永恒课题之一。

二、跨境诉讼证人的类型

(一)事实证人

所谓事实证人(fact witness),是指了解案件事实背景及经过的人,事实证人通过证人陈述和亲自出庭,就案件中发生的事实进行作证。

事实证人具有以下核心特点:第一,事实证人的任务是提供事实,其不应提供个人主观意见与观点,只能客观陈述其所了解的客观事实,从而帮助法官了解其关心的问题。第二,一般来说,事实证人应提供的事实是与争议相关的事实,以协助法庭形成事实的全貌。

跨境商事争议起源于当事人对事实的不同理解和诉求,法官对争议作出裁判的首要前提,便是还原与确认案件事实。当事人提交事实证人证据是为了证明没有书证支持的有争议的事实,和/或要求证人对书证中的事实进行佐证,或解释这些文件产生的背景,从而帮助法官确立事实,推动诉讼程序。

事实证人可以为案件带来许多好处。跨境诉讼中的事实往往会通过对于案件事实有切身了解的事实证人来确立。一个可信的、诚实的和真正的事实证人如果在法庭上表现得很好,可以更好地还原事实真相、更好地解释当事人对所发生的事件采取特定决定或行动的动机,为当事人在诉讼中赢得主动。

(二)专家证人

专家证人(expert witness),是指运用专门知识解决专门问题的人。专家证人,由于教育或专门的经验,对某一问题拥有高超的知识或经验,能够得出没有经受过特别训练的人无法形成的准确意见或推断出的正确结论。

更为准确地说,两大法系对专家证人的界定有所不同。狭义的专家证人是英美法系的特有制度,与事实证人共同称为证人。英美法系专家证人又可以细分为三类——法律专家、技术专家、定损专家。法律专家,是对案件程序或实体所适用的法律问题加以阐述的证人。技术专家,是当案件涉及复杂技术问题,当事方律师有可能无法就相关问题给出专业论述时,聘用其就复杂的技术问题发表专业意见的证人。定损专家则旨在协助裁判者定量——是通过损失计算来确定赔偿金额大小的证人。在大陆法系,这种运用专门知识的人被称为专家辅助人,是大陆法系职权主义国家为加强当事人对科学证据的对抗能力而移植专家证人制度的产物。在大陆法系,面对民事诉讼程序中遇到的专业性问题,一般由法院委托或指定的鉴定人进行鉴别。鉴定人进入诉讼主要是帮助法官了解、认定涉案专业事实。大陆法系赋予了鉴定人较多的公共性法律地位。[1]

本章所讨论的专家证人是广义上的,包括英美法系的专家证人,以及大陆法系中的专家辅助人。

结合专家证人的概念不难看出,专家证人具有以下特点:第一,专家证人通过教育或专门的经验拥有专门的知识,其证言只能以科学事实或者数据为基础。第二,专家证人证言的有些内容形成方式看似推理、分析,实际属于具有专门知识人陈述事实的必要方法。

---

〔1〕 孙婷婷:《民事诉讼专家辅助人制度研究》,南京财经大学2020年硕士学位论文,第8页。

专家证人的作用最早可以追溯到 16 世纪中期,当时英格兰和威尔士的法院首次允许专家提供“意见”证据。1553 年,在 Buckley v. Rice Thomas 一案中,Thomas 法官说道:“如果在我们的法律中出现了涉及其他科学或学科的问题,我们通常会申请它所涉及的科学或学科的帮助,这在我们的法律中是一件光荣和值得赞扬的事情,因为这表明我们并不鄙视所有其他科学,我们赞同它们,并鼓励它们作为值得赞扬的事情……在一个伤害罪的上诉中,我们法律的法官曾经被外科医生告知是否存在伤残,因为他们的知识和技能可以最好地辨认它。”[1]

几百年来,专家证人在境外司法活动中运用广泛,意义重大。越来越多的诉讼案件已经离不开专家证人,甚至成为案件胜负的关键证据,比如人身伤亡、知识产权、建筑施工等争议。[2]

(三)事实证人与专家证人之比较

事实证人与专家证人虽然都是协助法院查明事实的人,且英美法系的事实证人与专家证人都同属于证人的范畴,但事实证人与专家证人还是存在显著的区别。

首先,二者本质上是“一个人”和“一类人”的区别。事实证人是特定的,只有了解事实的人才有资格成为事实证人,事实证人具有不可替代性。而专家证人则是具备专业知识或经验的一类人,专家证人并非特定的,只要具有相关专业知识与经验,都可以成为专家证人。其次,二者在证人资格的获得方式上不同。事实证人的证人资格是注定的、非意愿性的,是因为了解事实而自动地获得

〔1〕 Buckley v. Rice, 1 Plowd. 125 (1554).

〔2〕 赵丹:《论英国专家证言的采信规则》,载《中国司法鉴定》2019 年第 2 期,第 13 页。

了成为事实证人的资格。专家证人则是可选择的、自愿性的，专家证人资格的产生首先是专家自愿的，其次是具备相关专业知识，最后才能顺利成为专家证人进入案件的审理过程。最后，二者证言的内容不同。事实证人是对感知的事实的陈述，而专家证人是根据专家所具备的知识，对案件事实进行分析得出的推测性意见。[1]

三、事实证人

（一）英美法系的事实证人

1. 证人作证资格

证人资格也称为证人能力，是指作为证人所具备的能力。这种能力是一种针对所有案件的一般能力。只有具备证人资格（能力），才能作为证人。[2]

首先，一般来说，每个人都有资格成为事实证人，除非证据规则另有规定。过去，英美法系存在许多限定证人作证资格的规则与情形，其中最为著名的就是当事人不能以自己的名义作证。这一规则的论据是，当事人是与案件的处理结果存在利害关系的人，其立场不够中立客观，因此，当事人不能以自己的名义为自己作证。但这些规则已经逐渐被取消。随着英美法系证据规则的不断完善与发展，现在已经彻底废除了禁止当事人成为证人的相关规定。

以美国与英国为例，在美国，现行法律并不排斥当事人成为事实证人，任何人均具有资格成为证人。《美国联邦证据规则》第601条规定："除非本规则另有规定，任何人均有资格作证。但是，在民

---

〔1〕 丁丽玮、戴志昌：《英美法系专家证人资格研究》，载《湖北警官学院学报》2013年第7期。

〔2〕 张卫平：《民事证据法》，法律出版社2017年版，第50页。

事诉讼和民事程序中,若州法律对主张或辩解之构成要素相关的问题做了规定,则对证人资格的决定从其规定。"[1]根据该规定,原则上,任何对案件事实有了解的人均有资格成为事实证人,法律对事实证人作证资格并不过多加以限制。但值得注意的是,由于该规定同时明确,如果在民事诉讼中美国各州的法律对证人作证资格存在限制性规定的,那么对证人资格的决定仍应适用州法律的规定。由于许多州并没有完全废除对事实证人资格的限制,因此,证人被取消作证资格的实践在美国并未完全消失。[2] 在英国,同样几乎所有的人都被假定为具有证人能力,《英国1851年证据法》第2章规定:"在任何法院,或在任何依法或经当事人同意有权听取、接受和审查证据的人面前,对加入的任何问题或任何事项或问题进行审判,或对任何诉讼、行动或其他程序中产生的任何调查进行审判时,有关各方以及代表任何此类诉讼、行动或其他程序的人,除下文所述的例外情况外,均有资格并可被强迫根据惯例提供口头证据或证词。诉讼或其他程序的当事人,以及为其提出抗辩或辩护的人,除下文所述的例外情况外,均有资格并可根据法院的惯例,代表上述诉讼、行动或其他程序的任何一方,以口头或证言方式提供证据。"[3]

其次,对事实证人而言,其是否具有证据资格还需要考虑是否具有作证能力。证人如果因为生理或精神原因而不能准确地进行自我表达与陈述,不具备观察能力,则仍然不具有证人资格。对此,《美国联邦证据规则》第602条规定:"除非有足够的证据证明证人对其拟向法庭作证的事项拥有亲身感知的知识,否则证人将

---

〔1〕 Federal Rules of Evidence Rule 601, 28 U. S. C. A.

〔2〕 易延友:《证据法的体系与精神——以英美法为特别参照》,北京大学出版社2010年版,第166页。

〔3〕 Evidence Act 1851, Section 2.

不得向法庭作证。证明证人亲身感知知识的证据可以但不必包括证人自己的证言。该规则受第 703 条关于证人证言规则的约束。"[1]也就是说,证人必须有能力作证,证人应当能够对其负有的如实作证的义务有认识能力,能够观察和认知与案件相关的事实、能回忆案件发生时的事实情况,能够在庭审中进行准确的陈述表达与交流。在美国密苏里州 State v. Singh 案件中[2],案件事实发生时,证人仅不满 6 岁,根据当时美国密苏里州的证据规则,10 岁以下的儿童被推定为无作证能力,但此推定可被反驳。最终,法庭还是接受了该证人的证言。从该案可见,一般而言,在英美法系,待证事实与其年龄、智力状况或者精神健康状况相适应的人,都可以作为证人。

最后,事实证人应当在被允许的证言范围内做出陈述。事实证人通常只能就其直接亲身感知的事实向法庭作证。《美国联邦证据规则》第 701 条规定:"如果证人不是以专家身份作证,那么以意见形式提供的证词仅限于以下内容意见,(a)合理地基于证人的认知;(b)有助于明确理解证人的证词或确定一个有争议的事实;以及(c)不是基于科学、技术或其他专业知识的。"[3]因此,通常情况下,证人只能就自己感知的案件事实向法庭作出陈述,而不能就案件事实发表自己的想象、意见或推论。如果要发表意见,意见也必须合理地建立在证人亲身感知事实的基础上,有助于清晰地理解证人证言或者帮助事实的裁判者认定事实,且该意见不是建立在特定科学技术知识的基础上的。[4]

---

[1] Federal Rules of Evidence Rule 602, 28 U. S. C. A.

[2] *State v. Singh*, Missouri Court of Appeals, 1979, 586 S. W. 2d 410.

[3] Federal Rules of Evidence Rule 701, 28 U. S. C. A.

[4] 易延友:《证据法的体系与精神——以英美法为特别参照》,北京大学出版社 2010 年版,第 171 页。

2. 证人证言的效力

证人证言的效力,也就是证人证言的采信问题。这不仅是当事人十分关注的核心问题,也是法官需要重点考虑的问题。

在英美法系,关于证人证言的效力,通行的规则是推定证人证言可信。英美法系受到当事人主义诉讼模式与陪审制的影响,当事人往往积极主动地进行举证质证,当事人双方力量均衡,与之相对的是司法机关的消极性和中立性,关于案件事实的审理主要由陪审团负责,证人证言采信与否主要取决于陪审团如何认定,不允许法官通过直接或间接的方式干预陪审团。而陪审团则原则上相信证人证言。《美国联邦证据规则》第 1008 条中法官与陪审团的分工规则的行文就暗示了这一点。[1]

在推定证人证言可信的基础上,英美法系也存在推定证人证言可信的例外。主要涉及的证据规则有传闻证据规则及弹劾证人制度。所谓传闻证据规则,主要是指对于经过多次传递后的证言不可信,原因在于信息的传递增加了信息失真的风险、未宣誓出庭的证人也不符合证人出庭的形式要件、无法对原陈述人进行必要的交叉询问、陪审团无法从原陈述人的庭审表现综合判断证据真实性。但其实,在英美法系,对于传闻证据规则的争议也从未停止,不少学者认为实施此规则弊多利少。所谓弹劾证人,是指当证人作证时,当事人有权以交叉询问或使用外来证据的方式,质疑证人证言效力。[2] 在英美法系,一些过去原本属于证人资格的问题逐渐转化成弹劾证人证言可信度的问题。通常主要通过以下角度弹劾证人:(1)证人存在偏见;(2)证人有精神疾病或缺陷;(3)证

---

〔1〕 吴闪:《美国民事诉讼证人证言采信制度研究》,湘潭大学 2018 年硕士学位论文,第 13 页。

〔2〕 高忠智:《美国证据法新解:相关性证据及其排除规则》,法律出版社 2004 年版,第 104 页。

人证言存在矛盾;(4)证人与自身先前所作的陈述不一致;(5)证人有不良品格(包括犯罪记录);(6)证人的宗教信仰。[1]

(二)大陆法系的事实证人

1. 证人作证资格

因为大陆法系对证据证明力的判断采用的是自由心证主义,根据法官对证言进行合理判断来证明证言可信度,所以大陆法系普遍对证人作证资格的约束不多。大陆法系往往规定,除参与办理该案件的审判官、书记官和当事人及法定代理人外,凡曾经见闻案件事实的人,均可作证人。

换言之,大陆法系对证人作证资格的限制主要在于当事人及其代理人。当事人及其法定代理人对案件事实的陈述被归入当事人陈述这一类证据。[2] 按照大陆法系的普遍观点,当事人最好不要成为自己的证人。虽然当事人能通常从自己的角度较为完整地看待争议中的事实,但是他们通常都对诉讼的结果更感兴趣,这往往会掩盖他们对法院判决所依据的事件实际发生情况的看法。因此,一方不能指定自己为其主张的准确性作证。在大陆法系,这种排除也可能会适用于第三方,例如当事人的配偶、亲属和其他密切相关的人,因为不太可能期望这些人提供中立的证词。

2. 证人证言的效力

大陆法系对证人证言的效力判断,由法庭进行,法官根据自由心证对证人证言的效力作出认定。大陆法系一般不对证据的相关性作出规定,对非法证据排除的规制比较原则和抽象,甚至没有明确的法律规定。这一特点与大陆法系事实认定的自由心证原则关

---

〔1〕 Jack B. Weinstein & Margaret A. Berger, *Supra note* 10, at 12.01[1].

〔2〕 张卫平:《民事证据法》,法律出版社 2017 年版,第 49 页。

系密切,因为自由心证原则侧重于由法官根据经验法则对证据进行判断,而不受可采性规则的约束。

但为了使证人作出真实的证言,大陆法系通常规定证人在出庭作证前负有宣誓的义务。例如,《德国民事诉讼法》第 391 条规定:"法院考虑到证言的意义或者为了获取真实的证言而认为有必要,并且当事人未放弃宣誓时,证人应当宣誓。"[1]《日本民事诉讼法》第 201 条规定:"除非另有规定,法院应让证人宣誓。"[2]《意大利民事诉讼法》第 251 条规定:"事实审法官应当告知证人宣誓的宗教和道德的意义,以及作伪证将受到的刑事制裁,并在神和人的面前发誓,自觉承担宣誓责任,陈述事实,不得作非事实的任何陈述。"[3]

四、专家证人

(一)英美法系的专家证人

1. 证人作证资格

在英美法系,专家证人与事实证人同属于证人范畴,前文已述,对事实证人的作证资格,原则上没有限制,每个人都拥有作证的资格与能力。但专家证人是基于拥有的专业知识与经验而作证,因此,并非每个人都能成为专家证人,需要具有"专业性"。

关于如何理解"专业性",在英美法系,事实上专家证人的范围非常广泛,几乎所有领域具有专门知识的人都可以成为专家证人,法律并不会明确规定哪类人可以成为专家证人。但与此同时,这也不意味着成为专家证人没有任何条件。《美国联邦证据规则》第

---

〔1〕 赵秀举译:《德国民事诉讼法》,法律出版社 2021 年版,第 132 页。

〔2〕 Code of Civil Procedure (Act No. 109 of 1996), § 201.

〔3〕 张卫平:《民事证据法》,法律出版社 2017 年版,第 50 页。

702 条规定:"如果科学、技术或者其他特殊知识有助于事实的裁判者理解证据或者决断争议事实,在下列条件下,一个因其知识、技能、经验、培训经历或者教育经历而有资格作证的专家,可以以意见的形式提供证据:(1)该证言建立在足够的资料或事实的基础上;(2)该证言是可靠的原理或方法的产物;并且(3)该证人将原理或方法可靠地运用于案件事实。"[1]

结合该规定可知,专家证人的适格性应当从这几点综合进行判断。首先,该证人因其知识、技能、经验、培训经历等而在某方面拥有专业知识与经验。其次,该证人的专业知识与经验及其证言需要以充分的事实为依据,并且是经过可靠的方法得出的。最后,该证人能够准确地将其经验与案件事实联系起来。

根据判例,专家资格通常不以取得相关领域颁发的证书为必要要素,拥有特殊的知识而无头衔,仍然可以成为专家证人。并且,单纯的经验而非专业知识也可以作为专家的资格。美国 1998 年的 McConnel v. Budget Inns 案件中[2],法庭认为,木工也可以凭借其经验就相关领域的问题发表专业意见。也就是说,英美法系对专家证人的资格持开放的做法,不强调其学历背景、社会地位、头衔,而是关注其是否具备协助法庭解决案件专业问题的能力。

将对"专业性"的判断应用到个案中,就涉及对专家证人资格的审查问题。对此,英美法系普遍遵循一案一审、三方审查的制度。一案一审,顾名思义是指,一个证人是否满足专家证人的资格,是结合个案具体情况而定的,专家证人资格并非一成不变,而是因个案而不同,·案的专家证人不会因其之前的资格与作证经

---

〔1〕 Federal Rules of Evidence Rule 702, 28 U. S. C. A.

〔2〕 *McConnell v. Budget Inns*, 718 N. E. 2d 948, 955 (Ohio App. 1998).

历而直接满足另案专家证人的资格,当一个案件的诉讼程序终结时,专业人士在该案件中所取得的专家证人资格也随之消失,当新的案件发生时,仍需再次评定其是否符合新案件的专家证人资格。三方审查,是指当事人(雇佣方)审查、法庭审查,以及案件相对方审查。当事人在决定是否聘请以及聘请何人作为己方的专家证人时,会对专业人士的资格进行审查,判断其是否有能力提供所需要的专业知识与经验。作为法庭审查的预审,当事人审查能起到防止法庭审查否定专家证人资格而使己方陷入被动的不利局面。通过当事人审查后,法庭还需要对专家证人资格进行庭前审查。这种审查由两个步骤组成,首先,当事人需要证明待证问题的专业性,需要由专业人士进行解答。其次,专家需要向法庭阐述自己的专业性,即专家应当介绍在相关领域的专业知识与经验。在此基础上,由法庭对专家的资格进行审查。根据《美国联邦证据规则》第104条的规定,关于证人资格的问题最终应由法庭决定[1]。当然,对方当事人也会对专家证人的资格进行审查,这种审查更多是在交叉询问环节的一种攻击性审查,对方律师会在询问过程中对专家的资质、意见的妥当性、结论的正确性等进行诸多方面的质疑。在对方当事人审查阶段,由于律师对专业领域的认识与研究较专业人士而言往往不足,因此,对专家证人的审查重点通常是集中在专家的资质与品质上。

2. 证人证言的效力

英美法系对专业证人证言的效力,即可采性,均通过法庭上的交叉询问程序来解决,法律本身并不预先对专家证人证言的效力

---

[1] Federal Rules of Evidence Rule 104, 28 U. S. C. A.

作出预断。[1] 但这不意味着对专家证人证言的效力没有规则可循。

在美国,有关专家证人的效力认定,有三个极为重要的判例值得关注。第一个判例是1923 年美国弗赖伊(Frye)案确立的“一般接受”标准。在该案中,法庭认为:“尽管法庭在从科学原理被承认到其所推导的意见具有可采性之间,仍有很长一段路要走,但是该推论具有可采性的前提应当是其所附属的科学原理已经获得普遍接受。”[2] 也就是说,专家证人的可采性在于其推论是否符合相关科学专业领域中的普遍适用原则(“一般接受”标准)。这一标准此后便成为美国专家证人证言具有效力的最低门槛。

第二个判例是多伯特(Daubert)案确立的“可靠性”标准。在“一般接受”标准使用约 70 年后,1993 年多伯特案确立了新的标准。该案之核心争点在于“婴儿出生缺陷与治疗孕期晨吐的药物苯迪克丁的使用之间是否存在因果关系”。以“一般接受”标准来判断,关于“苯迪克丁是导致婴儿出生缺陷的原因”的专家证言是不可采、不具有效力的,因为这并非当时美国医学界的普遍接受观点。但美国联邦最高法院用此案确立了“可靠性”标准,摒弃了“一般接受”标准。法庭认为,如果专业知识或经验有助于法庭查明或确立事实,一位拥有专业知识、技能、经验、训练或者教育的人士,可以在法庭上提供其意见,“一般接受”标准不是专家证人证言具有效力的绝对前提条件。在决定专家证言是否可靠时,应至少考

[1] 易延友:《证据法的体系与精神——以英美法为特别参照》,北京大学出版社 2010 年版,第 201 页。

[2] *Frye v. United States*, 293 F. 1013 (D. C. Cir. 1923). “While courts will go a long way in admitting expert testimony deduced from a well - recognized scientific principle or discovery, the thing from which the deduction is made must be sufficiently established to have gained general acceptance in the particular field in which it belongs. ” Id.

虑专家证人的证言是否可重复检验、是否使用了科学的推论方法、是否存在已知错误率、结论是否已经受同行评议或者达到公开发表的程度。[1] 虽然在多伯特案中,法院没有就"可靠性"标准提出明确具体的规则和详细的标准,但是给出了灵活性强的指引,使得裁判者在诉讼中扮演更为积极的守门人角色,判断专家证人证据是否可采。

然而,多伯特案确立的"可靠性"标准,更多是集中在关于科学问题的专家意见上,根据该标准,对于科学问题的证言,在同时满足相关性和可靠性标准时,就是可采信的。对于"非科学"领域是否适用"可靠性"标准,该案并没有给出答案。而之后的第三个判例,1999 年快活轮胎公司(Kumo Tire Company)案[2]则将"可靠性"标准的适用范围扩大于"非科学"领域,把提供技术和其他领域专长的非科学类专家也纳入了可采的专家证人证言的范围之中。

在英国,专家证人证言的效力判断标准远低于美国,对专家证人证言采取了比美国更为宽松的制度,而不似美国对专家证人证言持怀疑态度。英国法院在专家证言可采性审查的过程中更加强调对必要性的审查。在内容上,要求专家作出的证言应当有助于查明或判断案件的核心争议问题,如果其发表法官或陪审团原本知识范围之内的意见,无助于争议事实,则不具有可采性。在形式上,《英国民事诉讼规则》规定,在简易程序案件中,双方当事人最多只能传唤两名专家证人;另外,法院甚至有权强制当事人使用单一的共同专家。[3]

---

[1] *Daubert v. Merrell Dow Pharmaceuticals, Inc.*, 509 U. S. 579 (1993).

[2] *Kumho Tire Co. v. Carmichael*, 526 U. S. 137 (1999).

[3] 赵丹:《论英国专家证言的采信规则》,载《中国司法鉴定》2019 年第 2 期,第 13 页。

（二）大陆法系的专家证人

1. 证人作证资格

大陆法系的专家证人，即专家辅助人，是指在诉讼过程中，司法机构或者当事人聘请的具有专业技术知识的人。专家证人的诉讼作用是帮助法官了解、认定涉案的专业事实与问题。不同的大陆法系国家对专家证人的制度设计存在不同。比如，在德国与日本，采用诉讼辅佐人制度。

《德国民事诉讼法》第 90 条规定了诉讼辅佐人制度："当事人可以与辅佐人一起出席辩论。在当事人自己实施诉讼的程序中有权作为代理人进行辩论的人，可以成为辅佐人。法院可以允许其他人作为辅佐人，但以适当而且根据具体案件的情形也有必要为限……辅佐人的陈述视为当事人的陈述，但当事人及时予以撤回或纠正的除外。"[1]据此，在德国，诉讼辅佐人是由当事人自行聘请的，协助当事人进行诉讼的专家。成为诉讼辅佐人，应当满足以下两个条件：第一，诉讼辅佐人应当是具有诉讼能力的人，不具有诉讼能力的人，不得成为诉讼辅佐人。第二，诉讼辅佐人的适用，应当符合案件诉讼目的，且案件情况确有需要。除此之外，德国没有对诉讼辅佐人的主体范围和资格条件作出具体明确的规定。在司法实践中，辅佐人是否适格、具备资格，由法庭根据案件具体情况判断。并且，由于法律对辅佐人没有明确的资格限制，法庭无法准确判断专家是否具有成为辅佐人的资质，使得法庭对当事人自行聘请的辅佐人意见的专业性与可靠性存在质疑。

《日本民事诉讼法》第 60 条规定："当事人或者诉讼代理人得到法院的准许，可以与辅佐人一同出庭。法院可以在任何时候取

---

〔1〕 赵秀举译：《德国民事诉讼法》，法律出版社 2021 年版，第 27 页。

消该许可。辅佐人在法庭上的陈述,除非被当事人或代理人立即收回或纠正,否则视为由当事人或代理人亲自作出。"[1]这是日本民事诉讼关于辅佐人的规定。在日本,诉讼辅佐人不是独立的诉讼参加人,其陈述如果当事人不做更改或确认,则不能作为独立的证据使用,辅佐人在诉讼中具有很强的依附性。在日本司法实践中,辅佐人承担专家的角色与功能,协助法庭与当事人对涉及专业知识与经验的问题进行查明,补足法庭对于相关专业知识的欠缺,推进诉讼程序。但《日本民事诉讼法》同样没有规定诉讼辅佐人的具体资格条件,即原则上任何人都有成为诉讼辅佐人的资格。但是日本实质上存在对诉讼辅佐人资格的反向限制,当法庭认为诉讼辅佐人缺乏专业知识,无法进行辩论时,有权禁止辅佐人发言。这本质是将对于诉讼辅佐人资质的认证权利转移到法官,由法庭最终认定诉讼辅佐人是否适格。

2. 证人证言的效力

大陆法系的专家证人,其陈述与发言往往被视为当事人的陈述,因而不具有证据效力,不赋予证据地位。是否采信专家证人的意见及如何采信专家证人的意见,由法庭根据诉讼目的与案件具体情况,依职权自由裁量。实际上,由于立法的模糊空白,专家证人在诉讼地位、权利义务与意见采纳等方方面面面临诸多问题,其意见效力并不高,这严重阻碍了该制度应有作用的发挥,与法律问题专业化的司法审判发展趋势存在差距。

《德国民事诉讼法》第 90 条规定,未经当事人及时更正或撤回的辅佐人意见视为当事人陈述,这是关于诉讼辅佐人意见效力的规定,即不将辅佐人发表的专家意见看作证据,而是将其视为当事人的主张。在司法实践中,因为诉讼辅佐人与当事人密切连接,由

[1] Code of Civil Procedure (Act No. 109 of 1996), §60.

当事人聘请对包括专业案件中涉及的专业知识在内的问题发表意见,所以法官普遍且天然地对辅佐人的意见持质疑态度,认为辅佐人意见的中立性与客观性都难以保证,往往是与当事人协商后出具。辅佐人在诉讼中发表的意见的证明力或效力是比较低的。但值得关注的是,近年来,为避免法院过分忽视辅佐人的意见,增加诉讼中当事人维权难度,德国司法改革开始强调辅佐人的重要性,认为法庭如果不采纳当事人自行聘请专家作为辅佐人所提出的意见,法官必须说明理由,而不能简单地置之不理,以便于更好地发挥辅佐人制度的司法价值。

日本辅佐人的意见也被视同为当事人的陈述,而不属于明确的证人证言。这也导致辅佐人所发表的专家意见的效力,相较于英美法系的专家证人证言,是比较低微的。在日本司法实践中,诉讼辅佐人基本只对案件情况作相应陈述,或者对相关法律法规作出解释〔1〕,没有起到应有的诉讼功能。

五、证人证言的调查与询问

(一)证人询问概述

1. 询问证人的内涵

对证人所提供的证言,需经过调查询问后才能判断其真实性,询问证人是证人证言的主要调查方法。询问证人指的是有权对证人进行发问的主体,通常指的是法官或当事人,以口头的方式向证人打听证人亲身经历的待证事项的情况,并且对证人进行察看、判断证人证言的真实性的制度。〔2〕

---

〔1〕 韩莹莹:《民事诉讼中专家辅助人的法律地位问题研究》,辽宁科技大学2022年硕士学位论文,第19页。

〔2〕 蒋亚梅:《论询问证人制度》,中国政法大学2015年硕士学位论文。

2. 询问证人的意义

询问证人是将对证人的口头询问和证人的口头回答作为证据材料的证据调查方式。[1] 通过询问证人,可以有效发现案件的真实情况,也可以对证人证言所涉的案件其他证据是否真实进行印证。

询问证人可以保障直接言辞原则,询问证人要求法官亲自对出庭证人进行口头询问,避免法官直接进行书面审理、未经法庭调查询问便轻易对案件事实作出判断;询问证人有利于实现案件实体公正,询问证人的过程也是核查案件事实的过程,通过一系列询问程序,能够发现证人证言中不真实、不准确的地方,有利于查明案件真相,实现实体公正;询问证人有利于提高诉讼效率,询问证人能够及时发现案件事实,从而有助于法官更快地解决纠纷、大幅度提高诉讼效率;询问证人也有助于法官形成自由心证,法官虽然没有亲身经历案件,但通过对证人的询问,不断了解和修正已知的事实,通过动态的视角来把握事实,最后逐渐判断并确信事实是否真实。

(二)两大法系的证人询问模式

1. 英美法系的询问模式

英美法系主要采用的询问模式为交叉询问(cross examination)模式。交叉询问是由当事人的律师主导的询问模式,法官一般不能对证人直接进行询问。

交叉询问模式可以追溯到19世纪的英国,是建立在当事人主义的对抗制诉讼模式之上的。在对抗制诉讼模式中,当事人处于

---

〔1〕 [韩]孙汉琦:《韩国民事诉讼法导论》,陈刚等译,中国法制出版社2010年版,第240页。

诉讼的主导地位,法官更多处于消极中立的地位,诉讼程序都是在当事人的主导下推进。庭审中,实施对抗制辩论,当事人积极提供充分的证据对其主张加以阐述说明,对对方当事人的证据进行质证。因此,在证人的询问环节,也采取当事人互相发问,法官不对证人进行发问或者只是进行补充发问。同时,英美法系实施交叉询问,离不开其采用的陪审团制度。由于陪审团主要由不熟悉法律的普通民众构成,对于陪审团而言,通过当事人律师交叉询问证人的方式,陪审团能够对事实产生充分的了解,留下鲜明的印象,从而使不熟知法律的陪审团依据质证情况,对案件事实进行了解判断。除此之外,交叉询问制度也得益于英美法系完善、高度发达的律师代理制度的支撑。英美法系往往有着数量庞大的律师队伍、且律师队伍通常都受过高等法律知识教育,因此,律师有足够的能力进行交叉询问,可以利用好交叉询问制度,帮助法官与陪审员还原案件事实,发挥交叉询问制度的价值。

交叉询问模式的主要流程为主询问(direct examination; examination in chief)、反询问(cross examination)、再主询问(redirect examination)、再反询问(recross examination)。

第一步,主询问。主询问是指由提出该证人(也称为己方证人)的当事人(通常是当事人的律师)对该证人进行询问。[1] 当事人进行主询问的目的,在于通过询问己方证人,将己方欲证明的相关事实完整、清晰、准确地陈述出来,使法官与陪审团相信待证事实的真实性,形成对己方有利的自由心证。主询问主要从三个方面对证人进行询问:一是询问证人的年龄、身份等基本情况;二是对待证事实发生的时间、地点等背景信息进行询问;三是对待证事实本身进行询问,通过 who, what, where, when, why 的问题,引导

---

〔1〕 张卫平:《民事证据法》,法律出版社 2017 年版,第 57 页。

证人还原待证事实。主询问中,只能对与案件有关的事实进行询问,原则上不得对证人提出诱导性询问,不得为获得答案而在问题中添加有暗示如何回答的内容。

第二步,反询问。主询问后下一个阶段便是反询问。反询问是由对方当事人(通常是对方当事人的律师)对证人的询问。反询问是交叉询问模式中不可或缺的重要环节。正当程序中一个不可缺少的重要组成部分就是证人接受反询问的折磨,反询问是检验证人证言的有力手段。[1] 反询问的主要目的为,首先,通过反询问发现证人证言中的漏洞或自相矛盾的地方,以达到使证人证言无效或者使法官及陪审员严重怀疑证人证言真实性的目的。其次,通过反询问,发现或找出对己方当事人有利的事实。不同于主询问,基于反询问的证伪性,反询问可以进行诱导性询问。在美国,根据《美国联邦证据规则》第 611 条,反询问只能对主询问中提出过的事项进行询问。[2]

第三步,再主询问。反询问结束后,进行主询问的当事人可以根据案件需要,再次询问证人。再询问的功效在于赋予提出证人的一方当事人对反询问中反询问一方提出的质疑予以澄清和解释的机会。[3] 再主询问中,当事人可以对另一方提出的质疑,通过询问的方式给予已方证人补充说明的机会,恢复证人证言被反询问所削弱的内容。

第四步,再反询问。交叉询问的最后一个阶段是再反询问阶段,在对方当事人进行再主询问的情况下,为了削弱再主询问阶段证人证言的可信性,对方当事人可以结合再主询问的情况,对证人

---

〔1〕 蒋亚梅:《论询问证人制度》,中国政法大学 2015 年硕士学位论文。

〔2〕 Federal Rules of Evidence Rule 611, 28 U. S. C. A.

〔3〕 Prince, *Riehardson on Evidenee*, Press, 1973, p. 459.

再次进行反询问,达到降低证人证言可信度、发现对己方当事人有利事实的目的。

再主询问与再反询问都可以反复循环进行,直至举证方结束询问。在交叉询问模式中,法官的主要作用体现在对询问程序性事项的控制与安排方面:一是控制询问环节的程序,避免询问权滥用;二是对无正当理由拒绝回答问题的证人,有出格不当行为的当事人或律师,给予制裁。

2. 大陆法系的询问模式

大陆法系主要采用的询问模式为职权主义询问模式。职权主义询问证人模式是指法官通知证人出庭、有权询问证人、法官主导整个证人证言的质证程序,并对程序的推进进行指挥和控制,当事人需经法官允许方可询问证人或者法律明确规定当事人不能询问证人。[1] 当事人若要询问证人则必须提出申请并经由法官同意,询问过程中也会受到法官的限制,在质证地位上来说,当事人地位明显更为消极,如《法国民事诉讼法》第 214 条规定:"当事人不得打断、责问或者试图影响证人作证,亦不得直接向证人发问、说话,否则,驱逐之。"[2]

职权主义询问模式与大陆法系奉行的职权探知主义原则密不可分。所谓职权探知主义,是指法院不限于当事人主张的事实和提供的证据的范围,依职权主动收集事实和调取证据。[3] 在职权探知主义之下,发现案件真实事实的主要职责由法官承担,法官可以且有必要积极主动地依职权收集证据。在询问证人上,询问证

---

〔1〕 周成泓:《民事证人调查研究》,法律出版社 2012 年版,第 95 页。

〔2〕 孟思雨:《论我国民事诉讼证人证言制度的完善》,华北电力大学 2017 年硕士学位论文,第 16 页。

〔3〕 张卫平:《诉讼构架与程式:民事诉讼的法理分析》,清华大学出版社 2000 年版,第 12 页。

人的主要职责也由法官承担,当事人对证人的询问须经过法官的批准同意。

职权主义询问模式的证人询问阶段由法官主导并负责推进。主要顺序依次为:第一步,证人经法庭传唤后出庭作证,向法官陈述拟证明的事实。第二步,法官就证人陈述过程中存在疑问的地方或重点关注的地方进行询问,证人对法官所提问题进行回答。第三步,当事人(通常为其代理律师)经法官许可,可以自己询问证人或者将问题交由法官进行询问。第四步,可以让证人之间或证人与当事人之间进行相互对质。

职权主义询问模式中,由法律职业素养高的法官担当主要询问人,通常没有设置具体询问规则加以限制规范询问证人的方式方法。宏观层面而言,主要的询问规则有单独询问规则和全面询问规则。前者是指,在询问证人时,每个证人的询问应当单独进行,其他证人不得旁听。后者是指,询问证人应当就证人所知道的全部内容进行询问。

除职权主义询问模式外,大陆法系还逐渐发展出更为强调当事人主义的混合证人询问模式。例如,在日本,各方当事人可以就出庭证人进行交叉询问,再由法官进行补充询问。但需强调的是,日本的混合证人询问模式虽引进了交叉询问原则,但与英美法系交叉询问制度不一样的是,在询问证人过程中,法官享有比英美法系法官更大的职权,仍然保留大陆法系职权主义询问模式的显著特点。

六、跨境诉讼证人作证的实务探讨

(一)中国企业跨境诉讼证人作证常见问题

中国企业在应对跨境诉讼证人作证问题时,由于对诉讼所在司法管辖区证人证言制度欠缺深入研究、对跨境诉讼证人证言重要性的理解不到位、证人出庭作证经验不足等多重原因，往往存在许多问题，导致中国企业陷入跨境诉讼的被动境地。

结合我们的实务经验，中国企业在跨境诉讼的证人作证过程中，主要存在以下较为常见的问题：

第一，事实证人与专家证人之间，以及证人与代理人之间的角色地位混淆，经常出现事实证人发表法律、专业意见或其他非事实意见，专家证人发表事实意见，证人充当代理人等问题。

第二，事实证人对案件事实的陈述不准确，甚至陈述的事实前后矛盾、逻辑不清，或陈述事实与待证事实不相关，落入对方询问陷阱之中，证人证言未能起到证明己方待证事实的效果，反而削弱己方证据真实性，有利于对方当事人。

第三，专家证人对所在司法管辖区的相关制度不熟悉，素养不够，出庭经验不丰富，遇到专业律师或者法官询问时容易紧张，庭审中作证效果欠佳，对专业问题的意见未能被法庭采信。

第四，证人准备痕迹过重，语言不够自然，过于生硬。证人因为文化差异及语言能力不足，对法官与对方当事人的询问理解不到位，也无法准确表达真实意思。回答询问语言内容冗长，且不断重复，没有重点。

以上这些问题，都会导致法官与陪审团对证人的信任度大大降低，影响证人出庭作证的效果，经常是“搬起石头砸自己的脚”，不仅没能对己方待证事实进行证明，反而暴露对己方不利的事实，或被对方律师加以利用、证明对其有利的主张。

（二）中国企业跨境诉讼证人作证的注意事项

1. 如何确定证人

为了尽量避免证人出现作证表现欠佳，影响庭审诉讼效果，挑选合格、合适的事实证人与专家证人就显得尤为重要。

(1)事实证人的确定

关于事实证人的确定,可从以下几个方面进行考虑:①熟悉案件事实。事实证人,由于其主要作证目的在于证明对己方有利的事实、削弱对方事实的可信度,因此,挑选事实证人的首要标准,便是熟悉案件事实。在案件事实发生的过程中,知悉与了解案件事实的人往往不止一人,在众多了解案件事实的人当中,应当优先选择最完整、全面熟悉案件事实的人作为证人。尤其,事实证人对争议事项的经历与了解程度要尽可能地深入,从而可以回答有关庭审中的相关提问,对对方当事人的反询问有足够的应对能力。②心理素质过硬。事实证人出庭作证,需要面对各方当事人及/或法官的多重询问,且对方当事人或法官的询问语气可能是十分严厉、咄咄逼人的。在此过程中,如果证人的心理素质欠佳、抗压能力差,极容易惊慌失措,失去表达能力而无法回答询问或即便可以回答询问,也难以恰当准确地陈述案件事实,或可能遗漏重要事项,落入对方当事人的圈套之中。因此,中国企业应当注意挑选心理素质过硬的事实证人。③优先选择有作证经验的证人。证人出庭应对跨境诉讼的庭审询问绝非易事,如果中国企业的相关证人中,有曾经担任过其他跨境诉讼、仲裁案件证人的经历,或者有在中国出庭作证的经历,建议应当优先考虑该证人。因为,该证人已经经过了一定程度的出庭作证锻炼,能够在庭审中相对从容自如,作证效果相比没有出庭作证经历的证人,会更好。④避免选取过多的证人。事实证人并非越多越好,选择与待证事实相关的必要证人即可。某些中国企业在跨境诉讼中,为了充分证明相关事实,会选择较多事实证人,对同一事项或者相关事项进行作证。但是,这种做法往往造成弄巧成拙的结果。不同的证人,关于事实的认知和记忆能力是有差别的,挑选过多的证人,容易产生不同证人之间的证言无法相互印证,甚至相互矛盾的局面。这对中国企业应诉将是极为不利的,应当注意避免这种情况的发生。

(2)专家证人的确定

关于专家证人的确定,可以从以下几个方面进行考虑:①对拟发表意见相关领域的专业知识程度。上文已述,专家证人主要可细分为法律专家、技术专家、定损专家。在挑选专家证人时,应注意评估拟选择专家在相关领域的专业程度。比如,选择法律专家时,应考虑专家对诉讼所在司法管辖区的法律是否熟悉,除了学术理论知识外,对相关司法实务了解是否足够,能否做出有利于己方的专业意见。②出庭作证的经验。与事实证人一样,专业证人也需要在庭审中口头陈述证言,英美法系的专家证人证言也需要经过庭审询问才能被采信。因此,专家证人是否有出庭作证的经验,对证言的效力将有着至关重要的影响。一个有出庭作证经验的专家证人,可以更好地在庭审中发表意见,更从容不迫地应对各方质询。③是否存在可能导致偏见的情况。若中国企业在跨境诉讼中,拟选择外籍专家证人,需要重点考虑外籍专家对拟发表的意见,是否存在利益冲突或者其他可能致使有失偏颇的立场的情况。西方价值观、思维、文化都与中国存在较大差异。外籍专家是否认同中国企业的行事做事风格,是否认同中国文化,是否有可能基于对相关事项的不认同,作出不利于中国企业的专家意见,都需要中国企业在挑选证人之时慎重进行评估。

2. 证人的语言差异

语言权利指人们对语言的使用、学习、发展和传播的权利,这一权利可以分解为“谁”、在什么“地域”和什么“领域”、使用和发展“何种语言”。法律语言权利指的是在一国法域内的公民,了解、学习、使用法律语言的权利。对于任何人而言,如果不能拥有法律语言权利,就基本丧失了公共领域的一部分话语权,至少在司法领域他们将面临合法权益得不到有效保障的风险。[1],对于熟练的法律语言使用者而言,“他们可能没有意识到其语言运用技术的精湛,但是他们却能通过训练获得熟练运用词语、短语和句子所带来的好处。他们的职业就是建构在词语的基础上,因为词语就是法律的货币(words are the currency of the law)。他们知道如何选择词语和结构以得到最佳的效果。他们善于利用别人的词语为己方牟利”。[2] 反之,对于那些手中没有握着“法律货币”的弱势群体而言,就只能在“对手”合法的语言策略下节节失利,失去应有的法律保护。

语言文字、语言能力的差距成为中国企业在跨境诉讼中不可回避的障碍之一,语言的使用会影响到裁判者的解释,语言差异,也是挑选证人需要考虑的必要因素之一,由于其在跨境诉讼中的重要性,值得单独提出并进行讨论。

跨境诉讼的庭审语言,往往是中文之外的他国语言,以英文最为常见。中国证人在出庭作证时,如果相关语言能力不足,将会导致作证效果大打折扣。一个语言能力不足的中国证人,很可能无法准确理解各方律师及或法官的庭审询问,并在此基础上,答非所问,且言不达意,无法清晰地阐述自己的意见,无法起到应有的作证效果,甚至适得其反,导致中国企业陷入被动处境。

因此,中国企业在应对跨境诉讼时,不可割裂法律和语言之间的关系。中国企业应特别关注证人对所在司法辖区语言的应用能力,尽量挑选语言能力较强的证人。以便于证人能够在庭审中更为从容地应对来自各方的询问,更清晰完整地表达自己的观点,打

---

〔1〕 刘斌主编:《中国当代法治文化体系建构研究》,人民法院出版社 2020 年版,第 10 页。

〔2〕 Brennan Mark, *Cross - exanming children in criminal courts: child welfare under attack*. In John Gibbo Language and the law, Longman Press, 2017, p. 210.

破语言障碍给证人、中国企业在跨境诉讼中带来的壁垒，全面行使相关诉讼权利，辅助中国企业在跨境诉讼中取得良好的庭审效果和审理结果。同时，在尽量选择语言能力较强的证人的基础上，中国企业还应当充分意识到选择中国优秀律师的重要性。在中国，从事跨境诉讼的律师事务所越来越多，尤其是很多大中型律师事务所，它们往往拥有一流的法律从业人员，这些顶尖律师们凭借国际化的教育背景、多法域的学习执业经验，能够帮助中国企业、中国证人化解庭审中的语言障碍。

3. 如何进行庭审准备

(1)庭前沟通

在出庭作证之前，建议中国企业聘请具有跨境诉讼经验的大型律师事务所，协助证人进行必要的庭审准备。相关工作可以从以下几个角度展开：

第一，在出庭作证之前，证人需要对证人证言的逻辑及相关事实的表述进行加强与巩固。可以安排律师协助证人对案件事实进行回忆梳理，帮助证人理清作证思路。

第二，律师应当向证人提前介绍案件所在司法管辖区内开庭的一般流程，尤其是询问证人环节的一般流程，使证人了解并相对熟悉开庭的程序，增强对自身定位的认同，在沟通中发现证人对跨境诉讼和作证事项理解偏差的内容，及时纠正。

第三，必要时，在不禁止庭前与证人沟通的司法管辖区，律师还可以与证人模拟询问证人环节，提前梳理判断案件对方当事人可能针对证人提问的问题，使证人预先熟悉证人询问环节的询问方式和回答要点，并提前熟悉需要证人作证的焦点问题，使证人通过庭审模拟，了解证人出庭作证不可带有情绪，让法庭和陪审团认可证人的客观性、可信赖性，在回答询问时，应当直接简洁，避免绕圈子，如果被询问“Yes”或“No”，只回答“Yes”或“No”即可，无须过多进行解释,以免让法庭、陪审团和对方当事人感觉证人想故意隐瞒某些事实,或被对方当事人抓住证人发言的漏洞,降低证人证言的效力。通过庭前模拟,可以使证人从容应对庭审,缓解证人出庭作证的压力,增强证人出庭作证的自信心。

(2)庭审礼仪

礼仪是人们文明程度和道德修养的一种外在表现形式,是良好修养、个人魅力的重要展示。在西方国家,有句古老的言语"礼仪成就人(manners make the man)"。它的基本意思是,礼仪是造就人的基本品质。良好的礼仪在法律中的作用,怎么强调都不为过。庭审礼仪,是指庭审活动的主体在庭审活动中所应当遵守的礼节、仪式和其他交流与行为的态度和方式。庭审礼仪作为跨境诉讼当事人应当遵守的操守,对树立良好形象、维护己方尊严与权益有重要的作用和意义。证人在跨境诉讼的出庭作证环节,如果能够保持庭审礼仪,尊重法庭、给予法官充分的尊重,将会显著提高作证效果,甚至可能会对案件取得正面结果发挥至关重要的作用。

首先,眼睛最能有效地传递信息和表达感情。证人在回答询问时,应当尽可能用柔和友善的目光直面法官或其他询问人,自然直视对方,保持与其眼神接触,释放友好真诚的信号,用眼神强化语气和所要表达的内容,加深法官对发言内容的印象,也可以通过眼神接触捕捉对方表情的细节和重点。同时,注意不要眼神游离不定、左顾右盼,并注意回避与己方当事人及律师的目光相接,让法官或其他询问人充分感受到证人的真诚、坦率与礼貌。

其次,在回答询问时,应当注意面部表情的管理。避免出现皱眉、高傲微笑等不合适的表情,始终保持谦逊的姿态。在参与整个庭审的过程中,都尽量保持沉稳自信的表情,任何傲慢和胆怯的神情都会影响证人出庭作证的效果，如果神情傲慢，会给法官及陪审团以不礼貌、厌恶的感觉，而如果展露出胆怯的神情，则可能会使法官及陪审团认为底气不足。

再次，在庭审时，双手自然微微交叉放在桌面即可，在保持自然、不僵化的基础上，尽量避免过多的肢体动作，切忌过于夸张的手势，更不要在任何时候用手指指点点地与人说话、用手指向对方，避免一些不卫生、不稳重、易于误解、失敬于人的手势。这样容易显得局促、不自信或者不礼貌。

又次，注意自己的仪容与穿着。注重仪容不仅是自尊、自重、自爱的表现，而且能够体现对他人的尊重。良好的仪容不仅可以给人们留下较好的"第一印象"，还有利于与人沟通，进而推动工作的开展。证人的发型应与职业、身份、气质相符合，尽量体现出庄重、得体、自然的风格。而在人际交往中，着装在一定程度上不仅反映了一个人的阅历修养、文化品位和审美情趣，也体现着所在民族的习俗、社会的风尚、个人身份等。证人应注重个人着装，体现自己的仪表美和个人的修养，对法庭的尊重。穿着得体，可以避免给法官或者陪审团造成不必要的负面印象。

最后，也是很关键的一点，注意自己的言行。在音量方面，发言的音量要适当，声音过大会显得缺乏教养与礼貌，声音过小也会显得不自信且庭审效果大打折扣。在语速方面，发言的语速也要适当。如果语速过快，会给法官及陪审员提前编排、演练，不真诚的印象，同时，也不利于法官及陪审员对内容的理解。因此，证人发言时应当把握好一定语速，有节奏地发言，适时突出重点，并在感性陈述时适当放慢。在发言内容方面，表达要平和，用词应当规范、谦恭、雅致。回答问题时要尊重对方，保持情绪稳定，保持风度，准确清晰地表达自己的观点即可，避免过于激烈、尖锐的言语，不要用讽刺的语气发言，不要随意打断他人的发言，也不要试图通过语言文字羞辱对方当事人或律师,更不能恶语相向甚至进行人身攻击,否则不仅使自己的形象大打折扣,证人证言效力大幅度降低,也会引起法官与陪审团的反感。

第九章 审理和判决

一、境外庭审程序概述

庭审的环节因各个司法管辖区的规定不同而略有差别,总体来看包括开庭陈述、原告答辩及举证、被告答辩及举证、最终陈词。如在英美法系下的陪审团审判,则包括陪审团指令和陪审团审议。

美国宪法承认陪审团审判的权利是一项基本的公民权利,允许被告选择是否由法官或陪审团审判。联邦法院民事案件中由陪审团审判的权利由宪法第七修正案规定。民事陪审团通常由 6 ~ 12 人组成。在民事案件中,陪审团的作用是评估庭审中出示的证据,认定被告是否侵害了原告权利或未对原告履行法律义务,并决定应给予何种赔偿或处罚。在民事案件中,可以允许非一致的陪审团裁决。并非每个案件都可以接受陪审团审判。例如,在美国大多数州,在不涉及终止父母权利的家庭法诉讼(如离婚和监护权变更)中,没有陪审团审判的权利。

二、境外法院的庭审程序

(一)庭前会议

庭前会议的目的包括确定案件重要节点的时间和当事人需要提交的文件。在部分司法管辖区内,特定类型的纠纷(如儿童监护权纠纷)的庭前会议目的,还包括鼓励当事人和解。庭前会议还会确定案件争议焦点,确定在审理过程中不需要关注的事实或法律问题,以提高审理效率。

根据《美国联邦民事诉讼程序》(Federal Rules of Civil Procedure)第16条,通知庭前会议的命令(order)由法院发出。除非法官发现有充分的延迟理由,否则法官必须在被告收到诉状后90天内或被告出庭后60天内(以较早者为准)发布命令。有律师代理的当事人必须有至少一名代理律师参与庭前会议。庭前会议的讨论内容可以包括:(1)明确案件争议焦点,消除无法得到支持的索赔要求和抗辩理由;(2)如有必要,修改起诉状或答辩状;(3)就案涉证据进行讨论,对所需证据进行预判,避免双方收集不必要的证据以及法院不能采信的证据;(4)讨论避免不必要的证据和重复证据,并对证人证言进行要求和限制;(5)确定案件是否适用简易裁决的规定;(6)确定证据开示的时间节点;(7)确定后续庭前会议的时间安排以及开庭审理的时间点;(8)按照案涉法律规定,本案是否应先行提交其他特殊程序协助解决争议,例如是否需要进行调解,促成双方和解;(9)明确开庭前其他法院命令的形式和内容;(10)处理双方提出的,尚未处理的动议;(11)如果案件涉及负责的法律问题、多方当事人、取证方面的困难或其他可能导致案件需要较长时间的困难或问题,则讨论如何对案件进行管理;(12)如果法院认为案件涉及的反索赔、交叉索赔、第三方索赔或其他特殊问题适宜单独进行审理,法院将命令案件就该问题进行单独审理;(13)如果某个较为简单的法律问题的证据可能成为案件判决的基础证据,法院可以命令一方在庭审中先行出示该证据;(14)其他可以提高审判公正性和效率的措施。法院可以组织多次庭前会议,就审理时间安排、证据开示安排等事项进行讨论,并在会议之后发布针对讨论事项的命令。法院在庭前会议期间发布的命令在整个诉讼过程中对双方均有约束力,除非法院后续对其进行修改。

根据《加拿大民事诉讼程序》第 50.02 条规定,庭前会议应当安排在庭审第一天之前的 30 天至 120 天之间。在庭前会议前至少 30 天,各方应提交一份准备情况证明,说明该方是否打算在庭审中传唤专家,如是,则说明每个专家的情况。在庭前会议前至少 5 天,各方应提交说明文件,内容包括:诉讼的性质、争议焦点和当事人的立场、当事人可能在审判中传唤的证人的姓名、每个证人提供证据估计需要的时间、庭审前需要完成的步骤以及需要的时间。庭前会议应当讨论的内容包括:(1)双方就案涉争议进行和解的可能性;(2)争议问题是否可以简化;(3)双方就哪些事实内容可以达成一致;(4)过错问题;(5)赔偿金额(如有);(6)审判及听证的时间安排;(7)是否需要法院指定一名专家;(8)各方传唤的专家证人和其他证人的数量,以及任何未完成或补充的专家报告的送达日期等。

根据《德国民事诉讼法》第 278 条规定,法院应在民事诉讼的所有阶段努力实现争端的友好解决。德国法官在民事诉讼事项中应主动尝试通过和解协议的方式,促使当事人达成友好的解决方案。在实践中,通常在第一次口头听证会(mündliche Verhandlung)上总结各方提出的案件事实,解释各方论点的优势和劣势,然后询问各方是否愿意考虑签订和解协议。德国民事诉讼这一阶段的专业术语是"Gütetermin"或"Güteverhandlung"(调解听证)。调解听证由主审法官主持,和解协议的内容并不局限于诉讼事项,当事人可以将其他方面纳入这种和解。如果双方无法达成和解,法官将继续推进案件审理程序。

综上,不同的司法管辖区对举行庭前会议的时间节点以及讨论的内容有不同的规定,德国的庭前会议主要是以鼓励双方进行和解为目的,而美国和加拿大的庭前会议还包括明确案件争议的事实问题和法律问题,初步设定案件审理过程中时间节点等事项。

(二)开庭审理

1. 开庭陈述(Opening Statement)

开庭陈述的目的是向法官或陪审团陈述案件基本事实和主要主张。在民事纠纷案件中,由于原告一般负有举证责任,所以由原告先开始开庭陈述。如民事诉讼涉及多个原告或多个被告时,代表每一个原告或被告的律师可以单独进行不同的开庭陈述。开庭陈述旨在让陪审团或法官对案件有一个初步的了解。

开庭陈述一般包括简要概述事实和证据、概述争议问题的性质、针对被告的索赔请求等,以便陪审团或法官更好地理解整个案件,以有利于律师理论的方式构建证据链,并了解律师希望证明的内容。在开庭陈述阶段,不应争论案件的事实或要求陪审团做出任何推论或判断。一方可以选择放弃发表开庭陈述的权利,但这通常并不妨碍对方发表开庭陈述。放弃开庭陈述的情况一般发生在刑事案件中,辩方可以选择不做开庭陈述,以便灵活地进行肯定性辩护或寻找对方证据的不足之处。虽然法律没有对开庭陈述的时长作出限制,但考虑到开庭陈述的上述目的,一般开庭陈述的时间为 10 分钟至 30 分钟,根据案件事实以及争议焦点的复杂程度而不同。

与上述美国庭审的一般规则不同的是,在新加坡,开庭陈述是对案件基本事实和法庭将作出裁决的法律问题的书面总结。书面总结的目的是便于法官了解案件的内容,这样法官在阅读和听取证据时会对重点内容进行关注。此外,法院将通过书面总结了解双方之间的争议焦点,排除冗余的事实内容。新加坡不同的一审法院对书面陈述提交的时间要求和提交方式不同,但一般而言开庭陈述包括的内容有案件的性质、与案件有关的背景事实、与另一方达成一致的事实、关键文件和证人、争议焦点及主张、涉及的主要法律、主张的赔偿或救济、反诉等。

2. 原告陈述及举证

原被告双方的开庭陈述结束后，原告开始提供证据或传唤证人证明己方观点。原告向证人提出问题，进行主问询（direct examination）。原告律师通过主问询对直接证据和间接证据进行问询，证明有利于己方的观点。证人可以就事实作证，并在不违反证据法的情况下提供意见。证人也可能被要求识别文件、图片或其他作为证据的物品。但证人不能陈述主观意见或结论，除非是专家证人或其他有特殊资质的证人。在特定领域具有专家证人资格的证人可以根据证据事实发表结论性意见，并可以说明发表该意见的理由。

律师一般不得向自己的证人提出引导性问题。引导性问题是暗示所需答案的问题，实际上是在提示证人给出特定的答案。根据证据规则，在原告对每个证人进行主问询过程中，被告律师可以对原告的问询方式或问题本身提出异议，例如引导性问题、要求证人发表意见或结论的问题，或者需要根据传闻作出回答的问题等。大多数法院要求针对反对给出具体的法律理由。通常，法官会立即支持或否决反对意见。如果异议成立，律师必须以适当的形式重新表述问题或提出另一个问题。如果异议被驳回，证人可以回答问题，提出异议的律师可以在庭审结束后对法官的裁决提出上诉。

原告律师结束对每个证据或证人的主问询之后，被告律师将对该证据或证人进行质证，即交叉问询（cross examination）。交叉问询通常仅限于问询直接问询期间提出的问题。交叉问询中可能会提出引导性问题，因为交叉问询的目的是检验直接问询中陈述的可信度。允许引导性提问的另一个原因是，证人通常是由相对方律师进行交叉问询,因此证人会否定引导性提问中暗示的不真实内容。但是,如果己方证人在当庭回答中,实际成为了不利证人或存在强烈偏见的证人,己方律师也可以使用交叉问询中的引导性问题。

在交叉问询中,律师可能会试图质疑证人识别或回忆的能力,或者试图质疑证人的可靠性或证据的真实性,以降低证人或证据的可信度,例如律师会通过问询试图表现出证人的陈述存在偏见,或证人过往存在道德败坏或不诚实的行为。如果交叉问询中提出的某些问题违反了证据法,或者如果这些问题与直接问询期间未讨论的事项有关,则原告律师可以对这些问题提出反对意见。

与英美法系不同的是,大陆法系的庭审一般不包括律师对证人或证据的主问询或交叉问询。对证人的问询通常由法官主导,且对诉讼结果的重要性也小得多。例如,德国庭审没有主问询或交叉问询。法官会直接向证人问询法庭认为相关的问题。根据德国民事诉讼规则,不得向证人提出多个非常具体的问题,而是要笼统地问询证人对所讨论的事件还记得什么。证人讲述完他或她的故事后,法官会提出后续问题。只有在证人问询的最后阶段,如果双方的律师认为法官没有涵盖某些相关方面,才允许他们提出额外的问题。首先是特定证人的一方律师提问,然后是对方律师提问。如果律师过于咄咄逼人,试图迫使证人做出某些陈述或提出引导性或多余的问题,法官很可能会介入并结束证人问询。

3. 被告答辩及举证

原告提供证人及证据,并完成主问询和交叉问询之后,被告以同样的方式进行举证和主问询,并由原告进行交叉问询。同样,在主问询阶段,被告律师以开放式问题进行提问,而原告在交叉问询阶段以引导式的封闭式问题进行提问。

在被告结束举证及主问询,原告结束交叉问询之后,原告可以出示证人或证据来反驳被告提供的证据。但仅包括此前未出示的证据,或与被告证人相矛盾的新证人。同样,被告在原告对其证人进行主问询之后,可以进行交叉问询。

在出示所有证据且陪审团离开法庭后,任何一方都可以提出直接裁决。如果动议被批准,审判结束;如果没有,则证据已提交完毕,案件已准备好提交给陪审团。

4. 最终陈词(closing statement)

最终陈词是律师在审判中说服法官或陪审团的最后机会。最终陈词一般陈述证据如何支持其观点。最终陈词必须根据已经提交的证据以及经过问询的证人证言得出相应的结论,并说服法官或陪审团做出对其有利的裁决。但是,律师不能要求陪审团考虑法庭上出示的证据以外的任何因素。在民事案件中,原告的律师和被告的律师均将进行最终陈词。

原告先进行最终陈词,以对原告最有利的方式总结和评论证据,表明证据如何证明其应在案件中胜诉。被告随后提出最终陈词,通常会对原告的陈述进行回应,指出其证据或论证中的缺陷,并总结有利于被告的事实。

大陆法系国家的庭审,可以没有最终陈词。在德国庭审中,由于没有陪审团,而且德国法官已经从提交的案情陈述中充分了解案件的事实,因此通常也没有最终陈词。听取了双方证人的证词,并由法官进行问询之后,法官就会给双方讨论案件的机会,尤其是考虑后期和解。

5. 陪审团指令

在美国的司法系统中,陪审团在审判时往往是事实的审判者。换句话说,陪审团决定有争议的事实;法官决定法律问题,法官决定法律如何适用于一组特定的事实。陪审团指令是由法官撰写并提供给陪审团的审议指示。

在审判中,陪审团在出示证据并作出结案陈词后进行审议。陪审团指令是陪审团在审议时应该接受的唯一指导,旨在让陪审团了解审议的基本程序和他们的决定所依据的法律实质。在给出指令时,法官将陈述案件中的争议问题,并解释陪审员可能不熟悉的术语或词语。有时法官会解释哪些基本事实有争议,哪些事实与案件无关紧要。律师可以在审判结束时向法官提出建议的法官指令,通常会寻求对其委托人有利的具体措辞。但是,法官对内容和措辞做出最终决定。理想情况下,陪审团的指令应该简短、简洁、不重复、与案件的细节相关、普通陪审员可以理解,并且应该正确地陈述法律而不误导陪审团或引起不必要的猜测。

反对陪审团指令不相关、不正确或具有误导性的律师可以通过上诉表达反对意见。法官在发出陪审团指令后发现陪审团指令有缺陷,必须立即更正指令。如果法官纠正了指令,还应指示陪审员在审议时忘记以前的指令。如果陪审团的指令包含的错误并非无害,且最终导致了不公平的审判,则受到不利影响的一方可以上诉。

实践中,通过对特定司法管辖区提供标准化指令,因陪审团指令错误而上诉的案件已大大减少。这些是州法院、法官委员会或律师协会批准的民事或刑事陪审团指示,初审法院可以根据案件情况对它们进行必要的修改。法院通常会拒绝当事方提议的陪审团指令,以避免偏见。

6. 陪审团审议

在接受法官指令后,陪审团退到陪审团室开始审议。一般,审议开始之前需要选举一名陪审员作为主席或主持陪审员,作用是主持陪审员的讨论和投票。法警将确保在审议期间没有人与陪审团成员进行交流。

在部分司法管辖区,陪审团可以把证据和法官的指令带到陪审团室。如陪审团对证据或法官的指示有疑问时,会给法警一张纸条,让他拿给法官。法官可能会对纸条作出回应,也可能会召集陪审团回到法庭,以获得进一步的指示,或向他们宣读笔录的部分内容。当然,法官和陪审团之间的任何交流都应在双方律师在场的情况下进行,或在他们知情的情况下进行。

法院会向陪审团提供所有可能的判决的书面形式,这样在达成决定时,陪审团只需选择适当的判决形式。在大多数情况下,刑事案件的判决必须是陪审团一致同意的。在一些州,允许在民事案件中作出不完全一致的决定。所有联邦案件都需要一致的决定。

如果陪审团不能在一天结束时作出决定,陪审员可能会被隔离,或被安置在一个酒店里,与其他人、报纸和新闻报道隔绝。不过,在大多数情况下,陪审团将被允许在晚上回家。法官会指示陪审员不要阅读或查看新闻中关于该案件的报道。他们也不应该在陪审团房间外考虑或讨论该案件。

如果陪审员不能就裁决达成一致,就会导致无效审判。案件没有得到裁决,会由新的陪审团再次审理,或者原告可能决定不再追究此案,也不会有后续审判。

7. 宣布陪审团裁决或法官判决

陪审团达成决定后,将通知法警,由法警通知法官。所有法庭重新召开会议,并宣布决定。该宣布可由陪审员或法庭书记员作出。刑事案件中可能的判决是有罪或无罪。在民事诉讼中,陪审团将作出有利于原告或被告的裁决。如果陪审团裁定原告胜诉,通常也会列出被告应向原告支付的损害赔偿金额,但通常是在有关损害赔偿的单独听证会后进行的。陪审团还将对本案的反诉作出裁决。

任何一方的律师都可以要求对陪审团进行调查(motion in arrest of judgment),但一般败诉方会提出此类要求。法官将询问每个陪审员是否同意所宣布的决定。这是为了确保宣布的裁决是陪审团的实际裁决。在宣读决定并被法院接受后,陪审团被解散,审判结束。

在陪审团的决定宣布后,但在判决生效前,败诉方可以提出要求法院以法律为依据进行判决的动议(Judgment as a Matter of Law)。这项动议要求法官不顾陪审团的决定,作出有利于败诉方的判决,因为没有一个合理的陪审团可以为对方当事人作出裁决。这项动议认为,没有一个合理的陪审团能得出本案陪审团刚刚做出的裁决。换言之,该动议认为陪审团没有遵循适当的指示,并在法律上证据不足的基础上做出了有利于对方的裁决。

此外,败诉方还可以向法官提起重新审判的动议,要求根据法官在审判过程中犯下的错误,批准重新审判。败诉方必须在提出上诉前提出重新审判的动议。

陪审团的决定在法官对该决定作出判决之前不会生效。法官应根据陪审团的决定作出判决。在民事诉讼中,法官可能有权增加或减少陪审团裁决的损害赔偿金额,或在作出判决前进行一些其他修改。在刑事案件中,法官一般无权修改判决。

判决在《美国联邦民事诉讼规则》中被定义为“可以上诉的法令和任何命令”。判决必须解决当事人提出的所有关于当事人权利和责任的问题。美国联邦法院有几种常见的特殊判决,如缺席判决、即决判决等。《法国民事诉讼法》规定,判决书必须包括日期、法官姓名、法院级别和当事人姓名,必须描述当事人的要求和他们要求所依据的理由,确定最终判决和判决的理由。

法院可以在庭审结束时作出判决,也可以将判决推迟到指定日期。如果作出口头判决,必须由审理该案的至少一名法官宣读。诉讼各方有权收到印有执行令的经认证的判决书副本。

三、开庭前准备

（一）境内外律师一体化协同

中国企业及个人在选聘组建跨境诉讼仲裁律师团队、管理大型跨境案件，特别是跨多元司法管辖区的重大疑难复杂案件时，较普遍感到棘手、经验不足和无所适从，因此害怕、躲避海外诉讼仲裁程序乃至败诉的案例比比皆是。本书前文所述"孙杨案"即是境内外律师协同不到位的失败案例，境内外律师未能形成一体化的作战团队，各自出击的效果并不理想，给我国游泳健儿孙杨未来职业生涯产生重大负面影响。

对于中国企业/个人在境外的争议解决案件，当事人首先应考虑的问题是聘任能够管理统筹整个案件的中国律师团队，作为首席法律顾问，协助当事人进行全局性的谋划、统筹和管理，设计有效的全案诉讼策略方案，全方位协助当事人梳理事实、证据和选择证人，帮助当事人选择最为合适的境外律师并协同和监督境外律师的工作。而后才是进一步联系该境外律师团队，综合考虑其专业能力、对中国企业的认同、跨文化沟通理解能力等具体评估是否适合担任本案境外律师。

（二）证人出庭准备

中国企业及个人海外诉讼经验的普遍缺乏，对英美法系对抗庭审制的不熟悉，出庭前缺乏必要的深入学习和了解，导致中国证人在海外出庭作证时经常违背基本规则，甚至犯下常识性的错误。例如逻辑缺失、前后矛盾或者与提交的书面证人证言不符，导致其证言被法官、仲裁员或陪审团认定不实，无法采纳；不熟悉诉讼或者仲裁的出庭作证规则，在交叉问询的过程中无法有效回答对方律师的问题;文化不同、语言不通、翻译错误等。

因此律师可以帮助涉诉中国企业的证人进行庭前准备。在考虑证人时,首先需要分析证人所知事实与案件争议焦点的关联性。多个证人亲历事实的相互印证程度非常重要,但需要避免选取太多证人以至于因其认知和记忆的差异导致证言相互矛盾的情形。其次需要考虑证人过往是否存在易被对方律师攻击、降低其可信度的事件。最后需要考虑证人性格和心理素质,避免选择容易激动、表达欲过强、面对否定评价有攻击倾向、抗压能力差的人作为证人。

在撰写书面证言时,应认真对待和反复推敲证言中的每一句话,与证人确认是对事实的客观回顾,且前后一致,不同证人的证言相互印证,符合事实和情理,不会引起误解或相互矛盾,尽可能避免证言中的陈述成为对方律师在庭审过程中攻击自身的武器。

在出庭前,首先,证人应当充分熟悉已提交的本人证言,避免对证人证言中描述的事实无法明确回答,也避免出庭作证时陈述内容前后不一致。其次,证人可以提前思考对方律师可能会盘问到的要害问题,以期在符合客观事实的基础上,对证言内容进行自洽的说明。最后,需要与本方律师充分了解庭审流程,做好心理准备。如有翻译等特殊需求,应提前提出,以妥善安排。

在证人出庭接受问询时,首先,证人应阐述自己所知的客观事实,避免表达主观观点和看法。其次,本方律师的直接问询中,本方律师往往会进行开放式问询,证人应尽可能全面、客观地阐述己方重点事实,切忌临场添加任何新的事实陈述。再次,在对方律师的盘问过程中,其原则上不会采取开放式问询,而仅要求证人回答“是”或“不是”。就此,应充分理解问题,慎重回答“是”或“不是”,如有必要可添加解释,但应避免添加无关问询事实本身的内容,或为了辩解而陷入观点争议,更不应模糊重点从而给法官造成不可信的印象。最后，在某些情况下，证人可能是当事人的亲友或者企业员工，往往存在情感因素，容易情绪激动。这种情况也需要避免，证人出庭时应保持冷静，避免情绪化表达。（具体见本书第八章内容）

（三）整理证据并准备展示材料

在部分司法管辖区，法律禁止当庭提交关键证据，进行“证据突袭”，因此需要提前了解是否可以当庭提交证据。在庭审过程中，律师有时需要向陪审团或法官展示图表、图片以及示意图等材料。此种情况常见于英美法系的法庭，因为律师通常会使用图片、关系图、示意图等方式对案件事实或法律问题进行展示，以便陪审团或法官理解案涉事实或法律问题，给陪审团留下有利于我方的印象。因此，在开庭审理之前，律师需要考虑是否需要借助辅助工具或图表对己方证据或观点进行展示。

此外，律师在庭审过程中陈述己方意见、回答法官问题、应对对方律师提出的问题时，需要快速找到相应的证据材料或法律文件。因此，在开庭之前，律师需要对已经提交的证据非常熟悉，并建议将证据整理为便于查找的证据卷，以便在开庭时，方便律师快速找到对应的证据材料。

（四）准备开庭提纲

为了便于律师在庭审过程中快速找到争议焦点、凝练观点、整理代理思路，律师一般会准备一份开庭提纲。常见的开庭提纲是按照开庭的顺序和流程进行撰写，按照“开庭陈述”“举证质证”“法庭辩论”“最终陈述”等顺序铺开，按照不同司法管辖区的审判流程不同而有所区别。前述每个部分都充分预演庭审各方的观点，根据对方可能主张的不同观点，进行区别应对，分别撰写答辩思路。

另外,开庭提纲可以围绕案涉争议事实或关键证据,对关键的观点或思路进行概括。在庭审的流程与节奏不容易把控的情况下,或在听证会等围绕明确、单一专业问题的会议时,可以采取此类开庭提纲。

但无论采取哪种形式的开庭提纲,都应在每一观点或事实项下,将观点对应的关键意见、证据、法律规定、判例等进行标注,以便一旦涉及该问题,能够快速铺展、重点攻略。在撰写开庭提纲时,应当尽可能预判对方律师的思路或可能的观点,以及庭审可能的走向,从各种角度准备好最为有利的论点和证据。此外,对于多次进行听证会或开庭时间较长的情况,则需要根据前期庭审情况对开庭提纲进行修改和调整。

(五)提前熟悉法庭

案件的主审法官对案件的走向有着至关重要的影响。即便是在英美法系的司法管辖区,也是由法官决定案件的法律争议,因此应当在开庭前充分熟悉法庭,包括相关的政治背景以及政治观点、既往此类案件中的裁判思路、既往发表的关于此类法律问题的文章或论文等。

在部分境外国家,不同的党派或政治观点可能对法官的裁判思路存在一定影响。以美国为例,美国的民主党和共和党在保护劳工权益、保护女性权利、消除歧视、环境保护等一系列问题上存在明显分歧。例如,美国前总统特朗普任内提名了三名保守派大法官,使保守派在最高法院内形成了绝对多数,2022 年美国最高法院推翻了 Roe v. Wade 案,随后美国多个州出台了限制堕胎的措施。此外,美国的州法院比联邦法院更容易受到其所在州的政治环境影响,因此中国企业在境外起诉或应诉时,需要考虑法官的政治倾向以及法院所在州的政治派别,并考虑政治倾向可能对案件走向造成的影响。

更重要的是，在准备案件代理思路过程中，应充分检索该案主审法官的司法裁判思路和法律观点。律师可以通过检索该法官过去主审的类案中的裁判思路，既往发表的法学文章或论文，来研判本案中法官可能的裁判思路和关注重点。如有针对本案中纠纷的案例或文章，应有针对性地适当调整案件代理思路。此外，法官所在法院的判例一般具有较大的指导意义。因此可以根据类案的裁判思路对应调整案件代理思路。

在开庭前，建议律师提前熟悉法庭环境。有些审判室有最新的技术协助庭审，而有些则没有，律师需要了解需要使用哪些技术设备。以美国为例，律师可以登录州法院或联邦法院的网站，查找法院开庭安排，提前前往将要开庭的庭审室，通过观看其他案件的庭审来熟悉法庭环境。美国的庭审一般为公开庭审，持身份证件即可旁听庭审。但是，如果案件影响较大，属于备受瞩目的审判中，预计可能会有很多人旁听，法院可能会限制旁听人数。有些案件涉及秘密信息或青少年保护，可能也会限制旁听。在有些司法管辖区，与案件无关的人员可能无法旁听庭审，在此种情况下，可以考虑通过观看法院公布的其他案件庭审视频的方式，熟悉法庭的环境以及法官的审判风格。

此外，即便无法进入法庭，也需要熟悉法院的地理位置、周边环境、庭审室的位置等。除了律师之外，如果证人需要出庭作证，建议证人也在出庭前提前熟悉法院的环境，尽量避免庭审当日由于环境不熟悉影响作证。

四、开庭注意事项

（一）突出争议焦点和核心观点

庭审过程中，律师需要就己方观点形成一个有效的争议焦点和主要观点,才能有效说服法官或陪审团。特别是在英美法系下,对抗性较强的庭审中,律师需要在有限的庭审时间里,准确有效地向没有法律知识背景的陪审团呈现对己方有利的主题或“故事”。律师呈现的案件主题应该是清晰、准确无误的,且尽可能在庭审中不断重复,给陪审团留下深刻印象,以便其在决策过程中重复知晓或参考该有利的主题。主题应当简明扼要、易于理解,且能够在开场陈述、问询和交叉问询、最终陈词过程中贯穿始终。当然,一个案子中,还可以在总主题下有其他子主题。

(二)语言生动形象

在庭审过程中,尽量避免直接读书面材料上的陈词,应当使用简明易懂的口头表达,生动简练地呈现己方观点。在英美法系下,为了让陪审团了解案件的争议焦点,以及对己方有利的证据和观点,除了通俗易懂的口语表达之外,还可以借助图表、图片等辅助工具。在交叉问询过程中,由于对方律师的提问具有较大的不确定性,证人的当庭发挥也存在不确定性,因此需要律师有较强的临场应变能力,对证据和己方观点非常熟悉,能够较快地指出对方论点中的缺陷或薄弱点。

(三)突出有利事实/证据

律师在整个庭审过程中,从开场陈述、证人问询到最后的最终陈词,需要向法官和陪审团构造一个具有明确主题的“故事”,该有利于己方的主题需要通过突出有利事实或证据来建立。在庭审的全过程中,可以在适当的时机,对有利的证据或事实,换一种表达方式,进行重复和强调,以给法官或陪审团留下深刻印象,进而使其在决策过程中充分理解,甚至参考,对己方有利的证据,最终作出有利于己方的结论。律师既可以在陈述自己的观点,以及问询证人时,突出强调有利的事实,也可以在反驳对方论点时“先立后驳”,先强调己方证据或观点。

(四)避免回避事实

不论是在庭审前向法院提交的书面文件,还是庭审过程中,都不应当隐瞒或回避事实、证据、法律规定及判例。在向法院提交的书面文件中,如有对己方不利的法律规定或判例,应当正面应对,并解释为何该不利规定或判例不适用于该案件。在庭审过程中,回避事实或证据将会引导陪审团或法官认为律师对该事实或证据不能形成有效的抗辩,从而在该方面形成有利于对方的观点或决策。因此,对于事实或证据,律师应进行合理抗辩或解释,切不能消极回避。

(五)注意眼神交流和肢体语言

律师在庭审过程中,应当注意相对方律师、法官、陪审团、证人的肢体语言,以使律师能够在第一时间做出及时反应,对此前陈述进行解释或对接下来的陈述进行调整。在相对方证人陈述时,可以根据相对方证人的面部表情和肢体语言判断证人是否撒谎或试图误导,并调整问询的问题,使其暴露陈述中的缺陷和不一致之处。同时,律师在当庭陈述中的语调、语气、表情、肢体语言也可以向法官和陪审团传递信息,有助于陪审团采信己方观点。

此外,律师在庭审过程中,需要留意法官或陪审团的肢体语言以及面部表情,例如陪审团是否对某个事实或观点表示困惑、质疑或气愤。由于陪审团没有法律背景,可能也没有出庭经验,因此其表情较容易分辨,且陪审员之间的情绪可能会相互影响,做出一致的行动或表情,律师可以根据陪审团的表情判断其是否听懂了己方陈词或是否对己方观点表示认同。如有需要,律师可以根据陪审团和法官的反应及时调整陈述策略。

(六)注意庭审礼仪

律师在出庭过程中,要注意遵守礼貌和礼仪标准。准时出席庭前会议和庭审,如有延误,应尽可能通知其他参与者。保持对法官和陪审团的尊重,禁止针对相对方的贬低或讽刺的言论,避免不文明、粗鲁、辱骂、敌对或阻碍的行为。出庭着装要表现出对法庭的尊重,告知委托人、证人出庭亦应该着装得体,避免恶意拖延庭审时间。

不遵守法院的合法命令,表现出对法官的不尊重,通过不良行为扰乱诉讼程序将可能被法官认定为藐视法庭,对公平审判有不利影响。法官可以对被认定构成藐视法庭罪的人进行制裁,如罚款、监禁或社会服务。在加拿大法下,藐视法庭行为包括未能保持尊重的态度,未能保持沉默;拒绝或忽视遵守传票的规定;故意不服从法院的程序或命令;干扰司法管理秩序或损害法院的权威或尊严等。在香港法下,藐视法庭行为还包括侮辱法官或司法人员、证人或法庭官员,在法庭上行为不端(例如,未经许可使用手机或录音设备)等。

五、庭后工作

(一)及时了解境外开庭的整体情况

如案件为多司法管辖区的案件,应注意协调多司法管辖区案件审理情况,进行整体研判与策划。境内外律师应当建立高效、协调的一体化管理机制,及时沟通各个司法管辖区庭审情况以及其他案件进展情况,中国牵头律师再综合汇总各个司法管辖区案件进展情况,及时根据其他司法管辖区最新情况,对案件的应对策略,包括各个司法管辖区的诉讼策略进行调整。

(二)境内外律师评估案件情况

在多司法管辖区的跨境案件中,中外律师需要共同评估案件情况,在中国律师全程主导、统筹管理之下,境内外案件相互制衡配合,推进争议成功解决。案件总协调人在听取各司法管辖区律师专业意见的基础上,总体调整案件整体诉讼策略。在具体的司法管辖区内,应当以该司法管辖区的律师为主,设计和执行诉讼方案。在每个境外司法管辖区的法院开庭之后,都应当根据庭审的情况,及时调整整体诉讼策略,以达到委托人利益最大化。

(三)根据庭审情况调整应对策略

庭审结束之后,根据庭审情况,对判决的可能走向进行评估预测,根据不同判决结果,对案件的应对策略进行评估,如需要,应及时进行策略调整,并与其他司法管辖区律师以及案件相关方进行及时沟通。如果庭审结果出现与预期结果差别较大的重大差异,并对其他司法管辖区律师确定的策略可能存在影响,建议与其他司法管辖区律师共同讨论并调整应对策略。

第十章　上　　诉

一、上诉制度概述

（一）跨境诉讼中的上诉

民事上诉制度，通常指当事人不服第一审（或第二审）法院作出的尚未生效的判决或裁定，在法定期间依法定程序向具有管辖权的法院（通常为上一级法院，以下简称上诉审法院）提起上诉，要求撤销或变更原判决或裁定，上诉审法院依法受理案件并作出相应判决或裁定的民事诉讼程序制度。

在实行二审终审制的国家，上诉审程序为第二审程序，如我国；而在实行三审终审制国家，上诉审程序包括第二审程序和第三审程序，如德国、日本、英国等，但是这些国家对第三审程序的适用通常采取了严苛的标准。

各国民事诉讼制度往往都兼具私法目的和公共目的：一是明确民事权利义务关系，从而保护民事权益；二是解决民事纠纷，从而维护社会秩序。那么，作为民事诉讼制度中的重要组成部分和环节，上诉制度自然也兼具前述双重目的。具体而言，一方面，受到原审不利判决的当事人通过法定的救济手段，以纠正不当、不公甚至错误的审判结果；另一方面，上诉审法院通过法定程序对原审法院进行纠错，以保障法律适用的统一，从而使法院的裁判最大限度地趋向公正，确保社会公众对司法裁判的信心。[1]

上诉制度的双重目的，致使其具有以下若干功能：

(1)安抚当事人情绪。正如美国学者所言，“上诉权的主要功能之一，便是为初审败诉的一方提供一次心理上的发泄和一次社会掩护”[2]。通过上诉审程序的设计，引导不服原审裁判的一方或双方当事人主动寻求法定渠道来释放其不满情绪，理性地寻求公平正义。

(2)纠正原审错误。美国学者认为，上诉审的首要功能是当事人借以纠正案件错误的手段，无论这种错误是程序方面的不公正，还是审理法院在做出判决时未能遵循适当的法律原则，或是做出判决所依据的证据在法律上不够充分。[3] 因此，上诉审能够通过法定程序来纠正原审法院认识上的局限、不足与错误，从而保障司法公正。

(3)监督原审法院。上诉审制度对原审法院设置了压力，因为原审法院通常不愿意并尽可能避免其作出的裁判被上诉审法院撤销，故原审法院在审理案件时将更为谨慎。同时，原审法院也会迫于上诉审法院的监督职能，而抑制其私偏。

(4)促进法律适用的统一。实践中，不同的原审法院之间，碍

---

〔1〕 邱星美、唐玉富：《民事上诉审程序中的利益变动》，载《法学研究》2006年第6期，第70页；丁武军：《民事上诉审制度若干问题比较研究》，中国政法大学2005年硕士学位论文，第2－3页；齐树洁：《英国民事上诉制度改革及其借鉴意义》，载《金陵法律评论》2004年第2期，第87－89页。

〔2〕 [美]埃尔曼：《比较法律文化》，高鸿均等译，三联出版社1990年版，第207页。转引自刘晓英：《民事上诉制度研究》，中国政法大学2008年博士学位论文，第37页。

〔3〕 [美]杰弗里·C.哈泽德、[美]米歇尔·塔鲁伊：《美国民事诉讼法导论》，张茂译，中国政法大学出版社1998年版，第184页。转引自刘晓英：《民事上诉制度研究》，中国政法大学2008年博士学位论文，第34页。

于其地域差异、法官个人认知局限性等,可能对相似案件适用不同的法律,或对相同法律进行不同的适用和解读,从而导致“同案不同判”的结果。上诉审法院可以有效地统一法律适用的尺度,并在下级法院之间产生约束力。以美国为例,美国联邦上诉审最重要的制度功能之一,便是消除辖区内或全国的司法冲突,统一法律解释与适用。[1]

(5)保障司法公正。上诉审法院能够对原审案件的事实认定、适用程序和适用法律是否存在错误进行重新审理,实现程序正义和实体正义的统一。

(二)上诉的考量因素

1. 达成诉讼目的

一方在收到原审法院作出的裁判后决定上诉的,首先应客观评估通过原审裁判,己方的诉讼目的是否已经达成。理想状态下,在一审程序中,法院作出了完全支持一方的判决,则一方达成其诉讼目的,自然不需要再提起上诉。但若法院支持了我方提出的一部分诉讼请求(我方为原告),或者支持了对方提出的一部分诉讼请求(我方为被告),由于此时我方仍需要承担一定的责任,则需要客观地评估我方诉讼目的的达成情况。

2. 符合整体诉讼策略

广义的整体诉讼策略往往具有战略意义,服务于当事人的利益诉求或诉讼目的。除了提出何种诉讼请求、是否申请保全、是否有证据支撑等法律因素外,广义的整体诉讼策略通常还包含商业因素。在某些情况下,诉讼可能是阻止相对方(公司)公开上市、并

---

〔1〕 陈杭平:《统一的正义:美国联邦上诉审及其启示》,中国法制出版社2015年版,第37页。

购重组或解散的手段，也可能是迫使相对方进行谈判的手段。因此，在决定是否提起上诉前，当事人应客观评估：(1)是否已达到诉讼目的；(2)制定整体诉讼策略之初所依赖的客观情况是否发生变化，该变化是否又影响了诉讼目的的达成。

例如，原本态度强硬、准备对抗到底的对方当事人突然有谈判和解迹象，那么当事人可以考虑是否加速与对方的谈判和解程序，从而尽快结束跨境争议。再如，对方当事人的经济能力显著减弱且可能影响偿付能力的，那么当事人即便仅取得部分胜诉判决，也可以考虑是否尽快促使一审判决生效，并发起执行程序，从而在最大限度范围内保障己方利益。又如，对方当事人取得胜诉判决但急需资金周转的，那么当事人可以考虑以放弃上诉权为代价与对方进行商业谈判，以争取更为有利的和解方案。

3. 具备上诉利益

多数国家的民事诉讼制度规定，原当事人不服法院裁判提起上诉时，应当具备上诉利益，否则法院将驳回其上诉申请。故为避免此结局，决定上诉的一方当事人应先行确认自己是否就原审判决具有上诉利益。所谓上诉利益，是指“原审法院作出的于当事人不利的裁判，当事人请求上级法院予以救济的必要性和实效性”[1]。结合上诉制度之纠错、实现司法公正的目的与功能，判断是否存在上诉事由是用于确定上诉利益的标准之一。一般而言，上诉事由无外乎三类：认定事实错误、适用法律错误、程序错误。这也决定了当事人在制定上诉策略时的工作方向，即应当向法院强调原审判决存在前述错误。

需要注意的是，大陆法系和英美法系国家均禁止滥用上诉权，

[1] 邱星美、唐玉富：《民事上诉审程序中的利益变动》，载《法学研究》2006 年第 6 期，第 68 - 70 页。

即禁止基于不正当目的而提起上诉。不正当目的包括但不局限于利用上诉审程序争取时间以转移财产、抽逃资金，或者拖延诉讼程序的终结、困扰对方当事人、恶意诽谤等。[1] 例如，《法国民法典》第559条规定："上诉人为拖延诉讼或滥诉而提起上诉，将被判处不超过10,000欧元的民事罚款。"

因此，一方当事人决定提起上诉前应先行评估是否具备上诉利益，不仅是为了保障上诉审法院能够再度对案件进行审理，保障己方的合法利益，而且能避免被法院认定为滥用上诉权而施以处罚。

4. 上诉的胜诉可能性

一方面，定分止争是诉讼的核心功能，也是双方当事人的核心诉求，故不服一审判决的当事人自然会提起上诉。另一方面，如何经济高效地处理纠纷，也为商业世界所关注。因此，除非一审法院在事实认定、适用法律以及程序方面存在重大瑕疵或错误，而导致一方当事人受有重大不公或不利，否则，在决定是否起诉之前，当事人应当预测上诉审胜诉的可能性，并将该可能性与上诉成本进行比较，从而选择更为经济高效的应对策略。

值得注意的是，在一些实行上诉许可制的国家，法院在审查当事人的上诉许可申请时，将胜诉可能性作为一项重要的考量要素，如英国。

5. 上诉的费用

上诉审程序中的费用包括：(1)上诉费用，一些国家以争议标的额为基准；(2)法院开支费用；(3)己方的律师费，分为固定费用、小时费率（为常见模式）和风险代理费（部分国家禁止）；(4)己方

---

[1] 刘晓英：《民事上诉制度研究》，中国政法大学2008年博士学位论文，第73页；白绿铉编译：《日本民事诉讼法》，中国法制出版社2000年版，第10页；齐树洁：《程序正义与司法改革》，厦门大学出版社2004年版，第494页。

律师的开支费用;(5)上诉保证金,一些国家(如德国、日本、英国)会要求上诉方提交保证金,尤其是当上诉方是该司法管辖区之外的主体,或法院认为上诉方可能无法在败诉后支付相关费用时;(6)中止执行保证金或继续执行保证金,一些国家要求上诉方、被上诉方提交保证金以保证原审判决的中止或继续执行。此外,一些国家还规定由败诉方承担全部上诉费用,以及胜诉方的律师费、开支费用,如德国和英国。总而言之,在境外司法管辖区进行上诉,需要承担较为高额的费用,如果败诉,还需承担胜诉方高额的律师费用。中国当事人在决定是否上诉时,应当考虑费用问题,包括金额、支付期限、支付方式等。

6. 上诉审的周期

通常情况下,境外国家未对涉外案件的上诉审理期限作出明确规定。根据实务经验,普通上诉审的审限为5个月至18个月不等,主要取决于受理法院的工作量、案件的复杂性等要素。而涉外案件涉及境外当事人、跨境取证、跨境送达等问题,案情复杂,审理周期可能更长。

此外,在实行三审终审制的国家,当事人享有两次上诉机会,达到终局判决的期间更长。尽管第二次上诉所受法律限制较为严苛,但涉外案件可能涉及先进的专利技术、新颖的投资结构,一方或多方当事人为大型企业或国有企业,因而满足第二次上诉审理关于新颖性或涉及公共利益的要求。因此,中国当事人在决定是否上诉时,应当综合考虑案件的复杂程度和所涉利益类型,预估整个上诉周期。

二、常见司法管辖区的上诉规则

(一)民事审级制度

不同于我国的二审终审制,一些大陆法系国家(如德国、法国、日本等)和英美法系国家(如美国大部分州、英国等)实行三审终审制,也就是说,当事人有两次上诉机会,且三审法院各自承担着不同的制度职能。具体而言,初审法院的基本审判职能主要为定分止争,促进社会秩序的稳定。第二审法院的基本审判职能主要为监督第一审法院依法正确履行司法审判职能,纠正裁判错误,从而保障个案裁判的正确以及当事人的合法权益。而第三审法院的基本审判职能则从维护整个司法审判体系的角度出发,促进法律适用和司法裁判的统一,从而保障司法审判的公平、正义,以及法律秩序的安宁、有序。[1]

通俗地讲,法院审理当事人不服第一审裁判而提起的上诉案件,为第二审(第一次上诉)[2];法院审理当事人不服第二审裁判而提起的上诉案件,为第三审(第二次上诉)。[3] 但是,各国法律对第三审规定了苛刻的限制性条件,故实际上能够进入第三审程序的案件非常少。[4] 因此,本部分主要围绕大陆法系和英美法系主要国家关于第二审程序的相关规定展开,辅之以第三审程序的一些特别规定。为避免混淆,下文将对第一审、第二审、第三审进行区分,上诉审则指代第二审和第三审。

(二)上诉主体

通常情况下,只要与原审判决相关的当事人或与判决存在实

〔1〕 廖中洪:《论我国民事诉讼审级制度的修改与完善》,载《西南民族大学学报(人文社会科学版)》2005 年第 7 期,第 53 页;章武生:《我国民事审级制度之重塑》,载《中国法学》2002 年第 6 期,第 84 页。

〔2〕 章武生:《我国民事审级制度之重塑》,载《中国法学》2002 年第 6 期,第 82－84 页。

〔3〕 德国、日本将第三审程序成为上告审。

〔4〕 刘晓英:《民事上诉制度研究》,中国政法大学 2008 年博士学位论文,第 38－43 页。

际利害关系的其他主体，均有权进行上诉。以法国为例，在普通救济中，第一审程序中的当事人，与案件具有利益关系，且未放弃上诉权的，均有权向上诉法院提起上诉。前述当事人既包括主动提起诉讼请求、自愿参加第一审诉讼的第三人，也包括受一方当事人牵连而强制参加第一审诉讼的第三人。[1] 此外，在第一审程序中的第三人还可以针对涉及其的主上诉或附带上诉提出上诉。[2] 在一些特殊情况下，案外人也可基于利害关系向最高法院提起上诉。[3] 例如，案外人因某项处罚性判决而与该案产生利害关系。

但是，几乎所有国家都要求提起上诉的主体必须具备上诉利益。

（三）上诉事由与上诉条件

为了避免当事人滥用上诉权利，并平衡法律的公正价值和效益价值，英美法系国家和大陆法系国家均对上诉事由作出限定，且一些国家采取了上诉许可制度。

1. 上诉事由

通常来说，上诉事由为原审判决存在错误，而该错误可归为三类：一是认定事实错误，二是适用法律错误，三是程序错误。

（1）认定事实错误。一般而言，原审法院认定错误的事实应为原审判决的裁判基础。具体而言，该事实应与案件性质、当事人的

---

〔1〕《法国民事诉讼法》第 66 条。

〔2〕乔欣主编：《外国民事诉讼法学》，厦门大学出版社 2008 年版，第 203－204 页。参见《法国民事诉讼法》第 549 条。主上诉（main appeal）是指率先向上诉法院提起的上诉，上诉主体包括原审当事人或非讼案件中的第三人。参见《法国民事诉讼法》第 546 条。附带上诉（incidental appeal）是指被上诉人针对主上诉人发起的，或被上诉人相互发起的上诉。参见《法国民事诉讼法》第 548 条。

〔3〕参见《法国民事诉讼法》第 611 条。

权利义务、确定当事人主体资格等相关,对原审判决结果具有直接因果关系或其他实质性影响。“错误”可指事实的真实性或完整性存疑。[1]

(2)适用法律错误,既可以是原审法院援引了错误的法律,也可以是原审法院在适用法律时出现错误或对法律进行了错误的解释。

(3)程序错误,具体情形包括:①法官给予陪审团错误的或对一方不公的审理指令;②存在利益冲突的法官未依法回避;③合议庭的组成不合法;④合议庭采纳了应当排除的证据等。

2. 上诉条件

一些法域采取了上诉许可制度,以实现对上诉案件的分配。所谓许可上诉,是指当事人在提起上诉前需要先取得原审法院或上诉法院的许可。[2] 实行上诉许可的国家包括英国、日本、德国等。其中,可以说,英国对绝大多数的民事案件均采取上诉许可。[3] 具体而言,原审法院或上诉通知书(appellant's notice)中载明的上诉法院均可受理当事人提出的上诉许可申请,[4]但上诉许可的审查则依当事人提起上诉的对象而有所不同。如当事人针对郡法院或高等法院作出的一审裁判提起上诉,则须经受理上诉的法院或原审法院的许可。如当事人就第二审裁判提起上诉,则须

---

〔1〕 参见《德国民事诉讼法》第529条。

〔2〕 齐树洁:《英国民事上诉制度改革及其借鉴意义》,载《金陵法律评论》2004年第2期,第89页。与之相对的是权利性上诉,是指当事人具有当然、法定的上诉权利,上诉法院没有决定是否受理的裁量权。

〔3〕 刘晓英:《民事上诉制度研究》,中国政法大学2008年博士学位论文,第48页。

〔4〕 Section 52.3 of Civil Procedure Rules.

经第三审法院的认可。[1] 除特别情况外,英国法院通常在不经口头听证程序(oral hearing)的情况下以书面形式审查上诉许可申请。在审查第一次上诉许可申请时,法院应当考虑以下因素:(1)法院认为当事人的上诉具有真实的胜诉可能(a real prospect of success);(2)具有上诉审理的其他强制性理由(compelling reason)。[2] 在审查第二次上诉许可申请时,法院应当考虑以下因素:(1)上诉具有真实的胜诉可能;(2)上诉提出一项重要的原则或实践要点;(3)具有上诉法院审理的其他强制性理由。[3] 实务中,其他强制性理由包括争议焦点具有新颖性或涉及公共利益。[4] 不难看出,英国法院在审查上诉许可申请时,就已经对上诉事由进行了一遍"筛查"。

而德国则在特定情形下采取上诉许可。例如,当事人在满足下述条件时可以针对第一审法院作出的判决提起控诉:(1)上诉审的标的额超过600欧元;(2)第一审法院在判决中许可控诉。[5] 但是,在满足以下特定条件时,当事人须经法院许可才可以提起控诉:(1)案件具有根本性意义(fundamental significance),或促进法律发展,或保持裁判统一,而要求由上诉法院审理;(2)判决不会对当事人造成超过600欧元的不利影响。[6]

此外需要注意的是,根据《美国联邦民事诉讼规则》,在美国,

---

〔1〕 齐树洁:《英国民事上诉制度改革及其借鉴意义》,载《金陵法律评论》2004年第2期,第89页。

〔2〕 Section 52.6(1) of Civil Procedure Rules.

〔3〕 Section 52.7(1) of Civil Procedure Rules.

〔4〕 Daniel Barnett, Doug Watson, Patrick Doris, *Appeals in United Kingdom*, lexology (July 4, 2019), https://www.lexology.com/library/detail.aspx?g=bf3fab38-2109-4205-81e7-72a742e24335.

〔5〕《德国民事诉讼法》第511(2)条。

〔6〕《德国民事诉讼法》第511(4)条。

当事人提出的上诉必须以在第一审法院审理中,对法院的裁决提出过异议为前提条件,否则,当事人不得就该事项提出上诉。

(四)上诉期限

上诉期限的长短取决于不同国家的法律规定。在德国,控诉案件和上告案件的上诉期限均为 1 个月,自完整形式的判决送达时起算,但至迟可于判决宣告后 5 个月起算。在法国,普通救济程序中的诉讼案件的上诉期限为 1 个月,特别救济程序中向最高司法法院提起上诉的期限为 2 个月;上诉期限通常自判决通知之日起算,但在法律另有规定时,自判决作出之日起计算。[1] 在日本,控诉审的上诉期限为自第一审判决书等的送达之日起算 2 周。[2] 在英国,上诉期限为自原审法院作出判决之日起 21 天,或者原审法院规定的其他期限。[3]

上诉期限通常为不变期间,当事人不得申请延长。

(五)上诉文件的准备

上诉文件包括但不限于上诉许可申请(如适用)、上诉状、上诉理由书等。

首先,对于需要事先取得上诉许可的案件,上诉人应当依法获得许可。

其次,在法定时间内向原审法院或上诉审法院提交上诉状或上诉通知书(Notice of Appeal)(以下简称上诉状)是启动上诉的必

---

〔1〕《法国民事诉讼法》第 528 条、第 538 条、第 612 条;乔欣主编:《外国民事诉讼法学》,厦门大学出版社 2008 年版,第 199 页。

〔2〕[日]伊藤真:《民事诉讼法》,曹云吉译,北京大学出版社 2019 年版,第 480 页。

〔3〕Section 52.12(1) of the Civil Procedure Rules.

要条件。上诉状必须包含的内容包括当事人名称及其法定代理人、上诉申请所针对的原审判决的案件编号和名称、对该判决提起上诉的声明。至于上诉状中是否必须包含上诉理由,不同国家有不同的规定。例如日本明确要求上诉状中必须包含上诉理由。[1] 而德国则规定,当事人可选择在提交上诉状后的规定期限内(通常为 1 个月)单独提交上诉理由书,载明详细的上诉理由,且该期间可由法院依申请延长。[2] 此外,被上诉人在收到上诉状及上诉理由书后,应当在规定的期间内及时提交答辩状等文件。

鉴于上诉审的事由为原审判决错误而损害上诉人的合法利益,那么上诉人的上诉状应当围绕原审判决存在何种错误展开论述;反之,被上诉人的答辩状则应围绕原审判决不存在上诉人提出的错误而展开论述。

(六)上诉审理的范围

1. 审理模式与审理范围

各国民事上诉制度可以分为复审制、事后审制和续审制三种审理模式。不同的审理模式决定了各国民事上诉审的审理范围。

所谓复审制,是指上诉审法院不区分事实问题与法律问题,对上诉案件进行全面审理(相当于初次审理),[3] 代表国家为英国。1965 年《英国最高法院规则》在民事上诉制度中确立了"重新听审"的基本模式,赋予上诉法院与第一审法院相同的修改诉讼文件

---

〔1〕 乔欣主编:《外国民事诉讼法学》,厦门大学出版社 2008 年版,第 336 页。

〔2〕 乔欣主编:《外国民事诉讼法学》,厦门大学出版社 2008 年版,第 259 页。

〔3〕 [日]新堂幸司:《新民事诉讼法》,林剑锋译,法律出版社 2008 年版,第 628 页。转引自陈杭平:《统一的正义:美国联邦上诉审及其启示》,中国法制出版社 2015 年版,第 102 页。

的全部权利,以及就事实问题接受新证据的自由裁量权。[1] 但是,随着英国司法改革的深入,其逐渐由复审制向续审制转变。[2]

不同于复审制,事后审制是指上诉审法院原则上不再对事实本身进行审理,也不允许当事人提出新事实或提交新证据,而仅就一审判决或裁定的内容、诉讼程序是否错误(法律问题)进行审理。多数英美法系国家的上诉审,以及德国、日本等国的上告审即属于事后审制。也就是说,在这些国家或上诉审程序中,上诉法院只审理法律问题。[3]

而续审制,则属于复审制和事后审制的折中,是指上诉审法院对事实问题和法律问题进行区分,对原审裁判中已经认定事实的遵从度较低,必要时允许采纳新的证据,并对法律问题进行重新审理。[4] 德国、日本等国的控诉审即属于续审制。以德国为例,在控诉审程序中,法院通常以原审法院认定的事实为限,只有在原审法院认定的关键事实错误时,法院才能够对该事实进行重新审理,并

---

〔1〕 沈达明编著:《比较民事诉讼法初论》,中国法制出版社 2002 年版,第 598-600 页;齐树洁:《英国民事上诉制度改革及其借鉴意义》,载《金陵法律评论》2004 年第 2 期,第 85、92-93 页。

〔2〕 陈杭平:《统一的正义:美国联邦上诉审及其启示》,中国法制出版社 2015 年版,第 88-89 页。

〔3〕 陈杭平:《统一的正义:美国联邦上诉审及其启示》,中国法制出版社 2015 年版,第 102 页。

〔4〕 陈杭平:《统一的正义:美国联邦上诉审及其启示》,中国法制出版社 2015 年版,第 102 页。

在有限情况下允许采纳新事实或新证据。[1] 不过实务中，控诉审法院通常允许采纳新的事实。同时，法院应当对法律问题进行审理。[2]

2. 是否允许采纳新证据

第二审程序包括法律审和一定限度的事实审，在满足以下特定限制性条件时，上诉审法院允许采纳新证据。首先，新证据应当与案件的关键事实具有密切联系，并对案件的裁判具有重要作用。其次，二审法院还会参考以下情形：(1)该证据是否为一审法院明显忽视而未予采纳；(2)该证据未予采纳是否因法院错误地认为与案件无关而导致；(3)该证据未予采纳是否因一审程序瑕疵而导致；(4)该证据是否系最近发现或获得的；(5)该证据是否因上诉人故意或重大疏忽而未在一审程序中提出；(6)新证据是否经合理努力便可在一审程序中获得；(7)新证据是否明显可信。此外，上诉审法院对书证和证人证言是否予以采纳的态度也不一致。以日本为例，二审法院通常允许采纳书证，但在特定情形下才会采纳证人证言。[3] 但是也有国家严格把控二审程序中对新证据的采纳，如美国。同时，一些国家的第三审程序为法律审，故法院通常不允许

---

〔1〕《德国民事诉讼法》第513条规定："控诉的理由只能是裁判违反法律（第546条），或者根据第529条作为裁判基础的事实支持作出不同的裁判。根据第529条，如第一审法院确认的事实对裁判具有重要作用，且其真实性或完整性存疑，那么受理控诉的法院将对该事实进行重新审理。此外，法院也被允许考虑新的事实。根据第531条，在以下情况，法院才允许当事人提出新的事实或证据：(1)涉及第一审法院明显忽视或认为不重要的观点；(2)因一审程序的程序瑕疵而未能主张的；(3)非因当事人过错而未能在一审程序中主张的。"

〔2〕根据第546条，"违反法律"是指未适用或未正确适用法律规范。

〔3〕Eriko Ogata, Hironobu Tsukamoto. *Appeals in Japan*, lexology (2019-07-04), https://www.lexology.com/library/detail.aspx?g=34c35479-3bb4-437e-abbd-3f5bf23dd279.

采纳新证据。[1]

(七)受理上诉申请的法院

一些法域规定,当事人不服一审判决而决定起诉的,应当向第一审法院提出申请,由第一审法院审查该当事人的上诉是否符合法定要件,如是否存在上诉利益、是否经过上诉期间等。经一审法院审查通过的,上诉申请及相关案卷材料将被移送至具有管辖权的上诉审法院,例如日本。[2] 但也有一些国家规定,当事人应直接向上诉审法院提起上诉,如德国。[3]

(八)费用缴纳

申请上诉的当事人应当及时缴纳上诉申请费,否则可能发生阻却上诉程序的效力。例如,根据《德国法院费用法》(Court Fees Act)第6节和第12节的规定,上诉费用应在提交上诉申请时支付;通常情况下,只有在上诉人支付上诉费用后,法院才会协助向被上诉人送达上诉状。

一般来说,若当事人未及时缴纳上诉费用,法院将向其发送催缴通知,若当事人未能在催缴期限内缴纳相关费用的,法院将驳回上诉。

(九)上诉的效力

在一些法域,上诉能够产生阻却原审判决生效、执行的效力。

---

[1] 乔欣主编:《外国民事诉讼法学》,厦门大学出版社2008年版,第133页。

[2] [日]伊藤真:《民事诉讼法》,曹云吉译,北京大学出版社2019年版,第481页。

[3] 刘晓英:《民事上诉制度研究》,中国政法大学2008年博士学位论文,第45页。

例如日本,“经过上诉期间,判决确定,于上诉期间内提起上诉,则原判决之确定被遮断,进而妨碍了既判力等判决效力的产生”[1]。

但在一些法域,上诉并不自动中止原审判决的执行,除非上诉人申请中止执行并依法或依法院指令提供担保,例如德国、英国、美国等。但在针对上诉人申请中止执行原审判决的问题上,德国、英国和美国有不同的规定。

具体而言,在德国,法院可能要求上诉人提供担保才予以中止执行,或在相对方提供担保的情况下不予中止执行。此外,德国法院在作出是否予以中止执行判决时还会考虑以下因素:上诉的胜诉可能性、双方当事人的经济情况、原审判决胜诉方的利益等。[2] 在英国,法院将重点考虑中止执行原审判决是否会对一方或多方当事人造成风险或不公。除非继续执行原审判决且上诉人胜诉后会对其造成无法弥补的损害,否则法院通常不予中止执行原审判决。[3] 而在美国,仅在上诉人提交充足担保的情况下,原审判决才得以中止,而通常情况下法院均要求上诉人提供担保。[4]

(十)裁判期限

一般而言,上诉审法院本身的案件积压情况和工作量、案件本

---

〔1〕［日］伊藤真:《民事诉讼法》,曹云吉译,北京大学出版社 2019 年版,第 472、475 页。

〔2〕Federico Parise Kuhnle, Andreas Klein. *Appeals in Germany*, lexology (2019 - 04 - 03), https://www.lexology.com/library/detail.aspx? g = 160fe113 - 6ff8 - 429c - 99f2 - 7673512bcf51.

〔3〕Daniel Barnett, Doug Watson, Patrick Doris. *Appeals in United Kingdom*, lexology (2019 - 07 - 04), https://www.lcxology.com/library/detail.aspx? g = bf3fab38 - 2109 - 4205 - 81e7 - 72a742e24335.

〔4〕Perlette Michèle Jura. *Appeals in the USA*, lexology (2019 - 04 - 03), https://www.lexology.com/library/detail.aspx? g = 0c0e74fc - efd2 - 456f - a5f0 - af90354cb292.

身的复杂程度等均会影响上诉审理期限。具体而言，在德国，实务中，第二审程序的审限通常为5.5个月至12.5个月；第三审程序的审限通常为24个月。但如为复杂商事案件，涉及大量证据材料、证人或专家报告以及补充证据的，审限将更长。[1] 而在英国，审限长短取决于多种因素，包括但不限于受理上诉的法院的工作量、上诉案件的复杂性和紧急性等。实务中，复杂但不紧急的商事上诉案件的审限可能需要12~18个月。[2]

（十一）裁判结果及效力

上诉审的裁判结果通常分为以下几种：

（1）驳回上诉。当事人提起上诉后，受理上诉申请的法院会对上诉申请进行审查，如该上诉申请缺少法定要件且经要求补足而未及时补足的，法院将决定驳回起诉。审查要点通常包括：①是否属于能够提起控诉的范围；②是否依法定方式在法定期间内提出；③是否提交上诉理由书；④是否按时提交上诉费用等。

（2）驳回上诉请求。上诉审法院依法审理后发现原审判决不存在错误的，则决定驳回上诉请求。

（3）撤销原判决，发回重审。上诉法院依法审理后发现原审判决确实存在错误，则可决定发回原审法院重新审理。

（4）撤销原判决，自行改判。上诉法院依法审理后发现原审判决确实存在错误，则可直接改变原审法院的判决。

---

〔1〕 Federico Parise Kuhnle, Andreas Klein. *Appeals in Germany*, lexology (2019-04-03), https://www.lexology.com/library/detail.aspx? g=160fe113-6ff8-429c-99f2-7673512bcf51.

〔2〕 Daniel Barnett, Doug Watson, Patrick Doris. *Appeals in United Kingdom*, lexology (2019-07-04), https://www.lexology.com/library/detail.aspx? g=bf3fab38-2109-4205-81e7-72a742e24335.

如前所述,一些国家实行三审终审制。也就是说,当事人具有两次上诉机会。因此,如当事人对第二审判决不服的,仍可依法向具有管辖权的上一级法院提出上诉申请。至于第二审判决是否直接发生效力,则取决于各国的规定(详见本节第九部分)。

三、跨境诉讼中中国企业申请上诉的注意事项

(一)上诉期限衔接

如前所述,境外国家(如日本、德国、法国、英国)的上诉期限为2周至2个月不等,且通常为不变期间,不得申请延长。整体而言,上诉期限较短,留给中国当事人评估原审裁判存在何种错误、制定上诉审策略、更换代理律师、起草上诉申请等的时间非常有限。为了避免期限经过而永久地丧失上诉权,中国当事人往往要未雨绸缪,在原审判决作出之前,就要预测其胜诉的可能性,并在此基础上有计划地部署上诉策略。

(二)更换律师

在收到境外法院作出的判决或裁定以后,如当事人决定提起上诉的,还应当考虑该司法管辖区是否对代理上诉程序的主体作出限制。以德国为例,根据《德国民事诉讼法》第78条第1款,在州法院、州高级法院以及州最高法院(如有),当事人必须由律师代理进行诉讼。[1] 而控诉案件通常在州高级法院进行,且应当由在上诉法院辖区内有执业资格的律师提出。因此,如当事人决定提起控诉的,需要考虑更换律师,因为多数在州法院出庭的律师可能

---

〔1〕 赵秀举译:《德国民事诉讼法典》,法律出版社2021年版,第22页。

无法在州高级法院出庭。[1]《德国民事诉讼法》第 78 条第 1 款亦规定:"在联邦最高法院,当事人必须由经联邦最高法院许可的律师代理进行诉讼。"[2] 因此,如在联邦最高法院提起上诉的,当事人更应当注意律师的执业资格问题。尽管英国无此特殊要求,处理原审案件的律师通常也可以处理上诉案件,但实务中,当事人往往会聘请具有更多上诉经验的律师来协助处理其上诉案件。[3]

但是,出于语言、地域等因素,中国企业通常难以在短时间内找到靠谱且符合法律资格要求的境外律所;即使能够通过公开渠道找到相关律所的联络方式,也难以在上诉期限内完成律所/律师专业背景调查、询价与还价、委托代理及公证认证等一系列必要的前置程序。

因此,建议委托具有国际化背景的国内律所对境外诉讼进行全流程追踪,及时对案件一审判决情况进行预测,提前部署上诉审策略。此外,具有国际化背景的国内律所通常在主要司法管辖区与当地优秀律所建立长期稳定的合作关系,或者对当地法律市场更为熟悉,能够根据案件需求快速精准地定位拟合作律所/律师,完成委托代理及公证认证手续,从而保障当事人的上诉利益。

(三)上诉费缴纳

通常情况下,境外司法管辖区的法院规定上诉费用的支付应以当地货币或美元为支付货币,而不允许中国当事人直接支付人民币。那么这将涉及换汇问题。此外,实践中跨境争议解决中涉

---

〔1〕 乔欣主编:《外国民事诉讼法学》,厦门大学出版社 2008 年版,第 258 页。

〔2〕 赵秀举译:《德国民事诉讼法典》,法律出版社 2021 年版,第 22 页。

〔3〕 Daniel Barnett, Doug Watson, Patrick Doris. *Appeals in United Kingdom*, lexology (2019 - 07 - 04), https://www.lexology.com/library/detail.aspx? g = bf3fab38 - 2109 - 4205 - 81e7 - 72a742e24335.

及的相关费用往往较高,如中国当事人为企业(尤其是中央企业或国有企业),其内部的费用审批流程将更为复杂,耗时更久。

为了尽快推动上诉审程序,或为了有效中止/推动原审判决的执行,而不至于错过法律或法院指令中规定的最晚期限,中国当事人应当提前联系律师,由其根据实务经验估算换汇金额,提前与财务人员就换汇、付款问题进行沟通、确认,并尽早在公司内部提起换汇和付款流程。如果中国当事人为企业,其因内部审批流程等原因而无法及时支付上诉费用,也可以考虑先由企业员工垫付后再申请报销,但应注意我国外汇管理相关规定中对个人换汇、用汇的限定。

此外,关于中国当事人向境外法院支付诉讼费用是否涉及税费扣缴问题,也需要根据具体司法管辖区的案件情况进行进一步确认。

(四)上诉文件准备

各司法管辖区对上诉文件的准备及提交制定了不同的规定,故在决定上诉前,当事人应与境外律师或法院确认以下事项:(1)是否需要获得上诉许可;(2)是否需要向原审法院申请调卷;(3)上诉状和上诉理由书中必须包含哪些内容;(4)是否须使用文件模板及如何获取模板;(5)上诉当事人向法院提交的文件数量等。

第十一章　代替性争议解决方式

本书前面数个章节介绍了跨境争议解决中通过诉讼或仲裁方式解决双方纠纷的程序，但纠纷的解决方式并不限于对簿公堂，随着全球法治的高速发展，与传统审判中心主义相对的代替性争议解决概念正逐渐在全球范围内兴起。

根据美国《司法》杂志的不完全统计数据，联邦法院受理的案件中有近九成是经过调解或和解程序方式获得解决的，而并非通过审判的诉讼程序。这就说明，虽然现代法治为人们建立了一种以裁判者居中，并通过设置裁判程序加以保障的是非判定制度，但人们基于其固有的以语言沟通为基础的社会属性，更希望双方通过达成新的合意的方式，重新找到某种平衡，进而达到定分止争的终极目的。正如哈贝马斯的沟通理论所言，人类希望过上真诚、美好的生活，就需要相互沟通。沟通者通过对相关事项的共同理解，基于“沟通的理性”，达成“合意的双重获得”，使原本双方间不一致的信息、认知或观点，通过思想的交换，在某种程度上获得平衡。这种以沟通为基础的争议解决方式，是以对抗为指导思想的诉讼程序所不具备的特点。

现代法治日臻完善的今天，司法权逐渐介入人与人之间因利益冲突产生的纠纷，人们同时创造了严格的程式化救济手段来维护这些利益。随着人类社会的发展和法律的进步，诉讼作为最权威、最传统的纠纷化解机制正不断受到冲击。越来越多的人相信，随着人类的思想能力和权利意识的增长，诉讼案件正在以指数爆炸的方式激增，司法部门正在遭受严峻的考验；同时，日益复杂的法律程序会造成当事人时间的拖延、高昂的律师费用、诉讼费用，使得争议标的较小的当事人觉得得不偿失。近几十年来，人们正在重新认识法律被创造前，人类用于化解纠纷的古老机制——和解、调解、协商等代替性争议解决方式的重要性与独特优势。

20 世纪 70 年代，西方国家首先展开了关于和解制度的社会争论。争论的内容包括：第一，现行以审判为中心的诉讼程序是否仍具有不可替代的意义？第二，和解制度是否具有其独特的优越性？第三，除了法院主导的诉讼程序外，是否存在补充性或代替性的纠纷解决机制？正是在这场讨论中，来自哈佛大学的费兰克·桑德尔教授在 1976 年罗斯科·庞德会议上提出反对“一刀切”的法院模式，主张法院提供多元化的纠纷解决方式，成为推动“多元门径法院”运动的理论倡导者〔1〕，开启了代替性纠纷解决机制（alternative dispute resolution，ADR）的大门。

虽然 ADR 尚未形成公认的准确定义，但一般认为，当事人协商程序（negotiation）、调解程序（mediation）、仲裁程序（arbitration）、小型审理（mini - trial）、中立评估（neutral evaluation）、简易陪审团审判（summary jury trial）以及聘请法官或调查员（private judging/ombudsman）都被认为是 ADR 的某种形式。本章所聚焦的是通过非诉讼方式，经相关专业机构调解（mediation）或通过当事人自行协商（negotiation），最终双方达成和解或调解协议（settlement agreement）的具有广泛意义的和解程序。

---

〔1〕 陈邦达：《美国法庭附设 ADR 的建立及其发展》，载《人民法院报》2019 年 4 月 12 日，第 8 版。

一、代替性争议解决的优势

从20世纪80年代中期至今,世界各国都在不同程度地持续进行民事司法改革,以诉讼和解程序为代表的ADR成为这场空前的改革浪潮中最重要的标志。以美国的基层司法实践为例,美国加利福尼亚州圣克拉拉县高级法院位于硅谷地区,该地区云集了全球最知名的科技公司及数量巨大的创业法人主体,该地区每年的立案数以万计,但该地区仅有20个左右的民事审判庭,这就代表着该地区的民事审判法官放下其他事务性工作,仅审理案件,每年最多有能力完成约1000个案件的审理工作,因此可以看出,美国的民事诉讼实际进行庭审的案件的比例可能低于案件总量的5%。

时至今日,这场法律变革给世界司法与审判模式、功能造成的影响,将具有持续作用。越来越多的人选择在国内诉讼、国际仲裁或跨境诉讼中适用相关司法管辖区程序法律项下的代替性争议解决程序。究其原因,无论是诉讼中和解还是庭外当事人自行和解,和解程序相比传统审判—判决模式拥有大量优势。香港国际仲裁中心(HKIAC)将和解/调解(mediation)的好处(advantage)概括为:(1)营造一种和谐及有建设性的气氛;(2)纠纷的结果可由当事人控制;(3)加强当事人之间的沟通;(4)善用时间;(5)具有成本效益;(6)过程保密;(7)当事人能以友好协商的方式有效地解决纠纷。也有业内人士认为,以和解方式结案,具有降低诉讼成本、降低诉讼结果的不确定性、减少公开曝光、节约当事人时间及精力等优势。综合来看,笔者认为,和解程序之所以成为当前最重要且最为常见的争议解决方式之一,主要因其具有效率性、灵活性、经济性、稳定性及保密性五大特征。

(一)效率性

严谨甚至冗长的诉讼程序是司法机构对当事人双方间争讼的事项作出正确裁判的保障,其所暗含的程序价值也是现代法治为人们所接受与信服的主要理由之一。根据美国《联邦民事诉讼规则》的规定,美国民事诉讼程序主要包括诉答(pleading)、证据开示(discovery)、庭审(trial)、庭后动议(post - trial motion)或提起上诉(appeal)等几个大阶段,本书的前部分章节已经作出了较为详细的介绍。虽然英美法系中针对极个别事实清楚的案件也可以适用径行裁判或其他简易程序(summary judgment),但对于绝大多数案件来说,既有诉讼程序将在中立裁判者的主导下逐个进行,除极特殊情况外,不会发生"跳步"或简化。反过来看,世界各地的司法实践已经清晰表明,审判程序如果仅追求效率,则将势必以牺牲诉讼程序的公正性及当事人程序权利为代价。因此,一件简单的民事案件被拖延至数个月、一年甚至更长时间,在全世界各地均不罕见,诉讼迟延和积案不决对于讼争当事人和裁判者来说,都并不能成为一则令人愉快的消息。

相反,从全世界各个司法管辖区的司法实践来看,和解/调解程序一般不像案件诉讼程序一样冗杂,无论从调解方式还是调解事项的先后安排上均表现为富有灵活性和便宜性。调解程序合理存在的原因在于双方当事人同意按照某准据法的规定,对讼争事项进行调解,双方当事人可以自由地选择接受或者不接受调解者的调解意见(或者和解程序中,可以接受或拒绝对方的和解意见)。在这一背景下,双方当事人一般能够接受在程序上采取灵活、便宜的方式进行调解或自行和解,并进而接受这一调解/和解结果。

从时间上看,有数据报告显示,意大利下级法院和上级法院审理的一审民事案件普通程序的平均审理期间分别为 18 个月和 24

个月;法国大审法院审理案件的期间为 10 个月;西班牙初审法院审理期间为 8 个月。英国高等法院的诉讼,从提起诉讼到正式审理所花的时间,伦敦地区法院同一周期时间为 163 周,地方分院为 189 周。[1]

相反,在美国的法院或仲裁机构中,当事人提出调解申请的数周后即可参与现场调解并同时签署和解协议;如果是双方自行和解,则可能仅需要短短数日时间即可完成和解协议的签署。机构调解所花费的时间可能长于双方当事人自行和解的时间,但相比诉讼程序仍然为当事人节约了大量的时间成本。根据国际商会(The International Chamber of Commerce,ICC)调解规则的规定,当事人可以在未准备任何和解协议草稿的情况下选择该会进行调解,并自行预约调解开始的日期。ICC 在该规则中进一步强调,调解没有固定的时间表,但根据普遍经验,从当事人向该会提交调解申请至调解结束的平均时间约 4 个月。该平均时间主要为在双方当事人与调解员召开的会议的准备时间,包括讨论并决定会议地点、适用语言、适用程序、选定调解员及缴纳程序费用等。调解员实际召开会议的时间一般至多持续两天,当然 ICC 强调也不排除一些当事人基于案件需要,希望能够多次与调解员召开会议,而这将花费更长的时间。即便如此,相比冗长的跨境诉讼程序所花费的时间,通过调解程序获得纠纷化解的时间成本已经大幅降低。

(二)灵活性

调解/和解程序的灵活性体现在其调解内容的灵活性、程序本身的灵活性和调解结果的灵活性。

---

〔1〕 李浩:《调解的比较优势与法院调解制度的改革》,载《南京师大学报(社会科学版)》2022 年第 4 期。

1. 内容的灵活性

众所周知，传统民事诉讼理论认为，当事人有权在法律规定的范围内对自己的民事权利和诉讼权利进行处分，司法机关一般不应僭越这种处分意图而予以主动的干预。这种理论被世界上绝大多数国家纳入本国的民事诉讼法律，并将这种“处分原则”（Principle of disposition）、“私法自治原则”（Autonomy of private law）作为本国民事诉讼法律程序的基本原则。

与诉讼程序相比，调解程序是一种更为开放和包容的法律程序。一方面，诉讼程序的裁判者将且仅将已经发生的事实作为裁判的依据，最终根据法律推理的逻辑及相关司法程序，得出是非曲直的判断结果，而在调解程序中，当事人可以引入未来可能发生的事实供双方预测和讨论，这些事实往往昭示或暗含着当事人之间更深层次的矛盾，或者可以促成调解的事实和筹码，进而因为这些事实被摆到桌面上沟通，很可能促成当事人更为快捷和彻底地消弭误解、化解纠纷。另一方面，诉讼程序秉承“不告不理”的谦抑原则，对于原告未向法院主张的请求、未作为诉讼请求依据的事实往往不予置评；而在调解程序中，双方当事人完全可以在本案争议事项之外提出其他诉求或作出额外的承诺，进而双方可以在最终的和解协议中纳入全部讨论事项：如在国际货物买卖合同纠纷中，买方因未履行合同项下的检视义务而承担了部分货物损毁的损失，如果经调解，卖方可以在双方签署的另一合同中给予买方折扣以弥补其损失，最终双方或可就此合同纠纷达成调解协议。这种超越涉案合同局限性的其他合同项下的主张可以一并在调解程序中进行通盘考虑及沟通，彰显了调解程序的开放性内核，不仅为双方解除了当前的纠纷，也奠定了双方开展后续合作的良好基础。

2. 程序的灵活性

相比诉讼程序的严格程式化，调解程序往往赋予由接受调解的双方或各方进行“自定义”的权利。

根据伦敦国际仲裁院(The London Court of International Arbitration ,LCIA)的调解规则,当事人在开始调解前可以选择向仲裁院的“书记官长”提交或不提交和解协议,仅需提交调解的书面申请后,即可开始调解程序。由双方选定调解员后,调解员“可以以他或她认为合适的方式进行调解,并始终牢记案件的情况和当事人的意愿……调解员可以口头或书面形式,一起或单独与当事人沟通,并可以在调解员确定的地点亲自召集一次或多次会议,或通过电话会议、视频会议或使用其他通信技术(或合并形式)与当事人协商”。最终,如果达成和解,双方可以在调解员的协助下起草并签署和解协议。ICC 的调解规则直接指明,只要是经双方当事人和调解员共同讨论并经各方同意的情况下,本会的调解程序可以根据当事人的需要而自行设定,包括可以考虑当事人的文化及法律背景以及案件争议的特殊性。

由此可见,调解程序的灵活性和“自定义”特征既可以使当事人双方最大限度地发表己方观点,又能以当事人适应的方式接受对方提出的主张或抗辩,从而顺理成章地达到引导当事人达成和解协议的目的,使纠纷获得更加切合实际的解决。

3. 结果的灵活性

在大陆法系中,司法审判机关以案件核心事实作为裁判的大前提,以成文法典的具体规定作为裁判的小前提,最终通过运用法律逻辑的推演得出裁判结论;在英美法系中,法官“遵循裁判先例”,通过比较前任裁判的类案所涉及的具体事实与本案核心事实的异同,选择是否适用先例中的裁判规则(rules)。无论在哪种法律体系中,审判无非是裁判者认定事实、适用法律的过程。在这一过程中,法官基于自由心证可能出现对类似事实的不同认定,不同法官对同一法律条款或法律规则可能出现不同的理解,在上述因素的影响下，类似的案件可能出现同案不同判的情形。即便如此，绝大部分司法案件的裁判结果总围绕着一个稳定的大众可接受的区间而上下浮动，新奇的裁判结果不但违背了法律逻辑的推演常理，也将降低一个地区司法机关的公信力与正当性。

与诉讼程序的裁判有所区别，调解的结果系基于当事人出于各因素的考虑，通过更为自主的协商得出结果，受裁判者采信证据或基于对法律或案例规则的理解进行裁判的规制较小，双方协商的结果往往不确定性较大、可预期性也相对较低，较大程度上取决于当事人的自我意愿和自主决断。只要调解案件的双方不违反法律禁止性规定、不损害国家利益或社会公共利益，各国诉讼程序中的调解制度、各国际仲裁机构的调解程序一般对开放性的调解结果是采取包容态度的。

（三）经济性

从某种程度上说，审判可以给当事人带来更庄重的司法程序，可以为当事人带来更完美的正义实现，但这种正义的实现往往需要当事人支付高额的金钱成本，包括但不限于诉讼费用、聘请律师团队的费用、申请司法鉴定的费用、收集各项证据的费用、执行费用等。例如，在德国，一场诉讼程序的费用包括法院费用、保全费用、证据费用和必要的律师费用，仅法院费用一项，对于标的较小的案件，可能就将占诉讼标的的13%。再如，一场3000德国马克的标的的小型争议案件，其法院费用可能就需要缴纳近400德国马克。在美国，虽然法院收取的诉讼费用低廉，部分州甚至不收取法院费用，但是美国高昂的律师费支出在世界范围内闻名遐迩，让不少当事人对诉讼望而却步，更有评论媒体将美国的诉讼称为“有钱人的游戏”。

相比之下，调解程序的收费方式更加灵活，对当事人造成的经济压力也相对较小。根据美国仲裁协会国际仲裁中心的调解收费标准,对于在美国域外仲裁或履行的合同争议或不同国籍的双方的调解争议,美国国际仲裁中心提供不同模式的调解费率标准,即标准费率和灵活费率。无论当事人根据案件需要和成本评估后选择适用何种费率标准,对于争议标的在1000万美元以上的跨境争议案件,调解案件的收费标准为1.26万美元(标准费率)/1.15万美元(灵活费率)+争议标的超过1000万美元部分千分之0.15(最高收费为10万美元)。由此可见,这一收费标准相比一场跨境仲裁案件对于当事人来说,从诉讼成本上减轻了不小的压力。

(四)稳定性

调解程序的目的是双方经过调解或自行和解,最终签署和解协议,将双方对于过去事实的认知以及将来的安排都予以明确,以期双方能够自觉地履行和解协议的内容。调解程序固然也存在申请执行的情况,但在数量上比诉讼判决进行强制执行的案件的数量少得多。究其原因,笔者认为无论是诉讼程序中的和解、专业仲裁机构或受聘专家介入下的调解,还是双方自行和解,各方最终达成调解/和解的结果是在双方意思自治的自愿前提下,在相对友好的氛围中,经过法理与情理的共同作用,以协商的方式找到双方均自愿接受的处理结果。相比经过诉讼强加于一方当事人的处理结果,调解的结果对于当事人更具有可接受性。对于那些并非一次性履行完毕的和解协议,相关和解安排对于当事人来说更具有稳定性。

调解/和解结果的稳定性来源于当事人的意思自治。当事人的意思自治体现在两个方面:一是发起调解程序的意思自治,只有双方均同意发起调解程序或中止诉讼开始和解,相关程序方能开始,当然,这种意思自治将贯穿整个调解/和解过程,任何一方在任何时间希望退出调解/和解都是可行的。二是达成和解条款的意思自治,即便当事人一方提出了大幅让步的和解方案,且相关方案完全符合法律及合同的约定,另一方当事人也可以有选择是否达成和解条款的自由,调解员、法院或仲裁机构无权干预当事人的选择。

调解/和解结果的稳定性来源于调解程序的包容性。诉讼程序当事人的关系是紧张对立的,双方经常因为某一争议焦点提出完全相反的观点,甚至对于某一核心事实,即便双方各自明知真实事实的情况,但双方为了裁判者能够支持己方观点,仍可能提供证明目的完全相反的证据材料。即便是一方获得了胜诉判决,败诉一方也不一定对这种既判力为基础的强制性解决方案表示满意,双方可能还会因判决的执行而产生新的纠纷。因此,对于不少中国企业来说,成为案件被告往往代表了不光彩或承担责任,由此产生的与原告的对立关系,进一步加紧了双方的对立关系。相比之下,调解/和解程序中,双方的地位是平等的,不存在诉讼身份的区别,双方的沟通氛围也更加缓和、友好,这对于纠纷的解决是相比诉讼占很大优势的。

调解/和解结果的稳定性来源于调解程序以协商作为解决机制。调解程序中双方往往开诚布公,相向而行,双方为了解决各自的困难而选择各退一步,不再以诉讼程序中的对立视角审视对方的观点,反之甚至可能站在对方的位置上通盘考虑问题。在有调解员介入的调解程序中,调解员所扮演的角色也与居中审判的裁判者角色有所区别,调解员主要发挥促进双方沟通、劝解、促和的作用,不再仅通过证据的认定判断责任承担方,而是通过判断双方在法律上可能承担的责任的基础上,引导双方就相互可接受的责任承担范围达成一致意见。

(五)保密性

众所周知,在世界绝大多数国家中,审判公开是司法审判的应有之意,也是保障司法结果正当性的必要方式。除为保护当事人隐私、商业秘密或公共利益的原因,一般的诉讼程序均将按照民事诉讼程序依法公开,公开的范围可能包括两造信息、诉讼程序、庭审过程、判决情况、执行情况等。出于各种因素考虑,绝大多数商事争议案件的当事人均希望将公司涉诉情况及相关信息的公开范围降至最低,以避免诉讼或仲裁案件为公司商誉带来不利影响。

对于仲裁程序中的调解或当事人选择通过仲裁机构进行调解,其保密性是不言而喻的。例如,ICC 调解规则强调,保密性是 ICC 调解的核心特征,ICC 鼓励双方当事人在调解程序中自由发言,ICC 也将保证调解程序、任何文件、声明、沟通过程及与调解相关的任何当事人信息是完全私人间的且将绝对保密。

对于诉讼程序中的和解,绝大多数国家的民事诉讼法的调解程序均规定调解人和法官之间、调解员与除当事人之外的第三方建立信息屏障。前者的必要性在于,如果法官了解到调解的情况,极有可能会把当事人在调解中作出的和解主张视为理屈,这种信息的输入将极有可能影响法官的自由心证,尤其在美国等将调解重心放在审前阶段的国家。调解人同样会对在调解过程中了解到的案件及当事人信息严加保密。在美国,调解员均选拔自退休法官、执业律师及专业调解机构专家等,上述人群如果违反保密原则,将受到相关职业组织的严惩,从而几乎杜绝了调解案件当事人的信息被外泄的可能。

二、代替性争议解决方式的考虑因素

在绝大部分跨境诉讼或仲裁中,双方当事人普遍没有绝对的胜诉把握，这也就为双方当事人选择以调解或和解结束所涉争议提供了客观可能性，也为双方当事人为调解结案付出努力并积极追求调解或和解的有利结果而进行预测及相关考量提供了强大动力。在此意义上讲，跨境诉讼或仲裁案件在终审判决或仲裁裁决正式宣布之前，给予当事人大量的考虑期间，尤其在当事人没有完全把握胜诉的情况下。影响当事人决定是否进行调解或和解的因素很多，本章结合相关案件办理经验，着重介绍对当事人影响最大但往往也是当事人在众多因素中最经常考虑的三种因素进行分析介绍。需注意的是，这里的考虑因素，从和解或调解的角度看，在实务中并不仅限于对本案争议是否能够成功调解或和解，也包括对其关联案件及潜在的关联案件获得整体效果的考量及判断。

（一）经济因素

随着国内企业跨境业务在地缘上不断增幅，目前中国国内企业在跨境业务中涉及几乎全部世界主要国家的商业领域。由于国内当事人对世界各国的司法体系认知程度有限，实践中更缺乏实战经验，因此在遇到跨境纠纷时要求当事人能动地考虑经济因素给和解或调解带来的影响，难度则更大。影响和解或调解的经济因素，事实上主要指双方的经济实力。由于跨境争议的相对方往往是不同国籍的商事主体，境内当事人对相关国别的信息渠道并不通畅，即便在交易前已经进行尽职调查，但事实证明大量国内当事人对案件一方的经济实力的认识极为有限。因为这些因素的判断有误，或处理方法不恰当，导致错过和解或调解的机会，或因在和解后发现对方的账户几乎没有可执行的财产。本来可以通过相关调查手段以最小成本在事先了解清楚的经济因素，却因不了解跨境仲裁或诉讼程序中影响和解的主要考虑因素，导致主张权利的一方最终遭受重大损失。

在跨境争议纠纷中,对方的经济条件基本上决定了其商业意图和对本次诉争标的的商业期待。作为原告,如果对方的经济条件较好或其商业版图正在扩大,但对案件的信心不足或者存在其他关联案件可能对对方造成一定的负面影响,则对方有可能进行调解或者和解;或者,对方作为原告,但其经济实力不佳,作为原告起诉的初衷是希望通过司法程序收回资金,出于对资金需求的紧迫性,企业有可能选择放弃漫长的司法程序而选择调解或者和解。但如果对方作为原告有较为充足的证据及主张理由,又对资金需求并不迫切,则对方很可能考虑继续诉讼或仲裁程序。反之,作为被告,也同样会考虑以上因素来确定是否进行调解或和解,在有些情况下,被告也可能选择在司法程序中充分答辩,或者尽量延缓司法判决,达到促使双方调解或者和解的目的。

(二)政治因素

近年来,全球政治经济局势动荡,诸如中美贸易争端、南海争端、英国脱欧及俄乌冲突等一系列不确定因素正在深刻影响全球地缘政治。正是在这种中国企业境外商事交易及投资项目面临的地缘政治风险与日俱增的背景下,跨境诉讼及仲裁中地缘政治风险正在影响着当事人对跨境诉讼及仲裁是否和解或调解的接受程度及决策考量。

受跨境诉讼或仲裁程序中所在司法管辖区的经济及法治发展水平的限制,中国企业在相关司法管辖区的诉讼程序将可能受到征用征收、法律程序、法律更迭、政局变动、外汇管制等各种因素的左右和影响。具体来讲,如果中国企业作为当事人在境外发起诉讼或者应诉,而诉讼所在国存在大量司法腐败的情况,裁判机关有时可能受到政治因素或者腐败的影响,则中方很有可能在接下来的诉讼或仲裁程序中,不考虑进行和解或接受法院或仲裁机构的调解,因为如果获得不公正判决,中方可以通过上诉程序或撤销仲裁裁决的程序获得权利救济,但是双方达成和解则将存在原告权益受损的重大风险。

(三)文化因素

文化差异将为诉讼两造对一场诉讼或仲裁争议的理解带来巨大的差异,但笔者在本小节仅关注文化差异中的法律文化差异。

专业律师代理一宗跨境诉讼争议,需要对诉讼或仲裁两造所在的法律体系对当事人进行全面的指导。例如,在以英国为代表的普通法系国家,法院根据每个案件的事实作出的判决对后续具有类似事实情况的案件的处理具有约束力,所以是法官制定法。在这种法律文化背景下,普通法系的律师经常会引用判例法,即法院已经作出的过往判决来支持他们提出的观点,在他们看来案例是最具权威的。在这类判例法法域中,有的法域法律制度允许基于合同合理对价的存在,当一方当事人违约的时候,另一方当事人有权主张违约方给予守约方惩罚性赔偿(punitive damage),以此补偿合理的对价的损失。而在大陆法系法域的法制体系中,惩罚性赔偿的适用范围则明显少于普通法系的法域,这就对当事人选择是否接受和解存在重要的决策参考价值。对于适用惩罚性赔偿的司法管辖区来说,当事人倾向于接受折中的和解要约,反之则不易接受。

三、调解/和解谈判的注意事项

如前文所述,现代商事活动中,商事主体间因商业交易产生纠纷在所难免,为了解决相关争议,诉讼和仲裁在所难免,但并非唯一选择。纠纷发生后,当事人可以选择在诉讼或仲裁程序开始前、诉讼或仲裁程序进行过程中或程序终结后(甚至判决、裁决作出后)的任一时点选择以双方自行和解或第三方介入下的调解处理双方纠纷。

不同阶段中,当事人就案件本身掌握的信息也不尽相同,对案件及后续走向的认知程度也有所差异。尤其是,在案件被司法机关或仲裁机构作出裁判之前,一方当事人对于纠纷的解决"是打是和"仍时常处于摇摆不定的局面。如果一方当事人综合案件基本事实、己方掌握证据情况、专业法律分析以及对裁判结果的预测等因素,综合认定坚持按照既有诉讼或仲裁方案进行开庭审理,审理结果将由己方获得胜诉,则该方很可能选择不接受和解。在前述情形下,该方认为审理结果可能与和解结果一致,基于便宜性、经济性等考虑,该方也有可能选择与对方展开谈判,或者以打促谈,实现对己方更为有利的谈判局面或争取更大的谈判利益。再或,一方综合评估后认为输面较大,则该方可能参与调解或和解的意愿将更为强烈,甚至在谈判结果上作出较大幅度的让步,以避免裁判败诉的结局。

总之,无论当事人是否选择坚持诉讼/仲裁或选择在诉讼/仲裁的任一时点开启和解/调解程序,其中均离不开是否开启和解谈判、何时开启和解谈判、和解谈判如何谈、和解谈判谈哪些内容,如何通过和解谈判将己方利益最大化等问题的探讨。

(一)如何选择

基于前文列举的调解/和解的优势,任何一名专业律师在代理案件时都不会将调解或自行和解遗漏在给予当事人的综合建议之外。相反,在跨境争议解决领域,经过专业律师对诉讼风险及客户利益最大化的综合考量之后,和解与争取调解的方案往往将会被列入案件处理的综合方案之中。此时,包括律师在内的法律专家通常会从两个维度对"是打是和"这个问题进行评估。一是胜诉可能性，即己方当事人在诉讼或仲裁中有多大赢面的问题。二是调解/和解可行性，即双方当事人是否可能相向而行、和平沟通，以及本案是否有可能以沟通方式获得有可操作性的结果。

在这个问题上，国际上有不少学者或实务专家进行了深入研究，其中宾夕法尼亚大学沃顿商学院的 Randall L. Kiser, Martin A. Asher 和 Blakeley B. McShane 教授发表的研究文章则以统计数据的形式，更为准确地回答了在决定"是打是和"这一问题上，各个考虑因素对最终决定的具体影响。该文章的研究数据选自 2002 年 11 月到 2005 年 12 月的 38 个月期间，在 *Verdict Search California* 上报道的 2054 件民事诉讼案件。筛选的标准为：(1)陪审团裁决、法官判决或仲裁员裁决给出了具体货币金额；(2)原告提交了具体金额的和解要求；(3)被告提出了具体金额的和解要约，或者其和解要约被描述为"无"；(4)没有报道原被告双方给出不一致的最终判决金额和先前的和解金额；(5)当事人聘请了律师代理。筛选出的案件均是当事人进行了不成功的和解谈判，然后由陪审团、法官或仲裁员作出了判决。研究排除了基于技术或程序理由作出判决的案件、集体诉讼案件、有排印或报告错误的案件、和多方之间和解金额分配不清的案件。[1] 该文章的相关数据有一定的参考价值：

1. 从整体上看，原告方发生决策错误的概率较高，是被告方决策错误概率的 2.5 倍；而一旦被告方作出了错误的决策，则要为该

---

〔1〕 吴宇宏：《我们不和解：不成功和解谈判中决策的实证研究》，载微信公众号"德恒律师事务所"2020 年 3 月 10 日，https://mp. weixin. qq. com/s? src = 11&timestamp = 1701338284&ver = 4928&signature = cKnjHWn1nMeO - Xq8FzoEk8XksmfMLglrlSerdbeGYPfEvkDLho - VPXsRvWYWTPDW * euBM-ozN82rm4s12SMpYM0 - mS593xUSlNDbd77gvjMeLfKKfnegajJMBrGMSunhe&new = 1。

错误付出的成本的平均值为114万美元,远高于原告为其错误而付出的成本平均值4.3万美元。

2. 从审理组织层面看,受统计的绝大部分民事案件由陪审团裁决,占比约为90%,法官判决和仲裁裁决案件分别占比5%。在法官判决和仲裁裁决的案件中,被告方决策错误的发生率均显著增加,原告方发生错误比率则均显著下降。

3. 从诉讼请求层面看,无论原被告,相比仅对已发生的损害赔偿诉求的案件,仅请求尚未发生的损害赔偿诉求的案件存在更高的决策错误发生率和成本。既有已发生又有未发生的损害赔偿诉求案件中,被告存在更高的决策错误发生率,但是原告决策错误成本的平均值更高。此外,惩罚性赔偿的诉求对决策错误发生率存在较为明显的影响,而这种影响对两造正好相反:相比普通案件,惩罚性赔偿案件中被告决策错误发生率提高了约180%;而原告的错误发生率则降低为普通案件的70%~80%。

总的来说,这篇实证文章为身处纠纷且正在考虑是否开启和解谈判的当事人提供了很好的思路,同时,该篇文章也有助于提前了解导致决策错误发生的因素、消除认知偏差。但从专业律师的视角来看,以上数据仅可以提供参考及借鉴,无论最终向当事人建议是否和解,均需要综合案件的胜诉可能性与调解可行性给予综合判断。关于胜诉可能性,律师将主要考虑:证据材料的完备程度、类案的裁判倾向、核心法律问题的现实争议程度、主审法官或仲裁员的观点与态度等因素。关于调解可行性,律师将主要考虑:争议产生原因、双方当事人人情关系及性格、案外及历史合作基础、未来合作意愿、双方诉求及最低预期的差距、案件标的可偿付性及履行便宜程度等因素。如果案件极有可能出现各担其责或平分责任的情况,且调解具有较高的可行性,则基于本章介绍的调解的效率性、经济性、稳定性等优势特点,专业律师通常会建议当事人可以考虑和解并提前做好谈判准备与规划。

（二）做好谈判的前期准备

在当事人确认将和解或调解纳入案件解决整体方案后，提前做好和解谈判或参加法院调解沟通的准备工作是非常必要的，相关准备工作的工作量不亚于准备发起或应对一场诉讼或仲裁程序。无论当事人双方选择自行和解、法官或仲裁员介入调解，或是当事人双方共同选择法律专家进行调解，书面或口头的谈判都将是无法绕开的必经程序，做好一场谈判的前期准备工作是决定最终谈判结果的关键。

1. 谈判砝码的积累

2016 年 5 月 25 日，华为公司在中国和美国同时针对三星公司就 4G 产品的专利技术发起诉讼。经过历时近 3 年的"专利战"，华为公司取得全面胜诉。一方面，华为公司在诉讼过程中积累了一定量的三星公司就专利产品的证据材料及不利事实；另一方面，胜诉将使华为公司在后续双方就相关合作的谈判中处于有利态势。业界普遍认为，华为公司发起的诉讼以及胜诉结果，都是后续谈判的重要砝码，迫使三星公司作出让步，使双方达成专利交叉许可协议。华为公司的案例表明，如果以和解结果使己方利益最大化为目的，那么不谈判的高成本可以比喻为推力，促成对方同意坐下来沟通；谈判后的获利则像拉力，在二力的共同作用下，可以为己方创造更好的谈判条件，也就是笔者所说的"谈判砝码"。

在世界知名商学院的"商业谈判"课程中，普遍将影响谈判的诸多因素均认为是谈判砝码（bargaining chip），一般包括：对方真实意图、谈判底线、谈判时机、对方履约及资信情况、对方性格及情绪、一方商业优势等。从此我们不难得知，影响谈判结果的"砝码"可能有很多，从不同学科的角度也可以分为多个种类，但从律师视

角来看,最重要的是如何固定对己方有利的谈判条件,形成压倒对方的有利砝码。笔者建议从以下几个方面考虑这一问题:

一是核实双方内部信息。对于大部分谈判来说,笔者建议参与的一方都应提前列明双方的有利与不利因素(Pros and Cons),对有关信息进行进一步核查、确认。同时,应避免单一地重视收集谈判相对方的信息,如只收集对方谈判意图、谈判底线、谈判人员等,对自身内部核心信息尚未确认。在商业谈判实践中,不乏谈判团队成员对内部信息了解不够,进而直接影响谈判结果的案例。

二是重视外部信息收集。例如,在一场跨境诉讼中,涉及合同双方主体的所属法域(可能是自然人的国籍或法人的注册地、最密切联系地等)即将签订某项双边条约,该条约的签署将影响合同的履行方式,这时,作为谈判前期准备工作,该项信息的收集就显得尤为重要。往往参与谈判的一方仅关注到案件本身,而忽略了对外部信息的搜集。除了案件事实及法律分析本身,与案件相关的外部信息也将在后续的谈判中起到关键作用,很可能直接影响着谈判策略和结果。这些外部信息包括行业动态、国家宏观政策、法律法规或条约(外交文件)的出台、经济走势或地区政治事件等。

三是善用“造势”与“结盟”。造势在此处并非指选派更多的谈判人员在现场给予对方压力,也不代表需要在商业谈判开始前通过舆论、媒体等途径释放信号,在此处是指通过了解对方之所想,将己方认为的核心问题变成正常谈判的核心问题,即让话题本身为谈判造势,让话题本身成为对方感兴趣的焦点,同时也是实际造势的一方掌控正常谈判的开始。结盟则是“造势”中更为实际的一种表现形式,即在多方纠纷中寻找和己方有共同利益(至少是短期的或片面的共同利益)的一方组成谈判联盟,或者寻找对方的利益相关方,寻求与该第三方的合作机会,间接形成谈判联盟,以此向对手施加谈判压力。以上两种也是和解谈判中较为复杂的增加一方谈判砝码的形式。

2. 严谨的法律分析

在确认当事人有和解或调解意愿后，律师的主要工作是对案件进行严谨的法律分析，多维度地预测案件审判结果及和解、调解结果，由当事人对是否进一步准备调解或和解作出适当的商业决策。

法律分析是和解前准备阶段的核心工作，该主要工作应由代理律师完成，具体包括：详细向当事人阐述案件核心事实及所涉及法律问题，通过适用法律或类比类案的方式将法律分析的全过程呈现给当事人。最终，告知当事人如果参加诉讼/仲裁优势何在、潜在诉讼风险及可能的诉讼程序、结果走向。在此基础上，推演最终判决可能出现的全部结果、可能导致的当事人承担的直接责任、间接责任及次生风险，以及告知当事人如果选择和解或调解，相关结果与判决结果的差异。需要特别说明的是，对于案件的预判结果，应该以客观角度陈述，必要时应向当事人呈现法官视角与逻辑，将律师专业与理性充分展示，进而提出调解的稳妥性与可行性。

3. 制定初步谈判策略

现代商事和解谈判或调解谈判往往牵涉大量商业及法律交织的问题，一般需要专业顾问团队“会诊”并给出最优的谈判策略。从法律角度，一般建议当事人能在谈判之前聘请有调解员资质或从事过调解业务的专业律师团队对案件胜诉可能性作出全面评估，明确当事人参加本次谈判的角色，结合当事人在案件中的优势和劣势给出谈判的立场，同时明确谈判底线及具体方案。

(1)选定谈判角色

谈判角色可以分为两个层面的问题进行讨论，一是从双方的角度看，一方在一场谈判中所占据的角色；二是一方当事人内部，需要哪些角色以促成更优团队分工,这个问题笔者将在下文中介绍。针对第一个问题,笔者建议,在谈判中选定角色十分重要,也就是一方当事人是选择强硬推行自己主张的观点还是选择站在对方的立场上,以同理心博得对方尊重与让步。总的来说,笔者建议无论当事人选择以哪种角色进行谈判,都应当坚持两点:一是选定角色后应当予以锚定,不要在谈判过程中轻易变换;二是无论选择何种角色,都应给予对方适当的尊重,要让对方愿意坐下来谈判,如果过分强硬甚至不注重商务礼仪,则谈判的结果一定不利于当事人权益的最大化。

(2)确定谈判团队

谈判人员的选定是谈判结果走向的决定因素,随着我国经济逐渐走向世界,跨国争议数量呈现增长态势,我国当事人在组建商事谈判团队时也逐渐借鉴西方国家的成熟模式,按照专业互补、分工明确的原则,根据谈判的实际需要匹配谈判成员。笔者建议,在组建团队时,应主要考虑以下要点:

一是成员背景兼顾全面与有针对性。谈判团队的组成人员的专业背景一般可以考虑商业管理、法律、财务、金融、销售、公关、广告宣传等,当然具体团队成员需按照届时谈判的实际需要予以调整。

二是优选表达能力强、性格自信的成员参加谈判。团队成员在谈判过程中的表达可以将团队在准备过程的书面观点予以转化,优秀的表达通常能够引发对方在商业诉求上的共鸣。

三是专业职责有所区别。一般来讲,一个谈判团队的职责分工可以分为:首席谈判代表,负责整体节奏把控、主要观点的输出及资源调配。攻击对方弱点的攻击手,主要用于削弱对方观点与气势、逼迫对方亮出底牌、迫使对方让步等。缓和谈判气氛的妥协者,该角色可以让对手更好地接受,表达理解与同理心,促使谈判在缓和平稳的气氛中继续进行。观察者与总结者，一般这两个角色集于一名成员，通过观察该名成员总结双方争议焦点，并在合适时机将有利于已方的观点整体抛出；或者在必要的情况下，比如，谈判随着两方的情绪变化逐渐偏移核心争议或走向僵局，这时总结者应当适时提出核心矛盾，引领谈判重回正轨或走出僵局。

(3)制定谈判策略

以当事人的商业目的为出发点和落脚点，在谈判之前建议制定一份多层次、可调整、但底线明确的谈判方案。谈判成员都具备较强的综合实力，但是对于绝大部分跨境诉讼案件，将希望全部寄托于谈判成员的临场发挥是存在一定风险的。

因此，需要在谈判前至少准备以下几个方案：在谈判中提出的最佳方案，即对各方利益最大、可操作性最强的方案。最佳代替方案，即实践效果与利益维护均与最佳方案相差无几，但可能在实操性或变通性上略差于最佳方案。当最佳方案在实操上有难度或对方不能接受时，可以提供最佳代替方案。谈判底线，即一方可能接受的最差条件，这一条件的确定标志着谈判中的任何时候，谈判成员可能在突破这一条件的时候叫停谈判。可谈区间，即最佳方案与谈判底线之间的方案，根据不同案件的实际需要，当事人可以选择确定1～3个退让方案，以便在谈判过程中直接抛出。

(4)制定综合方案

综合方案中不仅应当包括整体谈判角色设定、谈判人员、主要观点、全部谈判方案，还应包括在谈判过程中可能需要注意的其他行政性事项。例如，谈判方案中应包括：

做好案头记录工作。记录主要是指在谈判过程中应注意做好双语会议纪要，尤其是参与谈判的双方的官方语言不一致时，应注意做好双语会议纪要并同时约定优先使用的语言。另外，大型跨境诉讼案件中的和解谈判可能不止一场，会议纪要应及时记录并向双方发送当场的谈判要点,做好谈判成果的书面固定程序。

提前安排谈判地点及会场布置。和解谈判的双方很有可能即将展开一场诉讼或诉讼程序正在进行中,双方仍处于相对敌对的态势,此时专业律师协助当事人寻找有利的谈判主场可以帮助当事人更好地进入谈判状态。同时,优先安排场地并通知对方,可以排除对方非法收集相关证据的风险,也向对方表达了和解诚意。除了主会场外,一般建议再多安排 1 ~ 2 个分会场,用以在谈判程序中止的任何情况下,双方可以在分会场进行内部协商。

列明谈判中的"排除事项"。即便是首席谈判代表,其也一般按照相应授权进行谈判,在授权之外的任何事项,除非出现临时授权的情况,则不应在谈判过程中予以讨论。谈判开始之前,当事人应列明谈判的"排除事项",以防对方在核心争议问题之外获得己方更多商业信息。

(三)做好背景调查

《孙子兵法·谋攻篇》提出的"知己知彼,百战不殆",意思是对对方的情况和自己的情况都有透彻的了解,作战就不会失败。现代商业谈判对于谋略的考究将不亚于一场战争,中国古代的谋略思想被人们沿用至今,了解对手,对于取得有利谈判结果至关重要。这需要当事人在专业律师的指导下综合判断案件的胜诉概率、双方的基本信息、双方对涉案业务的计划、对方的谈判人员特点及文化背景等因素。具体涉及以下几个方面。

1. 人员背景调查

双方谈判人员是决定最终谈判结果的最关键因素,因此对对方人员的信息收集应摆在背景调查的最重要位置。一般来讲,对人员调查时,需要了解清楚对方谈判代表的谈判权限,谈判团队的人员构成,谈判人员的教育背景及任职,谈判人员的投资情况及简单社会关系情况，双方谈判经验及实力对比，谈判企业的资质和信誉状况，企业近期诉讼状况、对方的潜在竞争者。充分了解对手人员背景情况，不仅有助于在谈判中把控全局、有的放矢，也可以增加己方人员对对方人员的信任感，毕竟一场针锋相对的谈判结果绝不会好过良性沟通的方案。同时，了解对手信息可以增加后续合作信心，对方也相应地从其对方对其了解程度判断出己方的真诚态度，有利于后续合作。

2. 商业目的背景调查

当事人除需要收集对方人员背景情况外，为更好地在谈判中占据主动，应充分了解对方的实质商业目的。

如果对手是一家外商投资企业并在中国境内有着长期的经营计划，则谈判中对方更倾向于与境内相关产业的成熟经营者形成良好的互动关系；相反，一个正在考虑收缩中国市场的交易对方，他们对于和解谈判的期待则更多倾向转让资产等方面。同时，未来一段时间国内外政商环境、行业政策对于双方经营计划的影响，也是和解谈判之前需要了解的。例如，相关行业的政府监管措施、行政许可和最新行业标准可能直接影响某些行业的生产经营和收益。笔者不止一次在案件代理过程中遇到过这种情况：对方的诉讼请求为A，但是实际上是希望当事人履行B义务。事实上，对方的商业目的是通过请求A义务，获得最终与履行B义务相同的商业目的，如果在和解过程中，一方能够提出针对B义务的居中方案，则是对于双方来说都是“双赢”的结果。

3. 文化差异背景调查

西方谈判专家指出，跨文化商务谈判中，正确识别并运用双方文化差异，是保证国际商务谈判取得成果的最重要因素之一。笔者认为，在谈判对方与己方存在文化差异时，经常出现的谈判误区是一方谈判者在谈判中套用自身文化及社会习惯的思维定式，去判定对方的好恶及行为的合理性,这种误区常常将谈判引向更坏的结果。

因此,在商务谈判前,积极了解对方国家或地区的文化、社会习惯、法律、政策、风俗、行业惯例等是非常必要的,能够防止文化认知的误判以及不利谈判后果风险。比较常见的文化差异往往见于:(1)线性思维与非线性思维的差异,即西方更崇尚理性、契约、直接推理的思维方式,中方基于历史影响通常遵循中庸、婉转、抽象及间接的表达及逻辑顺序;(2)个体与集体的区别,即西方文化主张个体主义,每个参加谈判的成员都被安排了不同的任务,往往中方的谈判团队由一人作出判断,团队分工也并不明显;(3)商事思维与伦理思维的区别,即西方通常由公司决策层按照公司治理程序进行决策,并通过聘请律师团队进行代言;中方更倾向于以德服人,希望通过政治、文化等社会舆论将纠纷情感化、民族化,通过伦理压力使对方让步。

(四)把握谈判时机和节奏

把握启动和解的时机往往显得比谈判的其他任何程序都重要。在正确的时机启动和解程序,有助于掌握博弈双方的心理优势和提出主张的主动权。在错误的时机贸然提出和解的请求,对方甚至法官、仲裁员都会一致认为是提出和解的一方在法律上或者证据上出现紧急问题,一般这种和解的请求也不一定能够得到对方的接受。

1. 把握启动时机

对于跨境诉讼来说,以美国为例,90% 的民事案件的双方当事人都在审前程序中以和解程序解决,真正进入诉讼程序的案件不足所有案件的 10% 。虽然美国诉讼中调解的概率很高,但一般和解程序都发生在开示(discovery)程序之后,因而无法体现出调解效率性及经济性优势，随后美国法院逐渐促成早期和解，逐渐引入调解介入的相关制度。1990 年后，《民事司法改革法案》要求联邦地区法院必须发展 ADR 项目，随后 1998 年《美国 ADR 法案》将 ADR 项目扩展至上诉法院。从法定程序上看，在美国启动调解程序存在三种方式：(1)强制适用；(2)当事人同意适用；(3)由法院决定适用。从司法实践看，大部分民事案件调解程序是通过当事人同意或法院决定程序开启的。

对于可以自主选择开启谈判时机的案件，笔者建议从以下几个方面决定何时开启谈判：(1)是否保全了对方的财产，如果在诉讼中，当事人已经向法院申请了诉前保全程序，且法院已经发布了相关禁令(injunction)，则对方可能已经出现了资金流动障碍，这时开启谈判有助于申请保全一方获得抓手、占据优势。(2)在专业律师的协助下，当事人认为现在有证据不利于己方商业目的的实现，可以适时提出和解请求。(3)现有证据有利于己方，或已经经过境外法院的证据开示环节，则一般不建议发起和解，也不建议接受对方的和解请求。

2. 进行前期沟通

正如笔者此前介绍，跨境诉讼的过程中当事人双方均处于针锋相对的对抗状态，直接面对面接触进行口头沟通可能存在较大困难。在此情况下，当事人可以考虑以非正式书面沟通(如电子邮件)或正式的书面沟通(如公司函或律师函)进行主要观点或对谈判安排的前期沟通。一般来讲，几轮沟通下来，双方对于谈判需要沟通的事项将逐渐清晰，书面沟通可以确定的事项完成后，距离双方能够面对面谈判的安排也可以提上日程。

律师函中应当明确“不损害实体权利”(without prejudice)，以免在谈判过程中作出的说明或陈述被对方引用为对实体或程序性义务的自认。在美国等域外国家通常会施行极为严格的证据排除制度,例如,《美国联邦证据规则》第408条规定,任何一方提交的以下用以证明或反驳争议问题中的有效性或数额,或用以质疑之前的相悖言论或矛盾的证据均不能作为证据使用:(1)提出、承诺或提供,或接受、承诺接受,或提供接受任何在争议中让步或有意在争议中让步的考虑;(2)在和解协议中做出的行为或陈述,在刑事案件中或在与公共机关行使其管理、调查或执行权力相关案件中所作出的行为及陈述除外。由此可见,为了保证后续诉讼中能够正常提交相关证据材料,一般建议当事人在专业律师的指导下决定可以将哪些关键证据材料作为和解程序中可以沟通的话题,以免在后续诉讼或仲裁程序中对自己产生不利影响。

3. 把控谈判的节奏

无论谈判时间表如何安排,成熟的谈判方应该是擅长把控谈判时机、把控谈判节奏的一方。笔者再次希望提示的一点是,谈判的时间安排应该与当事人经营计划、行业发展动态与跨境诉讼中所涉国家或地区的政策变化情况进行融合考虑,从整体上应首先考量宏观政策对和解谈判的影响,不要过早陷入和解或相关交易的细节问题,这样可能贻误战机,失去和解的主动地位。

绝大多数和解谈判都需要进行多轮,谈判的时间表应该根据谈判进行的节奏具体分析,但至少应该包含以下几个方面的情况:何时应加快谈判进度,何时可以安排暂时中止谈判,何时应考虑让步妥协,何时应该坚守谈判观点或报价,何时可以向对方发出最后通牒。此外,对于谈判的细节,也可以在谈判之前予以预测:(1)谈判事项的先后顺序,和解谈判往往涉及涉案争议的诸多事项,可能不仅包括商业目的的实现,还会包含法务、审计、财务、税务等事项。在大型跨境案件中,以上事项很难在一场谈判中予以同步解决,需要当事人在谈判之前就相关事项列明谈判步骤与场次安排,根据案件的实际需要规划出最优的谈判顺序。(2)谈判人员的发言顺序,如前文所述,谈判团队中的有多角色,不同的案件、不同对手的实际情况不相同,相关角色的发言顺序有所不同,这些也需要在谈判之前根据案件的实际需要确定最优的发言顺序。

(五)做好心理管理

众多心理学研究资料显示,心理因素是决定和解谈判成功与否的重要因素。谈判是人主动的商业活动,成功的谈判不仅能够稳定己方的心理状态,也能够通过一些技巧间接控制对方的心理状态,以达到在获得有利的谈判结果的情况下,让对方感到其至少从心理上也取得胜利。达成这种目的原因在于,取得有利的谈判结果仅是争议解决的阶段性胜利,签署和解协议、履行和解协议的时间将会远长于谈判时间,如果对方能够从心理上接受谈判结果,对后续的执行阶段的迅速推进也是极有帮助的。从法律角度,笔者希望在此提示以下几点心理因素:

一是避免过分强调己方观点的合理性,谈判重心应向瓦解对方观点合理性转移。双方在谈判程序中经常容易陷入过分强调己方观点的误区中,这种误区的不利后果是一方越是强调某个观点,另一方就越不能接受该观点。在此情形下,不妨考虑从对方观点入手,尝试告知对方该观点可能不被法官或仲裁员支持,或直接分析该观点的不合理性,给对方的坚持观点的心理造成一定威慑,动摇对方的信心。

二是引导对方不陷入认知性心理偏差。常见的心理偏差包括:“保持原状偏差”,即认为己方方案是最优的,不愿接受对方的代替性方案(即便结果与己方方案的结果一致);“自我性偏差”,即人们更愿将谈判成功的因素归结于自身而非对方,如果谈判失败,则将问题归结于对方或者客观因素,在这种心理的影响下,人们通常会低买高卖,可谈判区间被大幅压缩,不利于双方一致意见的达成;“应激性贬值”,即认为对方提出的任何提议,其对己方的不利因素都多于有利因素,为避免这种心理,应坚持从理性角度分析,不以主观感觉为衡量标准。

三是适时变换心理角度。谈判中最直观心理影响主要表现在两个方面,一方面是争取对方的同情与理解,另一方面是对对方晓以利害,直击其痛点。前者往往向对方表达苦衷,希望能够获得对方的同情与理解,进而求同存异,获得一致方案;后者往往指出对方痛点并予以深挖,告知对方坚持己见的不利影响,进而获得对方的更大让步。两种心理影响战术都是可以选择的,但是笔者建议应当学会灵活运用,在谈判的不同阶段,根据实际情况可以考虑进行交替使用。

(六)合理妥协

以上谈判技巧都是为了在和解谈判中获得更有利的和解结果而设计的,而在谈判中作出合理的选择与承诺与谈判走向及结果直接相关。在谈判双方就具体谈判方案进行磋商时,可以从整体和局部两个维度进行考虑,避免在谈判中作出不合理的报价承诺,以致影响谈判走势。

从整体角度看,首先,双方应在谈判之初建立价值分配的基本原则,具体数字可以在开始阶段回避不谈,但是可以就涉案合同的后续履行的分配原则、方式等达成初步意向。其次,基于双方的不同诉求,可以考虑等值利益的交换,甚至可以推翻此前的协议就涉案合同项下的权利义务,进行重新分配。最后,关注对方希望实现的终极利益,对方提出的具体方案往往根植于其终极利益需求之上,可以通过谈判沟通,获取相关信息,并在此基础上与对方沟通更优方案。

从局部角度看,可以考虑用以下方式进行和解报价:(1)附条件的方案,例如对方如果在规定的期限内履行义务,则可以适当予以实体让步。(2)差别式方案,即向对方提供相同情况下,己方对其他第三方提出的方案(是差于该方案的),以表明此方案的诚意。(3)举例式方案:将给出的方案进行细化,例如,某货物的整体价格可以转换为每一箱的价格,或者根据合同每次需要支付的款额进行报价,让对方在心理上易于接受,认为该方案的性价比更高。(4)组合方案:当事人可以将待和解的事项中可以接受让步的事项作出加大让步,不接受任何让步的事项不予让步,然后将两事项打包形成一个方案,对方接受该方案的可能性将有较为明显地提高。

四、和解协议起草要点

起草和解协议的目的是具体落实跨境诉讼和仲裁程序中双方当事人就和解事项进行谈判的各项成果,确定当事人的权利义务关系,并形成在双方当事人之间具有执行效力的正式法律文件。

从一般和解协议所具有的特征来看,和解协议一般被绝大部分司法管辖区的法律认为是一种合同,可以广泛应用于合同纠纷、侵权纠纷等民商事争议。从效力上看,和解协议一般对原有法律关系及相关事实进行确认,同时双方基于原有事实及双方法律关系的存在,诉讼或仲裁程序的博弈结果以及双方谈判所确定的权利义务关系设定新的权利义务内容,从而对双方后续在争议发生后继续履行原有法律关系所产生的权利义务产生法律作用,甚至可能将涉及此段法律关系或事实的第三方共同引入和解协议项下,目的在于各方共同努力,完成涉案的某项事务。

在此前提下,如果在跨境诉讼中一方当事人不履行和解协议设定的义务,另一方可要求继续履行。和解协议规定的履行期到来时,债权人根据和解协议提出请求,要求执行和解协议,相应司法管辖区的法院以原判决已过执行期和诉讼时效届满为由予以驳回,将不符合民法的基本精神和原则。

(一)原法律关系的确认

和解类协议是对原合同争议或原债权债务关系的一种特殊处理办法,只有将过去合同履行情况或者债权债务关系说清楚之后,才能在和解协议中对未来的解决方案做出部署。更重要的是确认事实,免遭争议,争取与涉案争议相关的全部事实能够得到"一揽子"解决。

和解协议通常是在原债权债务关系发生争执时达成的,为解决这一争执,需要对原债权债务关系的争议进行确定。一是需要确定原合同关系的内容。例如,双方当事人对原合同应支付的价款、利息,交货的数量、期限以及违约金、损害赔偿金的数额等。二是对侵权之债的内容的确定。这主要是指在发生侵权之后,对是否存在侵权行为,即对是否存在侵权之债的确定。三是对其他法律关系内容的确定。一旦和解协议确定相关法律关系的内容,当事人都应当按照和解协议所约定的内容履行,而不得再行主张和解前的权利义务内容。

(二)争议纠纷的"一揽子"解决

由于跨境诉讼案件的特点,导致其存在"平行诉讼"的可能性。跨境诉讼当事人不仅可以在受案法院所在司法管辖区诉讼,也有权到其他司法管辖区起诉。正是由于跨境诉讼案件的管辖特点,导致跨境诉讼当事人往往需要防止一种情景的发生,即某项争议在一个司法管辖区的法院进行诉讼,在诉讼过程中双方当事人一致同意通过和解解决本案;但此后对方当事人认为在和解程序中未获得足额补偿,又在其他的司法管辖区具有管辖权的法院发动了相同的诉讼。为避免这种情况的发生,通常情况下,当事人一般希望在和解程序中能够一次性地将双方之间的相关纠纷及潜在纠纷在本案调解中一并处理。

为此，在起草调解或和解协议时，需要明确约定如果本案调解书一旦生效，则与当事人相关的一切纠纷，包括超出本案范围的当事人之间的其他纠纷及潜在纠纷，当事人都放弃追究，并且在全球范围内的全部司法管辖区同时生效。

（三）保密性约定

跨境诉讼案件中，当事人往往将案件的保密约定作为和解协议的重要条款。在不同的司法管辖区，保密条款如何纳入正式的和解协议以及其后的法院或仲裁调解书中，法庭或仲裁庭是否会允许纳入，可能存在不同操作。但从整体角度看，在审查调解或和解协议时，法庭或仲裁庭会关注其可执行性及执行难度。因此，如果一项和解协议内容并不违反法律法规强制性规定，不违反公序良俗，并且具有可执行性，则法庭或仲裁庭并没有理由拒绝认可。而当事人提出对和解过程及结果进行保密的要求，这并不违法，就仲裁而言甚至本身就是仲裁程序所追求的价值目标之一。另外，如果和解协议相关内容详细、明确、具体地约定了保密义务的内容及违反保密义务的法律责任与后果，则其执行性也没有问题。因此，对于和解协议中的保密条款，法庭或仲裁庭是应当准许的。

从具体起草的内容看，应当注意以下五个方面的内容：一是保密的形式，双方当事人具体以何种形式进行保密，即通过何种行为及不作为完成双方当事人的保密义务；二是保密范围，即双方当事人需要对哪些事项进行保密以及将相关事项在何种地域范围限制其传播；三是保密的时间期限；四是保密条款的效力期间，一般需要约定保密条款不随合同的失效或解除而对双方当事人丧失效力；五是违反保密义务的责任。

(四)不可撤销条款

对于跨境争议的双方当事人来说,选择将涉案争议付诸境外法院或者仲裁机构,并在相关司法程序中选择使用和解方式解决问题,是需要一定勇气的。之所以这样讲,是因为如果相关司法管辖区无法通过司法机关或仲裁机构认证和解协议,则和解协议本身的执行力将弱于国家或地区审判机关的裁判文件,因此,签署和解协议的双方当事人更为关注双方是否能够信守约定并按照约定的内容履行和解协议项下的义务。同时,跨境争议案件具有主体、地域、法律事实等多重涉外因素,存在更多的不确定性。调解中,案件当事人往往更担忧对方反悔的可能性。为此,一般建议当事人在和解协议及调解书中加入“不可撤销地放弃/同意……”的声明性约定,其法律效果与英美法上的禁反言(Estoppel)的法律原则相同。同时,这种合同措辞也容易被各方当事人所接受。

(五)违约及可执行约定

不履行义务的责任条款及其强制执行。涉外民商事案件的调解协议中,债权人往往会要求债务人在违反调解协议的情况下承担一定的违约责任,以加强调解书的约束力。这种约定并不影响调解书的确定性,是法律允许的。但要注意的是,调解协议不能够约定如果义务方不履行调解协议就改由法院继续判决,因为这样的约定不具有可操作性,调解书一旦由法院送达当事人即生效力,案件即行终结,法院将不再继续审理和裁判。

如果调解书约定了违约责任,且义务方届时未能履行调解书确定的义务,权利人不但可以申请法院强制执行该义务,同时还可以申请执行调解书载明的义务人因违反调解书给付义务而应承担的额外责任,比如约定违约金。

五、境外调解/和解的形式及执行

如前文介绍,跨境诉讼领域可能涉及的争议解决程序众多,相应可能涉及的和解或调解程序也形式多样。但从众多代替争议解决机制中,笔者认为适用最广泛、最为常见的和解程序为外国法院诉讼涉及的和解程序、国际仲裁程序中涉及的和解程序以及国际商事和解协议的执行问题。

(一)境外诉讼的调解及执行

1. 美国法院的调解

众所周知,美国民事诉讼案件的和解及调解制度已经发展得非常成熟,更有评论媒体指出"在美国打官司就是在打和解",由此可见,和解及法院调解程序在美国民事司法领域有着举足轻重的地位。美国的和解与调解制度框架为:

诉讼中和解,当事人可以选择在诉讼过程中的任一时间达成和解,其主要依据为 1983 年《美国联邦民事诉讼规则》第 16 条,根据该规定,法官可以裁定当事人或其代理人参加审前会议(美国绝大部分案件系在这一阶段完成)。另一依据为《美国联邦民事诉讼规则》第 69 条关于判决方案要约的规定,即被告可以提出对己方不利的判决方案,如果原告不接受,若最终不比要约对其有利,则原告将承担诉讼费用、被告律师费用等成本,以此促成双方和解。从和解实施和执行层面看,方式分为两种,一种是双方自行庭外和解,即双方签署撤回诉讼的申请,终结诉讼程序并谈判、签署和解协议,协议中也可以约定再次起诉(集团诉讼除外);另一种是申请合意判决(consent judgement),即法院作出名义上的判决(Momniai Amuoni),但实际上双方以协议金额作为实际给付的依据,以此保证当事人间的和解金额不会泄露。无论哪种方式的和解,美国法院都有强有力的执行禁令措施保障和解协议的实施。

法院附设调解程序,根据1974年美国民事案件管理计划的规定,美国某些特定类型的案件必须进入调解(如加利福尼亚州家事法典规定,有争议的监护案件必须调解),此外,赋予法官自由裁量权裁定或同意当事人进入调解,在有州法或法院规则的授权的案件中,法官还可以适用强制调解。

诉讼外调解,主要包括社区调解、行政调解和地方民间组织的调解。在1964年《民权法案》的规定背景下,美国建立了全国性的社区调解中心,随后被20世纪90年代建立的司法仲裁调解中心取代,主要解决小型邻里争议或民事案件。此外,美国还建立有行政调解(如平等就业机会委员会调解中心处理劳资纠纷等)、民间调解(如商业促进局提供消费者权益保护案件的调解服务等)。

2. 英国法院的调解

英国是英美法系的发源地之一,拥有高度发达的经济系统和健全的法制系统,英国在民事案件和解及调解制度上也做了大量探索。英国民事案件通过开庭(hearing)审理程序占比在近十年几乎都低于全部案件的3%,除非相关案件以被告未答辩或者裁判、即决判决裁判的形式结案(事实上,这类案件的占比微乎其微),绝大部分案件系和解结案。英国法院系统和解的主要制度框架为:

审前行为准则(Pre - action Protocols),1999年英国沃尔夫改革引入了该套规则体系,涵盖了包括借贷、人身、合同等多项单项行为规范,共性内容为要求原告在起诉前发出求偿信,写明诉讼主张及依据,被告在一定时间内回复,以此鼓励双方沟通、促进和解。当然,不遵守行为规范的后果也很严重,即便最终胜诉,也将会承担高额的诉讼、律师费用,或被调减/增加利息。

律师费分担规则,英国法院关于律师费分担的裁判规则繁多,其中比较常见包括:(1)败诉方承担律师费原则,随着诉讼时间的延长，律师费也越高，加之英国诉讼程序有证据开示制度（disclosure），双方一般对诉讼结果都有大致预测，可能败诉一方更可能希望双方尽快达成和解；（2）诉讼行为的审查制度，根据《英国民事诉讼规则》，英国法院对双方的诉讼行为的审查极为严格并将作为分配律师费的依据；（3）和解要约制度，根据《英国民事诉讼规则》第36条，该规则极为复杂，简单来讲就是一方发出的和解要约，对方可以选择是否接受，如果拒绝，那么不合理拒绝和解的当事人将承担更多的律师费，该制度也是鼓励并且促使案件双方尽早和解。

披露制度，《英国民事诉讼规则》第31.6条规定，披露范围应包括：拟用作证据的文件、可能对案件（指披露方、披露方的对方）有不利影响或能够支持对方的文件、执业指引要求披露的文件、法院要求披露的文件。该项制度有助于双方当事人全面掌握己方优势、劣势，正视案件走向，促进和解。

律师监管规则，英国的律师监管机关要求律师不应误导或欺骗法庭、遵守法庭命令、告知客户其对法庭的义务高于对客户的义务、不乱用敏感证据等，律师违反监管将受到罚款、公开谴责甚至吊销执照的处罚。这些规则的适用将极大促进律师协助当事人和解、不拖延诉讼，并搭建了英国诚信、严谨的诉讼机制。

3. 其他法域法院的调解

在澳大利亚，联邦法院、维多利亚法院、新南威尔士法院都无一例外地规定了以当事人同意为原则、法院强制提交调解为补充的相关立法。虽然相关立法在澳大利亚法学界引起了轩然大波，并被称为是“强制调解可能是对法治的腐蚀”，但该制度仍然在司法实践中起到较为重要的作用，也是争议双方在澳大利亚参与跨境诉讼时应当引起必要重视的问题。

在德国，以法院为中心，可以分为法院外调解（商事领域的自由调解）、法院相关调解（部分案件可以中止审理转为调解）及法院内调解(审理过程中转为法院调解员进行调解)。2012 年 7 月,德国出台了《调解法》,其中最为重要的即为确保调解结果具有执行力的相关规定。德国调解法规定,在两名律师共同作出或由公证员或法官记录时,调解结果(如和解协议)即可以作为执行依据,法官直接主持下形成的和解协议也具有当然的执行力。

日本的民事调解制度广泛地移植自德国民事法律制度,但也在法律本土化的过程中迎合了日本国情的需要。日本实行"调审分离"制度,即调解按照非诉程序以不公开及职权探知主义为原则,且主持调解的法官与审判法官不为同一人,有专门的调解法官处理调解程序、调解执行事宜。针对法院介入的调解程序,《日本民事调停法》规定,调解达成的协议记入笔录,即发生既判效力,一方当事人拒不履行的,法院可以强制执行。

(二)国际商事调解的执行

联合国国际贸易法委员会曾于 1980 年制定了《调解规则》,于 2002 年制定了《国际商事调解示范法》,这两部国际司法文件构成了国际调解的基本框架。在法律专家拟定《国际商事调解示范法》时,曾对国家和解协议的执行问题进行过讨论,但最终问世的《国际商事调解示范法》仅笼统规定了和解协议具有约束力和可执行性,不具有可操作性,有待于签署方的国内立法或形成更具有统一可操作性的国际条约。

2014 年 5 月 30 日,美国代表团向联合国国际贸易法委员会提交了关于国际商事调解所产生和解协议的提案,提案指出,目前在国际上使用调解的障碍之一就是调解协议达成后的执行比仲裁裁决的执行难度更大,依据相关合同法律进行跨境执行可能烦琐且费时,需要根据不同司法管辖区的实际准据法对协议的起草、执行进行不同安排,极大地影响了当事人进行调解的积极性。世界范围急需一项类似《承认及执行外国仲裁裁决公约》(又称 1958 年《纽约公约》)的可以直接执行国际和解协议的国际公约。2018 年 12 月 20 日,联合国正式通过《关于调解所产生的国际和解协议公约》(又称《新加坡公约》),该公约于 2019 年 8 月 7 日在新加坡开放签署,我国也签署了该公约。

《新加坡公约》适用于基于调解程序而以书面形式订立的国际和解协议及相关执行,不适用于当事人未经调解自行达成的和解协议执行,消费者为个人或家庭目的订立的和解协议;与家庭、继承法或就业法有关的和解协议;或可作为判决或仲裁裁决执行的和解协议、记录了和解协议内容的判决书或仲裁裁决书也不适用于本公约。《新加坡公约》规定的关键条款还包括:(1)协议的国际性、营业地、书面形式及调解的关键定义;(2)缔约方在执行和解协议的义务及当事人援引本公约的权利;(3)当事人援用和解协议申请执行的程序(提交调解证据等);(4)执行机关可援引的拒绝执行的理由(当事人行为能力、和解协议效力、调解程序等);(5)更有权利条款,即本公约不应剥夺任何利害关系人可依执行地的法律或者条约所许可的方式,在其许可限度内,援用该和解协议的任何权利;(6)保留条款,允许《新加坡公约》当事方在声明规定的限度内,将其为一方当事人的和解协议或任何政府机构或代表政府机构行事的任何人为一方当事人的和解协议排除在《新加坡公约》适用范围之外。第 2 项保留允许《新加坡公约》当事方声明仅在争议各方同意适用《新加坡公约》的情况下适用《新加坡公约》。

第十二章　执　　行

一、跨境执行概述

经济全球化与区域经济一体化趋势不断加强的背景下，国家间商品、服务、资本、人力的跨国流动日趋频繁。中国企业一直站在国际货物服务贸易的潮流浪尖，近年来在“一带一路”背景的推动下，共建国家或地区的对外投资也在火热开展，越来越多的中国企业涉入跨国民商事纠纷中。在此背景下，实现国家间法院判决的相互承认和执行的价值日益凸显。

跨境诉讼执行，指某一国家或地区作出的法院判决等具有既判力的可执行文书在另一国家或地区的执行活动。根据执行依据和执行地的不同，跨境诉讼执行包括外国民事或商事判决在中国的承认和执行、中国民事或商事判决在外国法院的承认和执行，以及临时措施的跨境执行等。与国内判决不同，跨境诉讼执行的法律依据范围更为广泛，不仅包括民事诉讼法，还包括双边条约、国际条约、互惠原则、国际礼让，以及法院间承认和执行判决的指导备忘录等其他不具有法律效力的参考依据。

现代社会国家间主权平等，任何国家都没有直接承认与执行外国法院判决的义务。各国之间相互承认与执行外国法院判决主要基于国际礼让、互惠原则以及各国之间签订的双边及国际条约。[1] 以中国为例，虽然中国已与30多个国家签订了包含执行外国法院判决内容的双边民商事司法协助协定，但与其他主要贸易往来国家在法院判决执行方面尚未有条约保障。缺乏条约基础，互惠原则成为各国之间，尤其是贸易往来频繁的大国之间相互承认与执行外国判决的法理基础。

过强的司法主权观念与严苛的事实互惠认定标准导致中国在条约缺失情况下执行外国法院判决方面长期处于困境之中，不利于诉讼定分止争功能的发挥以及私人利益的保护。随着跨境民商事关系日趋紧密，尤其是中国高净值人群海外移民和资产境外转移的情境下，各国或者不同法域的判决能否得到相互承认与执行成为跨境诉讼中的重点和难点问题。

二、跨境执行的难点与困境

（一）承认和执行域外判决的困境

各法域的法律制度不同、司法理念各异，不同法域的判决之效力有其属地性，承认和执行域外法院判决涉及本国司法主权问题，域外判决不能当然得到承认和执行。尽管各法域对域外法院判决整体持尊重的态度，但在司法实践中一般持谨慎态度，这导致跨境判决缺乏全球流通性。

第一，跨境判决的承认与执行缺乏统一的国际法规则规制。全球性判决承认与执行公约的签署以各法域达成管辖权合意为基础，而世界各国在政治、经济、文化与利益诉求等方面的巨大差异导致合意达成困难重重。

---

〔1〕 连俊雅：《互惠原则在中国执行外国法院判决中的适用研究——兼论中国废除互惠原则的可能性》，载《石河子大学学报（哲学社会科学版）》2018年第1期。

第二,双边条约谈判过程冗长,缔约方数量有限[1],难以为跨境判决的承认与执行提供有效的实质性规则。各法域之间缔结的双边司法协助条约,对文书送达、域外取证等条款规定相对完善,但关于判决承认与执行的规定仅为框架性安排,缺乏可操作性。

第三,我国法院长期以事实互惠标准作为认定互惠关系存在与否的单一准绳。在互惠原则的适用中过度依赖事实互惠标准的刚性做法,容易导致“互惠”沦为国家间“报复的工具”。例如,A 国拒绝承认 B 国判决效力,基于此种先例 B 国拒绝承认和执行 A 国判决,进而导致两国之间事实互惠关系破裂。

(二)承认与执行域外判决的发展趋势

近年来,承认和执行跨境判决的艰难局面日渐好转。一方面,历经 30 多年谈判,海牙国际私法会议于 2019 年 7 月通过了《承认与执行外国民商事判决公约》,这是全球首个全面确立民商事判决国际流通统一规则的国际文书,对于统一各法域司法实践具有重要意义;另一方面,中国法院对承认和执行域外判决的态度逐步回暖,从“事实互惠”向“推定互惠”转变,2018 年至 2020 年的审判实践也为人民法院在互惠原则适用方面表现出的积极、开放立场提供了佐证。例如,在公开渠道跟踪 2018 年至 2020 年经我国法院承认的域外法院生效判决的执行情况,9 个案件中,有的案件来自尚未与中国签订司法协助条约的法域法院,但没有一个案件是因法院认为不存在互惠关系而驳回申请人的承认和执行申请。[2]

---

〔1〕 我国尚未与诸多贸易往来密切的发达国家在判决承认与执行方面缔结双边条约,美国、日本等发达国家也未与任何国家签订有关涉外判决事项的双边条约。

〔2〕 刘敬东、张灿:《我国承认与执行外国法院生效判决的实证研究——基于对 2018 年至 2020 年人民法院典型案例的分析》,载《海峡法学》2021 年第 3 期。

(三)临时措施的跨境执行困境

临时救济是在不完整的事实或证据基础上的法院裁断,是基于"不确定的权利状态"的权利。这一理论基础决定各法域在临时救济的适用中引入诸多限制或条件,而这些限制和条件制约着临时措施的发展。除理论困境外,由于缺乏适用于国际民商事诉讼的临时救济制度体系,各法域依据本法域内法律程序适用临时措施而导致实践中难以协调一致。各法域的临时救济体系通常以非涉外诉讼为导向,而跨境执行中临时救济的适用因具有涉外因素和国际内涵,而依赖于国家间合作。

三、中国承认和执行外国判决的程序、范围和审查标准

(一)我国立法现状

根据最高人民法院原院长周强 2022 年 10 月 28 日在第十三届全国人民代表大会常务委员会第三十七次会议上作出的最高人民法院《关于人民法院涉外审判工作情况的报告》,在涉外法律适用规则体系层面,自 2013 年以来,我国制定涉外审判司法解释 31 个、规范性文件 9 个,发布指导性案例 12 件、典型案例 137 件。在国际司法交流层面,我国与 140 多个国家和地区的司法机构及 20 多个国际或区域性组织建立友好交往关系,签署 70 多个合作协议或备忘录。在国际司法协助层面,我国与 82 个国家缔结 170 项双边司法协助类条约,加入包含司法协助、引渡等内容的近 30 项国际公约,合作范围覆盖 130 多个国家。除此之外,我国在跨境民商事判决的承认和执行领域积极参与重要公约的磋商与谈判,例如,我国在海牙承认与执行外国民商事判决公约、联合国打击网络犯罪公约等国际公约制定中提出中国建议,积极参与海牙国际私法会议

管辖权项目谈判，探索国际平行诉讼解决方案。

（二）法律依据

1.《民事诉讼法》及其司法解释

我国法院承认与执行外国法院判决的规定主要集中在《民事诉讼法》及其司法解释等。其中，《民事诉讼法》第293〔1〕、298〔2〕、299条〔3〕的规定为承认与执行提供了基本的法律依据。在此基础之上，《民诉法解释》第544～549条又进一步作出细化规定。

2. 国际公约

1971年《关于承认和执行外国民事和商事判决的公约》生效后，由于仅有5个国家批准加入，〔4〕并没有发挥应有的功能，目前中国尚未加入该公约。海牙国际私法会议从1992年开始制定新的综合性外国法院判决承认和执行公约，于1999年10月完成了公约草案的拟定，但由于各国对管辖权制度、不方便法院原则等态度存在巨大差异，最终未获成功。海牙国际私法会议转而制定争议较小的选择法院协议方面的公约，即海牙《选择法院协议公约》。该

---

〔1〕《民事诉讼法》（2023修正）第293条第1款：根据中华人民共和国缔结或者参加的国际条约，或者按照互惠原则，人民法院和外国法院可以相互请求，代为送达文书、调查取证以及进行其他诉讼行为。

〔2〕《民事诉讼法》（2023修正）第298条：外国法院作出的发生法律效力的判决、裁定，需要人民法院承认和执行的，可以由当事人直接向有管辖权的中级人民法院申请承认和执行，也可以由外国法院依照该国与中华人民共和国缔结或者参加的国际条约的规定，或者按照互惠原则，请求人民法院承认和执行。

〔3〕《民事诉讼法》（2023修正）第299条：人民法院对申请或者请求承认和执行的外国法院作出的发生法律效力的判决、裁定，依照中华人民共和国缔结或者参加的国际条约，或者按照互惠原则进行审查后，认为不违反中华人民共和国法律的基本原则且不损害国家主权、安全、社会公共利益的，裁定承认其效力；需要执行的，发出执行令，依照本法的有关规定执行。

〔4〕阿尔巴尼亚、塞浦路斯、科威特、荷兰和葡萄牙。

公约于2005年通过,2015年正式生效。我国于2017年9月12日签署该公约,目前尚未批准。

2012年,海牙国际私法会议决定重新推动《承认与执行外国民商事判决公约》的制定,于2016年形成了一份新的草案,并于2016年至2018年间召开了四次特别委员会会议,就该公约进行谈判。最终,参与会议的数十个国家的代表于2019年7月2日通过了该公约的最终文本。尽管如此,各国间仍有很多尚未达成共识的问题,该公约被适用于指导民商事判决的全球流通尚有时日。

3. 双边司法协助协定

中国已经与38个国家缔结了涉及民商事的双边司法协助协定或条约,且前述38项协定或条约均已生效。[1] 其中,有4项未规定外国法院判决承认和执行的制度,涉及新加坡、韩国、泰国与比利时4个国家;除涉及塞浦路斯、老挝和匈牙利3个国家的协定或条约以直接列明承认和执行条件的方式作出规定外,其余均以列明拒绝承认和执行条件的方式就承认和执行作出了规定。

通过签订具有约束力的双边条约,一定程度上可以缓解承认和执行外国法院判决的困境,但是由于我国对外签订的此类双边条约或协定数量较少,且大多缔约方与我国经贸往来并不是特别频繁,因此双边条约的作用与优势尚未充分发挥。在缺乏相关国际条约的情况下,我国法院只能依据民事诉讼法规定的互惠原则来判断是否承认和执行外国法院的判决。

---

〔1〕 根据中华人民共和国条约数据库统计,与中国签订民商事双边司法协助条约的国家包括意大利、匈牙利、新加坡、西班牙、突尼斯、泰国、摩洛哥、秘鲁、科威特、法国、韩国、波黑、保加利亚、巴西、埃塞俄比亚、阿拉伯、阿根廷、阿尔及利亚、伊朗、乌克兰、立陶宛、罗马尼亚、越南、希腊、乌兹别克斯坦、土耳其、塔吉克斯坦、塞浦路斯、蒙古国、老挝、吉尔吉斯斯坦、哈萨克斯坦、古巴、俄罗斯、朝鲜、波兰、白俄罗斯、埃及。

4. 法院间承认和执行判决的指导备忘录

2018 年 8 月 31 日,我国最高人民法院与新加坡最高法院共同签署了《关于承认与执行商事案件金钱判决的指导备忘录》,这是最高人民法院与外国最高法院签署的第一个关于承认与执行判决的指导备忘录。根据该备忘录第 6 条,中国法院可以在互惠基础上,根据申请人的申请,承认与执行新加坡法院的判决。换言之,该备忘录对于跨境民商事判决的承认和执行仅具有参考和指导意义,而不具有法律拘束力。

5. 互惠原则

根据《民事诉讼法》(2023 修正)及《全国法院涉外商事海事审判工作座谈会会议纪要》等规定〔1〕,我国法院在审理申请承认和执行外国法院判决、裁定案件时可依据互惠原则进行审理。通常而言,互惠关系包括法律互惠〔2〕、事实互惠和推定互惠三种。我国司法实践长期以来采取较为保守的"事实"互惠立场,对于两国间司法实践中没有承认和执行对方法域法院判决先例的,即认定未成立相应的互惠关系。近年来,在最高人民法院的倡导下,我国开始向"推定互惠"转变,即只要对方国家没有拒绝承认和执行我国法院判决的先例,就推定两国之间存在互惠关系。具体而言,在审理申请承认和执行外国法院判决、裁定案件时,我国法院认定存在互惠关系的情形包括:(1)根据该法院所在国的法律,人民法院作出的民商事判决可以得到该国法院的承认和执行;(2)我国与该法院所在国达成了互惠的谅解或者共识;(3)该法院所在国通过外

〔1〕《民事诉讼法》(2023 修正)第 293、299 条,《全国法院涉外商事海事审判工作座谈会会议纪要》第 33 条。

〔2〕法律互惠要求两国法律关于承认和执行外国判决的条件基本对等,对外国法的查明提出了较高的要求;事实互惠要求对方国家存在承认和执行本国判决的事实。

交途径对我国作出互惠承诺或者我国通过外交途径对该法院所在国作出互惠承诺,且没有证据证明该法院所在国曾以不存在互惠关系为由拒绝承认和执行人民法院作出的判决、裁定。[1]

(三)审查标准

各国法院对外国法院判决的审查皆秉持司法相对克制立场,遵行正当程序原则,中国也不例外。正当程序原则是各国承认和执行外国判决时所普遍适用的法律原则,包括被申请人在外国审判程序中的程序性权利是否得到保障等因素,如被合法通知的权利、陈述意见的权利、提出异议的权利等。

审查申请承认和执行外国法院判决、裁定时,首先应审查该国与我国是否缔结或共同参加了国际条约,如存在国际条约的,应依照国际条约办理。[2] 其次,在没有国际条约,或国际条约对相关事项未作规定的情形下,可以根据《全国法院涉外商事海事审判工作座谈会会议纪要》第 44 条认定是否存在互惠关系,并适用《民事诉讼法》(2023 修正)及《全国法院涉外商事海事审判工作座谈会会议纪要》规定的审查标准。审查标准可概括为以下 6 项:[3]

(1)不违反我国法律的基本原则,且不损害我国国家主权、安全和社会公共利益。

(2)外国法院判决、裁定系对民商事案件实体争议作出,而非保全裁定或其他程序性法律文书。

(3)外国法院判决、裁定具有真实性、终局性、有效性,即申请承认和执行的判决、裁定不是通过欺诈方式取得,且对相关当事人

[1] 《全国法院涉外商事海事审判工作座谈会会议纪要》第 44 条。

[2] 《全国法院涉外商事海事审判工作座谈会会议纪要》第 33 条。

[3] 《民事诉讼法》(2023 修正)第 299 条、第 300 条、第 301 条;《全国法院涉外商事海事审判工作座谈会会议纪要》第 41 ~ 43、46、47 条。

已发生终局的法律效力。

(4)作出判决或裁定的法院对案件具有管辖权,即需满足以下情形:①依据该法院所在国法律,该法院对案件具有管辖权且与案件所涉纠纷具有适当联系;②不违反我国专属管辖的规定;③不违反当事人排他性选择法院管辖的协议;④缺席判决中的当事人不存在有效仲裁协议或缺席当事人已明示放弃仲裁协议等。

(5)根据适用的外国法,在外国法院进行的诉讼程序具有公正性、合法性,如被申请人得到合法传唤且获得合理的陈述、辩论机会,对被告进行了有效送达,无诉讼能力的当事人得到适当代理等。

(6)中国法院未就同一纠纷作出判决,也未承认和执行第三国对该案件作出的判决、裁定。

(四)外国判决承认与执行的程序

申请主体:既可以是外国判决的当事人(包括双方当事人),也可以是作出判决的该外国法院;案件以外的其他人(如案件的第三人)则不得提出承认执行外国法院判决的请求。

管辖法院:有管辖权的中级人民法院,如申请人/被申请人住所地或财产所在地中级人民法院。[1]

管辖权异议:境外异议需提交主体资格证明及联系方式,且文书仅可在异议方之间送达。[2]

时效:期间为2年,并适用我国法律有关诉讼时效中止、中断的规定。[3] 超期申请执行可能导致不予承认和执行外国法院

〔1〕《民事诉讼法》(2023修正)第298条。

〔2〕《全国法院涉外商事海事审判工作座谈会会议纪要》第9条、第14条。

〔3〕《最高人民法院关于适用〈中华人民共和国民事诉讼法〉的解释》(2022修正)第545条。

判决。

申请材料：主体资质文件、授权材料、申请书、判决书正本或者经证明无误的副本、证明判决已经发生法律效力的文件等。[1]

公证认证：域外形成的申请材料应当办理公证认证手续，或者履行中国与该国订立或共同参加的有关国际条约（如《取消外国公文书认证要求的公约》）规定的证明手续。[2]

翻译：申请人提交的判决及其他文件为外文的，应当附有加盖翻译机构印章的中文译本。[3]

对我国诉讼程序的影响：如当事人申请承认和执行外国法院作出的生效判决、裁定，而该判决、裁定涉及的纠纷与我国法院正在审理的纠纷属于同一纠纷的，我国法院可以裁定中止诉讼。如我国法院裁定不予承认和执行的，应恢复已经中止的诉讼。再如，裁定予以承认和执行的，裁定驳回起诉。[4]

驳回申请的情形：未提交身份证明文件及履行公证认证手续；未提供生效的判决书正本或经证明无误的副本；未证明被申请人经依法传唤并被送达生效证明文件；拟承认和执行外国法院判决尚不具备终局性、确定性的。[5]

救济：如当事人对我国法院作出的裁定（包括承认和执行的裁

---

〔1〕《全国法院涉外商事海事审判工作座谈会会议纪要》第8、16、35、36、42条。

〔2〕《全国法院涉外商事海事审判工作座谈会会议纪要》第35条、最高人民法院《关于民事诉讼证据的若干规定》（2019修正）第16条。

〔3〕《全国法院涉外商事海事审判工作座谈会会议纪要》第35条。

〔4〕《民事诉讼法》（2023修正）第302条。

〔5〕四川省成都市中级人民法院民事裁定书，（2018）川01协外认3号；辽宁省大连市中级人民法院民事裁定书，（2021）辽02认澳1号；湖南省郴州市中级人民法院民事裁定书，（2020）湘10协外认1号；江西省南昌市中级人民法院民事裁定书，（2020）赣01认澳1号；浙江省金华市中级人民法院民事裁定书，（2019）浙07认澳1号；江苏省无锡市中级人民法院民事裁定书，（2017）苏02协外认1号之二等。

定、不予承认和执行的裁定)不服的,可以自裁定送达之日起 10 日内向上一级人民法院申请复议。[1]

整体而言,我国有关承认与执行外国法院裁判的司法实践尚不统一和完善。例如,根据我国法律规定,承认与执行外国法院裁判的案件属于涉外民商事案件,应实行专属管辖且一般由中级人民法院或高级人民法院管辖。但实践中,经指定的部分基层人民法院也具有此类案件的管辖权,实际上造成了此类案件的管辖相对混乱。另外,我国承认和执行外国法院裁判相关规则设置过于原则、可操作性低,易造成案件审理不确定性和不可预见性,进而导致商事主体在选择法院时避免选择我国法院,或者避免向我国法院申请承认与执行。最后,申请承认和执行外国裁判的程序周期长,被申请人容易在此期间采取隐匿、转移财产的方式逃避债务,致使申请人申请承认和执行的目的落空,合法权益受损。但需注意的是,2023 年修正的《民事诉讼法》第 300 ~ 304 条集中对外国法院生效裁判的承认与执行问题作出了新增规定,在一定程度上提升了我国在该领域的相关制度规则的完备性和灵活性,有助于让中国法院成为更受欢迎的涉外民商事争议解决法院。

四、境外司法管辖区承认和执行外国判决的程序、范围和审查标准

各司法管辖区承认与执行外国判决的程序、范围和审查标准主要依据本国国内法或本地区规定,基于法律体系、法律传统及法律文化习惯的不同,各司法管辖区承认与执行外国判决的程序、范围和审查标准有所不同。这些区别落入各国(地区)司法主权范畴,虽然各国(地区)可能基于互惠原则、双边或国际条约允许承认

---

[1] 《民事诉讼法》(2023 修正)第 303 条。

和执行外国判决,但该外国判决能否在国内或本地区得到实际的承认与执行仍存在较大的不确定性。下文将结合主要司法管辖区的国内法规定,展开阐述。

(一)美国

1. 法律依据

1962 年美国统一州法委员会(National Conference of Commissioners on Uniform State Laws)制定了《承认外国金钱给付判决统一法》(Uniform Foreign Money Judgments Recognition Act, UFMJRA)(以下简称《统一法》)。该法规定了关于司法礼让及承认外国金钱判决的通用原则,截至目前已有 30 多个州采用该法。在未采纳《统一法》的州,或《统一法》适用范围之外的判决(如非金钱给付判决),当事人可以通过以判例法形式确立的互惠原则或英美法系下的礼让原则申请承认与执行。

根据《统一法》第 3 条和第 4 条的规定,外国法院判决可以在美国得到承认和执行的前提包括以下三点:

(1)该外国判决应满足该法第 2 条所规定的"终局性的、结论性的和可执行的"要求;[1]

(2)该外国判决是关于金钱返还义务的认可或不认可;

(3)不存在《统一法》第 4 条所述的不得承认和执行的情形。

2. 程序法规则

《统一法》中关于不得承认与执行外国法院判决的情形,与《纽约公约》中不得承认与执行外国仲裁裁决的情形高度相似。[2]

---

〔1〕 可认定外国判决非终局性的情形:外国司法体系不能确保审判公正或审判程序未能符合正当程序要求;外国法院对被告没有属人管辖权;外国法院对诉讼标的没有属物管辖权。

〔2〕 《纽约公约》第 5 条。

基于美国的联邦制度,美国每个州的具体外国判决承认与执行的程序有所不同。以加利福尼亚州为例,《加利福尼亚州民事诉讼法典》(California Code of Civil Procedure)采纳了《统一法》的规定,为外国法院金钱给付判决在加利福尼亚州的承认和执行提供了法律依据。

申请方式:若承认外国判决是作为单独事项提出的,则须在当地法院提起单独的申请。若承认外国判决是在已有的诉讼中提出,则可以作为反诉或抗辩提出。

诉讼时效:若作出判决的国家的法律未规定向其他国家申请执行判决的时效,或外国法规定的申请期间超过10年,则应适用加利福尼亚州法律规定的10年诉讼时效;反之,则适用外国法规定的短于10年的期间。

承认的效力:一旦法院判定外国判决应予承认,该项外国判决将比照该州法院作出的当地判决,以相同方式获得同等效力的执行。

承认与执行外国判决的标准:

(1)判决的内容为确认或驳回金钱给付义务;

(2)根据判决作出国的法律,判决为终局性的、结论性的和可执行的。

加利福尼亚州法院规定了多项不得承认与执行外国判决的情形,均可概括为不符合正当程序原则,例如外国法院缺乏属人管辖权、属事管辖权,被告未及时收到程序通知导致未能充分答辩,判决通过诈骗方式取得而败诉方丧失陈述案件的充分机会等。可见,加利福尼亚州法院在对外国判决进行审查时,主要进行程序性审查,实体部分仅审查外国法院判决所基于的诉由或诉讼请求是否有悖于本州或美国的公共政策,而不对判决的实质性内容进行审查。

3. 案例:美国纽约州上诉法院承认和执行北京市高级人民法院判决

2021 年 4 月 30 日,美国纽约州纽约县高等法院作出判决,就上海雍润投资管理有限公司诉喀什星河创业投资有限公司、徐某某一案,对北京市高级人民法院(2019)京民终 115 号民事判决不予执行,原因是中国民事诉讼程序制度整体不符合美国正当法律程序要求,并据此判决对北京市高级人民法院判决不予承认与执行。

原告就不予承认与执行判决提起上诉,上诉法院在 2022 年 3 月 10 日作出裁决,推翻初审判决。上诉法院认为,被告所提交的证据指出中国法院在涉及政治敏感的案件中缺乏司法独立性,但此证据不能彻底否定原告关于中国法院系统具有公平性的证明。因此,中国法院司法系统的程序正当性不应当被否定。纽约州高等法院上诉庭推翻了下级法院拒绝承认和执行中国法院判决的裁决,实质上确认了中国法院判决的可执行性。

此案并非美国法院第一次承认和执行中国法院作出的判决。根据美国法院承认与执行外国判决的情况来看,对于涉及金钱给付内容且不违反美国公共政策、正当程序原则的外国判决,美国法院倾向于尊重并作出承认和执行外国法院判决的判决。

(二)英国

在英国,申请承认与执行外国法院判决所适用的法律制度包括三个层面:第一,欧盟层面,例如《关于民商事案件管辖权和判决执行的 1215/2012 号(欧盟)条例》《关于民商事管辖和判决承认与执行的第 44/2001(欧盟)条例》《关于民商事案件的管辖权和判决承认与执行公约》《海牙法院选择协议公约》;[1]第二,国内法层面,1920 年《司法行政令》、1933 年《外国判决互惠执行法令》;第三,英美法系层面,对于其他外国判决的承认和执行可适用判例法中的互惠原则。

对英美法系国家法院,其承认与执行外国判决的范围:

(1)判决具有终局性;

(2)判决内容为金钱给付义务;

(3)根据该国法律,作出判决的法院具有管辖权。

英美法系中也规定了拒绝承认与执行外国判决的理由:

(1)以欺诈手段取得判决;

(2)判决违反公共政策;

(3)判决违反自然正义;

(4)判决为惩罚性判决或税务类债务。

根据英美法系申请承认与执行外国法院判决时,申请执行一方必须提交一个新的诉讼,提交诉讼请求并陈述外国法院判决内容。如果外国法院判决证明被告没有胜诉的可能性,则申请执行一方可申请英国法院作出简易判决来加快承认与执行程序。关于不予承认和执行外国判决的情形,英国法院除依据英美法系中的正当程序原则和自然正义原则对程序性事项进行审查外,[2]还会审查判决的承认与执行是否违反英国 1998 年《人权法案》。

此外,英国的执行程序中还包含多项临时措施,例如为了实现金钱债权,申请人可向法院申请动产扣押令状、不动产占有令状、

〔1〕 徐玮、宋辉:《英格兰和威尔士如何承认与执行外国法院判决》,载《中国审判》2018 年第 17 期。

〔2〕 程序性审查包括:外国法院判决是否具有终局性和结论性;外国法院对双方当事人是否具有管辖权;判决是否经由欺诈作出;以及判决旨在对债务被申请人可在承认与执行外国法院判决的程序中提出上述抗辩事由。

押记令、第三债务令、指定财产接管人等。(详见第六章"临时措施")

(三)中国香港特别行政区

在香港法院承认与执行内地法院判决的法律依据,包括2008年7月生效的最高人民法院《关于〈最高人民法院关于内地与香港特别行政区法院相互认可和执行当事人协议管辖的民商事案件判决的安排〉的解释》(以下简称《关于协议管辖的安排》)、《内地判决(互交强制执行)条例》以及《香港高等法院规则》。2017年5月22日,由最高人民法院审判委员会第1718次会议通过《关于内地与香港特别行政区法院相互认可和执行婚姻家庭民事案件判决的安排》,该安排已于2022年2月15日起施行。2019年1月,最高人民法院经与香港特别行政区政府经协商,就内地与香港特别行政区法院民商事案件生效判决的相互认可和执行制定《关于内地与香港特别行政区法院相互认可和执行民商事案件判决的安排》(以下简称《相互认可和执行民商事案件判决的安排》)。香港特区政府2023年11月10日公布《内地民商事判决(相互强制执行)条例》(第645章)及《内地民商事判决(相互强制执行)规则》,宣布香港特区政府及最高人民法院同意《相互认可和执行民商事案件判决的安排》将于2024年1月29日在两地同步生效。《内地民商事判决(相互强制执行)条例》及《内地民商事判决(相互强制执行)规则》也将于2024年1月29日实施,该条例是在贯彻香港实施《相互认可和执行民商事案件判决的安排》。

申请期限:自法院判决中列明的执行期的最后一日起2年内。

管辖法院:香港原讼法院。

申请承认和执行的判决需是生效的判决,判决的执行标的是金钱给付或者非金钱判项,但是不包括税收、罚款、赡养、抚养、收养、监护、继承、破产、选民资格、宣告失踪或者死亡、确认仲裁协议效力、撤销仲裁裁决等类型案件。

申请材料:申请书;经作出生效判决的法院盖章的判决副本;作出生效判决的法院出具的证明书,证明该判决属于生效判决,判决有执行内容的,还应当证明在原审法院地可以执行(提供被申请人的财产状况和财产所在地);判决为缺席判决的,应当提交已经合法传唤当事人的证明文件,但判决已经对此予以明确说明或者缺席方提出认可和执行申请的除外;身份证明材料,如身份证明材料是在被请求方境外形成的,应当依据被请求方法律规定办理证明手续;向内地人民法院提交的文件没有中文文本的,应当提交准确的中文译本;判决是否已在其他法院申请执行以及执行情况。

(四)新加坡

1. 法律依据

中国与新加坡之间签署的《中华人民共和国和新加坡共和国关于民事和商事司法协助的条约》,其范围包括:(1)送达司法文书;(2)调查取证;(3)承认与执行仲裁裁决;(4)相互提供缔约双方有关民事和商事的法律及民事和商事诉讼方面司法实践的资料。鉴于此,两国法院的判决的承认与执行并不在条约的范围内。2018年8月31日,应新加坡最高法院首席大法官梅达顺邀请,中国首席大法官、最高人民法院原院长周强率团赴新加坡参加第二届中新法律和司法圆桌会议,与梅达顺签署了《备忘录》。此备忘录虽然不具有法律约束力、不构成条约或者法规、不对任何一方法官产生约束作用,但能够为现行两国之间相互承认执行对方国判决的要求和程序提供指引。

在新加坡申请承认与执行判决的范围:在新加坡执行的中国

法院判决必须是终局性和确定性的判决。当对判决的终局性和确定性存在争议时,应当根据中国法律确定。对“终局性”和“确定性”的判断,既可以是由申请人向中国法院取得证明,也可以由新加坡最高法院向中国最高人民法院寻求协助获取这一证明。若作出判决的中国法院出具判决已经生效的证明,则认定该判决具有终局性和确定性。

申请承认与执行中国判决程序:申请人应以中国判决为依据向新加坡主管法院提交传讯令状,简要说明请求的性质及主张的判决债务金额。传讯令状应附有经证明的判决副本。一般情况下,申请人有权根据《新加坡法庭规则》第 14 号令申请获得无须审理的即决判决,除非被申请人提出相应的抗辩。

新加坡法院对中国法院判决的审查标准:新加坡法院对于中国法院判决不进行实质性审查,仅审查判决的作出是否符合正当程序和自然正义的原则。

2. 案例:新加坡法院承认并执行苏州中级人民法院判决

以昆山捷安特公司与新加坡雅柯斯公司质量纠纷案件为例[1],原告昆山捷安特公司因被告新加坡雅柯斯公司所供应的两台发电机组质量问题而向苏州市中级人民法院起诉。苏州市中级人民法院经审理后认为,新加坡雅柯斯公司所交付的标的物不符合约定,构成根本违约。遂判决解除合同,原告将设备返还给被告,被告返还原告货款并赔偿损失。被告新加坡雅柯斯公司不履行判决,因此原告向新加坡高等法院申请执行。新加坡高等法院于 2014 年 1 月 28 日作出判决,判决雅柯斯公司应向昆山捷安特公司支付苏州市中级人民法院判定的 19 万美元赔偿金及其他各项

---

〔1〕 Giant Light Metal Technology (Kunshan) Co Ltd v Aksa Far East Pte Ltd [2014] 2 SLR 545.

款项。这是新加坡法院承认并执行苏州中级人民法院判决的案例,这也是新加坡首次承认并执行中国判决。

(五)BVI

1. 法律依据

BVI 是英国外海领土,法律大部分取材自英国案例,而终审庭是英国枢密院的司法委员会。只有金钱给付性质的外国法院判决可以在 BVI 得到承认和执行。对于外国法院判决之承认与执行,依该法院所属国而有不同。

英格兰及威尔士、北爱尔兰、苏格兰高等法院及部分前英联邦成员[1]法院,可以依据《1922 判决互惠执行法》(Reciprocal Enforcement Act)向 BVI 高等法院直接申请登记执行法院判决。对于英联邦以外的其他国家,以中国为例,中国法院判决需依据英美法程序,以经法院裁定之债务为由在 BVI 申请执行,高等法院将审理申请人提出的终局外国法院判决书,并以判决理由是否符合 BVI(含英国)英美法原则为判断基础。在判决被承认之前,申请人可以向法院申请强制冻结等救济措施。

不予承认和执行的外国法院判决的范围:

(1)BVI 高等法院认为原审法院无管辖权;

(2)被执行人于原审程序中未到庭应诉,或未承认原审法院的管辖权;

(3)被执行人在原审法院未依正当法律程序审判或送达;

(4)因欺诈取得原审判决;

(5)原审判决不是终局的;

---

〔1〕 巴哈马、巴巴多斯、伯利兹、特立尼达、多巴哥、圭亚那、圣露西亚、格林纳达、牙买加、新南威尔士(澳大利亚)。

(6)基于公共政策,BVI 高等法院无法接受原判决理由。

2. 案例:BVI 高等法院首次承认中国境内法院的生效判决

2020 年 1 月 28 日,BVI 高等法院首次承认了中国境内法院的生效判决。该案件原告为中国境内一家商业银行旗下的融资租赁公司,原告对被告享有超过人民币 3.25 亿元的到期债权(包括本金及相应利息)。由于被告被判有期徒刑被羁押于监狱中无法主动履行生效判决,根据相关规定,原告向香港高等高院申请司法协助,成功冻结了被告对外投资的一家 BVI 公司的股份。该 BVI 公司是一家由被告投资的 100% 控股的注册在 BVI 的公司,其名下有诸多价值不菲的资产。由于被告一直未履行 3 份生效判决所确定的债务,因此,债权人向 BVI 高等法院申请承认和执行境内生效判决。BVI 高等法院审理后,判决承认并执行境内法院的生效判决并对其作出的判决发出了针对该 BVI 公司股份的法院命令,启动执行该股份的司法程序。随后,债权人向 BVI 高等法院申请指定接管人来实际接管并处置该股份以及该 BVI 公司"所能查找到的全部权益与财产"。

(六)开曼群岛

开曼群岛属于英国海外领土,法律体系属英美法系,辅以当地政府公布之成文法。开曼立法局(Legislature of the Cayman Islands)于 1967 年通过《外国判决互惠执行法》(Foreign Judgments Reciprocal Enforcement Law),该法于 1996 年修订,目前仍是外国判决承认与执行的主要法律依据。

与 BVI 类似,可直接在开曼法院申请承认与执行外国判决的国家仅限于澳大利亚各州及地区,其他外国法院应先向开曼法院登记,取得强制执行的法律效力,登记期限是原外国法院作出判决之日起 6 年内。与 BVI 不同的是,在开曼法院申请承认和执行外国判决的范围,既包括金钱给付,也包括非金钱给付判决。

(七)德国

德国是大陆法系国家,其对于外国民商事判决承认与执行的规则规定于《德国民事诉讼法》第 328 条、第 722 条及第 723 条。《德国民事诉讼法》第 328 条以消极形式规定了对外国判决的承认条件,即条文规定了德国法院不予承认外国法院判决的情形:

(1)依德国法律,判决作出国的法院对该案无管辖权。

(2)败诉的被告是德国人,并且没有应诉;开始诉讼的传票或命令既未在受诉法院国内送达给本人,又未通过德国法律上的共助送达给本人。

(3)判决与德国人无关或者一个在先的判决已经处理了双方当事人争议的实体问题。

(4)承认该判决有悖于善良风俗或不符合德国法律的宗旨。

(5)没有国际上的互惠原则。

根据《德国民事诉讼法》第 256 条,任何一方均可以向有管辖权的法院提起一个积极或者消极的确认外国法院判决的诉讼,即承认或不承认外国法院判决的诉讼。适用德国民事诉讼法的一般程序规则,即债权人在有管辖权的法院向债务人提起宣告外国判决具有执行性的诉讼,一旦法院受理了该诉讼则可能会根据《德国民事诉讼法》第 128 条举行听证,法院会裁决宣告该外国判决是否具有执行性。如果法院认为判决具有可执行性后,法院将进行执行许可令(exequatur)程序,该程序适用于已在作出国正式获得法律效力的各类可执行法院判决,一旦获得执行许可令,债权人就能根据德国执行法律进入执行程序。

五、中国企业申请跨境执行的策略

（一）掌握被执行人财产线索

中国企业主动申请跨境执行的判决类型主要为金钱给付判决，且通常被执行人在中国境内无财产。在这种情形下，一方面，中国企业应当积极通过双边司法协助条约保障自身的程序性权利；另一方面，还应当深入挖掘被执行人的资产线索，确认被执行人在外国司法管辖区具有可供执行的财产，并及时通过临时措施的方式冻结资产，保证未来判决承认后能够得以执行。

以美国为例，美国诉讼程序一般采用当事双方各自承担法律费用的原则，因此中国企业也需要考虑申请承认和执行产生的律师费用、调查机构费用等。如果被告的财产分布于多个州，中国企业可以考虑先在财产分布较多的州或是有承认和执行中国法院判决先例的州申请执行。取得有利判决后，进一步根据被申请州法院出具的判决再去其他州申请承认和执行被申请州法院的判决书。

如被执行人或被执行企业负责人仍在中国境内，执行申请人可直接向执行法院申请对外国人或外国企业负责人采取限制出境或限制高消费等措施，考虑到商业往来的需要，被执行人或被执行企业通常会积极解决执行问题。

如被执行人不在中国境内，那么在明确被执行对象之后，应对被执行人的情况进行全面挖掘和深入分析，包括被执行人的资产状况（资产规模、资产的主要形态）、家庭成员及社会关系等。如被执行人是法人，则要挖掘和分析其基本经营范围、业务规模、主要业务合作对象、企业效益、企业历史沿革、组织架构等，尤其要关注企业主要领导的个人情况。通过对企业情况的全面调查与分析，可以进一步判断被执行人的资产分布及财产可能的存放地点等情况。

(二)超期申请执行

虽然根据《民诉法解释》第545条的规定,当事人申请承认和执行外国法院生效裁判的期间适用《民事诉讼法》相关规定,即申请承认和执行外国法院裁判的期间为2年。但实务中,超期申请是否直接导致外国法院裁判的不予承认和执行仍有争议。

就企业在中国法院申请承认和执行外国法院裁判而言,申请执行超过时效并不当然丧失实体权利。对于申请执行人而言,其所享有的是由法院判决确认的已决债权,超过申请执行时效的后果是债务人获得不履行抗辩权,而并不意味着实体权利的丧失。此外,申请执行时效并非法院主动审查的事项,如被执行人未就执行时效提出异议,则视为其默认同意履行生效法律文书确定的义务。[1]

(三)成本控制

中国境内企业在外国法院申请承认与执行判决,包括以下两种不同情形:其一,在英国、开曼群岛及BVI等英联邦国家,当事人需要在当地法院进行登记或另行诉讼;其二,无须在当地法院另行提起诉讼,基于双边司法协定或事实互惠原则直接申请承认与执行,例如新加坡等地。前者涉及在外国法院提起诉讼的情形,程序上耗时更长、成本更高。因此,选取具有多管辖区代理资格的律所,或具备协调多管辖区外部律师经验的律所,能够更好地把控执

---

〔1〕 陶然:《申请执行超过时效 法院应如何处理》,载中国法院网2020年1月2日,https://www.chinacourt.org/article/detail/2020/01/id/4753920.shtml。

行程序,并管控成本。

(四)不予承认执行的救济

中国法院对不予承认执行外国法院判决的情形可能作出以下四种裁定:(1)管辖权异议裁定;(2)驳回申请裁定;(3)不予受理裁定;(4)不予承认执行裁定。

其中,针对"管辖权异议裁定""驳回申请裁定""不予受理裁定",可予上诉和申请再审。不予承认执行裁定本身虽不可上诉和申请再审,但《民事诉讼法》(2023 修正)第 303 条给予了当事人向上一级法院申请复议的权利。但当事人应注意在裁定送达之日起 10 日内提出申请,而避免权利丧失。此外,根据《民诉法解释》,当事人还可就该案件向中国法院起诉。[1]

六、中国企业应对跨境执行的策略

(一)国有企业主权豁免抗辩

随着中国国有企业海外投资规模的不断扩大,国有企业经常成为国外法院被诉的主体。国有企业主体资格的界定,涉及国有企业在反补贴中"公共机构"的界定,需要结合国际公约和典型国家立法整体来看。例如,《外国主权豁免法》(Foreign Sovereign Immunities Act,FSIA)是美国法院处理有关外国国家主权豁免的唯一法律渊源,"外国"包括外国的政治分支、外国的代理机构或媒介。[2] 在部分情形下,外国国家拥有多数股份的国有企业是 FSIA 主权豁免的主体,具有与主权国家本身基本相同的权利义务。再

---

〔1〕《民诉法解释》(2022 修正)第 542 条第 2 款:承认和执行申请被裁定驳回的,当事人可以向人民法院起诉。

〔2〕 28 U.S. Code § 1603.

如,英国《国家豁免法案》(State Immunity Act,SIA),该法案确定了英国法院在管辖和执行方面的限制豁免主义立场。第14条界定了主权豁免的主体,包括:主权国家本身;该国行使公职的君主或其他元首;该国政府以及该国政府各部。该条特别规定,享有主权豁免资格的"国家"不包括同该国家政府行政机构有别并具有起诉、被诉能力的任何实体。

2004年联合国大会最终通过的《联合国国家及其财产管辖豁免公约》〔1〕,明确采用限制豁免主义,除非存在条文规定的例外情形,否则一国本身及其财产在另一国法院享有管辖豁免。公约对于主权豁免主体的界定与美国FSIA、英国SIA均有所区别,但又具有一定的相似之处。〔2〕 如美国FSIA一样,对"代理机构或媒介"的界定是放在"国家"这一概念里面的,这与英国明确区分"国家"与"独立实体"不同;但与此同时,公约又与英国SIA一样,规定"代理机构或媒介"只有在行使"主权权力"时才有资格享受主权豁免。

因此,对于国有企业而言,是否享有主权豁免以及主权豁免主体资格的界定存有探讨与抗辩的空间,应当在应诉阶段积极主张。若国有企业在应诉时未积极抗辩,而在执行环节又以此抗辩,法院可能将国有企业应诉视为主权豁免的放弃,难以起到在应诉环节抗辩的同等效果。

(二)送达抗辩

送达在大陆法系与英美法系的内涵差别较大,然而两大法系都将其作为诉讼中不可或缺的程序要件。各法域独立行使管辖

---

〔1〕 根据该公约第30条,"本公约应自第三十份批准书、接受书、核准书或加入书交存联合国秘书长之日后第三十天生效"。目前,该公约尚未达到生效条件。

〔2〕 梁一新:《论国有企业主权豁免资格——以美国FSIA、英国SIA和UN公约为视角》,载《比较法研究》2017年第1期,第82-94页。

权，遵循各自独立的诉讼程序规则，该现状潜含着各法域对程序性保障赋予不同的内涵和标准。这种各自行使管辖权并践行独立诉讼程序的事实决定了送达标准上的冲突。对于送达抗辩来说，一方面，送达抗辩作为不予承认与执行的理由已为国际社会普遍确认；另一方面，各法域内法及国际性法律文件对送达抗辩的理解和适用差别较大，由此衍生出了大量依据不适当送达而拒绝承认与执行域外判决的实践，这成为阻碍判决在国家或地区间流动的重要原因。

（三）执行管辖权异议

管辖作为民事诉讼程序的开始环节，不仅是迈向实体正义的第一步，也是实现程序正义的第一步。由于对管辖异议及其上诉条件缺乏限定、管辖异议启动成本低廉、现行法律对关于申请人提出管辖权异议是否需要预交案件受理费没有规定等原因，实务中管辖权异议是被诉方最便宜的程序性抗辩手段。根据我国《民事诉讼法》有关规定，对于外国法院判决的承认与执行，有管辖权的法院是被执行人住所地或执行财产所在地中级人民法院。如外国自然人或法人未依法向具有管辖权的住所地或执行财产所在地中级人民法院申请承认与执行，则中国企业作为被执行人可提起管辖权异议。对于中国企业而言，提起执行管辖权异议应满足以下条件：

（1）在法定期限内提交。人民法院受理执行申请后，当事人对管辖权有异议的，应当自收到执行通知之日起10日内提出[1]。

---

〔1〕《最高人民法院关于适用〈中华人民共和国民事诉讼法〉执行程序若干问题的解释》第3条规定：人民法院受理执行申请后，当事人对管辖权有异议的，应当自收到执行通知之日起10日内提出。人民法院对当事人提出的异议，应当审查。异议成立的，应当撤销执行案件，并告知当事人向有管辖权的人民法院申请执行，异议不成立的，裁定驳回。当事人对裁定不服的，可以向上一级人民法院申请复议。管辖权异议审查和复议期间，不停止执行。

(2)主体适格。提出异议的主体是本案的当事人,包括申请执行人和被执行人。

(3)管辖权异议的客体是执行法院的管辖权,包括地域管辖和级别管辖。

(四)其他程序性抗辩

正当程序原则是各法域承认和执行域外判决时所普遍适用的法律原则,包括被申请人在外国审判程序中的程序性权利是否得到保障等因素,如被合法通知的权利、陈述意见的权利等。除管辖权异议外,执行时效抗辩是被执行人较为便宜可行的另一项抗辩方式。执行时效是债权人依据胜诉法律文书向法院申请强制执行的时效期间,为2年。在法律规定的期间内,权利人提出请求的,法院将强制义务人履行所承担的义务。而超过2年的执行时效期间,申请执行人再申请强制执行的,法院依然会受理。但同时,被申请执行人可以就执行时效期间提出异议,法院经审查认为异议成立的,裁定不予执行。

(五)应对临时措施的承认和执行

如前所述,根据《民事诉讼法》(2023修正)第293、298条的规定,外国法院裁判的承认和执行,按照中国缔结或者参加的国际条约或者按照互惠原则进行。但是,中国目前缔结的双边司法协助条约通常不涉及与承认和执行相关的财产保全。实务中,基于互惠原则对外国判决申请承认与执行尚面临较大困难,以此为基础申请临时措施的承认和执行可操作性进一步降低。此外,《会议纪要》第41条第2款明确将外国法院作出的保全裁定以及其他程序性法律文书排除在申请承认和执行外国法院裁判的范围。[1]

需注意的是，在中国申请承认和执行域外判决时可以向法院申请临时措施，程序性规则参照适用域内诉讼财产保全的相关规定。[2] 中国企业在应对域外判决承认与执行中，应将临时措施纳入考量，提前进行财产的风险隔离，以避免因财产保全等导致的交叉违约等。

---

〔1〕《全国法院涉外商事海事审判工作座谈会会议纪要》第41条第2款规定：外国法院对民商事案件实体争议作出的判决、裁定、决定、命令等法律文书，以及在刑事案件中就民事损害赔偿作出的法律文书，应认定属于《民事诉讼法》第289条规定的"判决、裁定"，但不包括外国法院作出的保全裁定以及其他程序性法律文书。

〔2〕《民事诉讼法》(2023修正)第270条规定：在中华人民共和国领域内进行涉外民事诉讼，适用本编规定。本编没有规定的，适用本法其他有关规定。

第十三章　中国企业跨境诉讼应对

本书以上章节已经详细介绍跨境诉讼的程序和注意事项，本章中将根据中国企业开展跨境诉讼的大量实务经验，对中国企业如何应对跨境诉讼提出建议。

一、组建一体化跨境诉讼团队

由于跨境诉讼的复杂性、多样性，可能涉及法律、经济、社会、政治、文化、成本等多方面因素，以境内诉讼的方式应对跨境诉讼很可能会无法充分评估、分析，甚至导致制定错误的应对方案。中国企业在应对跨境诉讼时，需要组建一支具有丰富跨境诉讼经验的一体化团队，协助中国企业策划、制定统一的跨境诉讼应对策略，主导、统筹、协调各个司法管辖区的诉讼工作。组建一体化跨境诉讼团队的必要性和意义在于：

1. 保证诉讼策略的有效性。跨境诉讼中涉及的复杂事实和法律关系，最重要的是有一个具备丰富经验和智慧的“大脑”进行统筹谋划。“运筹帷幄之中、决胜千里之外”，如果缺乏一个统一指挥的中枢机关，各个司法管辖区的案件散乱处理，相互没有衔接和协调，即使企业在个别司法管辖区的诉讼中取得胜诉结果，但有可能不能达到其整体商业目的。本书前述的“孙杨案”就是一个典型案件。在 WADA 起诉孙杨时，当事人的焦点只集中于 CAS 的仲裁案件，针对仲裁中的焦点进行准备，加之对 CAS 的规则并不熟悉，最终孙杨被裁决禁赛，社会舆论也对孙杨方律师团队的人员构成、中途更换、庭前准备以及庭审表现等诸多方面提出质疑。反观 21 世纪初轰动一时的"达能—娃哈哈控制权系列纠纷"中，达能公司率先起诉娃哈哈。面对达能公司的来势汹汹，娃哈哈一开始并不占据优势，双方合资合同约定在斯德哥尔摩进行合资争议的国际仲裁，这种约定固然是遵循国际惯例，但对娃哈哈一方显然不利。一是对不善于国际性诉讼的中国企业造成强大的心理压力，二是对非英文母语国家的中国企业制造了诉讼难度。然而，娃哈哈聘请了具有丰富经验和智慧的跨境诉讼团队，全面、完整地策划"一案多诉"的基本策略，在合同约定的斯德哥尔摩仲裁之外，在中国境内、美国、BVI、法国、意大利等地分别提起诉讼。虽然双方在 7 个不同司法管辖区互相起诉共 24 起案件，每个司法管辖区的法律规定、司法程序和律师工作方案均存在不同，但在"大脑"的指挥之下，各个司法管辖区的律师团队沉着应对，统筹协调，在全球法律战中让深谙跨境诉讼之道的达能集团无所收获，最终只能与娃哈哈握手言和，和解了结争议。

因此，在纷繁复杂的跨境诉讼中，需要具有丰富经验的跨境诉讼团队进行梳理、总结和分析，基于不同的法律关系和收集到的案件事实，结合政治、文化、经济、成本等各方面的因素，经验丰富的跨境诉讼团队可以运用智慧和经验设计出行之有效的应对方案。在跨境诉讼中，诉讼策略的一致、有效是取得良好结果的关键基础，从而才能管控好整个跨境诉讼案件。如果跨境诉讼中的各个司法管辖区各自为政，不同境外律师很可能依据自己的理解、不全面的证据作出不同的判断和立场，从而导致诉讼目标的偏离。

2. 保证法律立场的一致性。跨境诉讼中由于涉及不同司法管辖区，中国企业在某一司法管辖区的立场或者意见与其他司法管辖区的案件冲突,则很有可能被相对方利用。通常而言,诉讼律师一般为充分维护当事人权益,争取案件胜诉结果,会在案件审理中详细阐述所有有利观点,但是有时单一案件中的立场和观点可能对当事人有利,但是全盘考虑可能会损害当事人利益。例如,中国企业A公司针对美国B公司,按照合同约定的管辖条款在某国提起了合同违约诉讼,同时考虑到违约诉讼的证据、案件政治因素等,A公司同时基于B公司违法获取客户信息、夺取商业机会,侵害A公司商业秘密,在中国境内法院提起商业秘密侵权诉讼。此时,从中国境内代理律师的角度考虑,需要尽量向法庭阐明B公司的商业秘密侵权行为以及损害后果的依据和基础,但不可避免地会涉及B公司获取商业秘密的来源是双方之间基于合同的长期合作,而且要求损害赔偿所依据的事实是A公司丧失了未来可获得的商业机会,这与在某国法院审理的跨境诉讼中的事实基础和赔偿请求重复。由于某国禁止平行诉讼和重复赔偿,A公司在中国境内的主张以及相应材料被B公司提交给某国法院,最终导致某国法院并未支持跨境诉讼的大部分赔偿请求。中国企业策划的两地起诉,最大额获得赔偿的目的因两地诉讼中的法律立场存在冲突,而最终没有达成。

而且,跨境诉讼案件将会涉及大量其他司法管辖区的域外法,中国作为成文法国家,与英美法体系下的判例法存在很大区别。中国当事人往往对域外法的了解有限。因此,如果缺少经验丰富且谙熟域外法的跨境诉讼团队,中国当事人很容易在涉及外国法项下的法律立场产生分析和判断的偏差。相比之下,具备丰富经验的跨境诉讼一体化团队中绝大多数律师拥有丰富的海外留学背景或者从业经历,能够准确地理解不同司法体系下的法律规定及相关法律问题的认定规则,具备扎实的法律检索能力以及资源信息共享渠道,协助中国当事人深入理解外国法律,并且提出有效的意见和建议,协调统筹各个司法管辖区的法律立场,制定周全完善的应对方案。

3. 提高工作效率。跨境诉讼需要各个司法管辖区的团队形成合力,这要求担任“大脑”的跨境诉讼团队具备广阔的国际视野和跨文化的沟通能力,能够统筹境外其他司法管辖区的律师互相配合。由统一的“指挥中心”一体化地管理不同法域的诉讼案件,一方面,可以在信息对称的基础上提出精准的工作指示,省去不必要的工作,提高工作效率。例如,我们代理的某中国企业追收高管侵占公司财产的案件中,该高管通过职权便利虚构中介费、服务费等方式,将公司财产转移至其在中国香港、新加坡、英国设立的公司名下账户。就该案件中涉及的法律问题,虽然中国香港、新加坡制定了相应的法律或者条例,但中国香港、新加坡仍遵循英国的普通法体系,在域外律师经过详细的法律检索调研后,相应的调研资料和判例材料可以通过“指挥中心”分别共享给中国香港、新加坡的律师团队,提高工作效率。再如,在这起跨境诉讼案件中,中国企业在香港先申请了披露令,而后发现香港公司的大量资金流入新加坡某公司和英国某公司,就此才发现该高管侵占的资金流向全貌,之后在新加坡、英国均针对该高管设立的域外公司申请了披露令。以上国家和地区获得的披露材料、银行账户流水,可以相互印证,最终形成了完整的证据链条。如果单在某一国家或者地区获得披露令,无法还原案件事实全貌,也无法实现当事人全面追收损失的商业目标。

另一方面,跨境诉讼一体化团队作为“指挥中心”也可以减少语言、文化、法律专业的障碍,提高沟通效率。一般而言,跨境诉讼的牵头中国律师多数精通英语,可以运用英语作为法律工作语言,有些律师甚至还掌握法语、西班牙语等第二外语。因中国律师本身经过多年的法律学习,拥有可靠的专业能力,对法律专业的理解较为深入。因此,经验丰富的跨境诉讼团队与各个司法管辖区的律师可以在法律文化、语言基础、思维方式、人文文化上共通共鸣、互通互融,既能熟练理解不同语系中的法律专业词汇所表达的法律概念,也能在沟通中大大降低文化理念不同而产生的消耗甚至矛盾,提高沟通效率,也有利于就问题和方案达成一致。

4. 控制诉讼成本。中国企业由于缺乏境外诉讼的经验、对境外法律不了解,往往是境外律师"说什么、是什么、干什么",缺乏主导和管控,也无法有效甄别境外律师的工作质量和工作成本,导致案件成本过高,有时效果也不尽理想。跨境诉讼中涉及大量的支出与费用,如诉讼费、律师费、差旅费等。由于各司法管辖区存在较大的司法环境与文化习惯的差异,境外律师的收费方式、习惯、费率等均有所不同,如不注意控制,可能会产生高额的律师费用。具有丰富经验的跨境诉讼团队,更为了解境外律师的工作习惯、收费标准,也清晰地知道境外律师的工作是否必要,"指挥中心"不仅可以精确地发出工作指令,从源头上减少境外律师的不必要工作,也可以协助中国企业审核境外律师的账单,有效帮助当事人节省诉讼成本。

二、全面、充分了解案情,收集证据

跨境诉讼中的材料收集和证据组织,一直是中国企业面临的难点问题之一。由于境外项目的周期长、主体多、材料复杂且较难统一归档,在纠纷爆发后再收集有关证据材料往往会出现遗失、疏漏,无法全面还原历史事实情况。而且,许多文件材料和事实情况只有当时在任的人员清楚,人员发生多次更迭后,许多事实情况均无法了解。比如在某跨境诉讼案件中,中国企业 H 公司在境外参股投资了一家能源生产企业 M 公司,H 公司投资后是 M 公司的小股东。M 公司由于缺乏管理经验,遂请求 H 公司向其委派经营管理人员，负责公司的日常经营管理。由于中国企业对外派遣的人员通常情况下会设定一个任期，当任期届满后前一批委派的人员回国，更换下一批人员前往境外。10年间，H公司向M公司陆续更换了4批管理人员。之后，M公司的大股东P公司与H公司就利润分配问题发生争议，H公司需要全面了解M公司在过往10年间经营的资料和详细财务数据，但是M公司在大股东P公司的控制下掌握全部的经营材料，H公司向境外委派的管理人员中许多人已经离职或者退休，相应经营资料也存放于M公司内，没有携带或者传输回国，导致H公司在诉讼和谈判中因缺乏证据，不了解相应情况而始终处于被动地位。

因此，在跨境诉讼中需要在案件启动前或者案件前期充分了解事实情况，全面收集证据材料。在境外投资的项目需要保存历史资料，在不违反当地法律规定的情形下，复制或者传输回国，在国内进行备案和存档。委派至境外的人员，需要制定名册，留好联系方式，如果需要了解相关情况或者出庭作证，可以及时联系。

在某些跨境诉讼案件中，由于商业项目开展时委托代理机构或者由中国企业的境外分支机构进行接洽商谈，也可以向有关机构或者个人收集证据，必要时可以委托当地律师进行取证，或者在一体化方案中设计司法披露程序，通过法院披露令获得证据。

三、调查财产情况

在大多数跨境诉讼案件中，中国企业在境外起诉或者应诉的商业目标是挽回损失或者降低损失，经济利益是中国企业应对跨境诉讼考虑的核心因素。因此，在中国企业起诉的案件中，前期需要对相对方的财产状况进行充分的调查，在中国企业作为被告应诉的案件中，中国企业也需要对其在境外的财产状况进行充分调查，并且需要对未来诉讼所在国的判决能否在中国法院申请司法强制执行进行提前研究和分析。

财产调查在某些时候是整体策略制定的决定性因素。例如,在我们处理的中国企业A公司向境外企业B公司的借款追偿跨境诉讼中,经查询发现,B公司持有多个境外公司的股权,其自身并无其他有价值的财产。在律师团队制定诉讼方案的过程中,就需要考虑未来胜诉后的可执行性,如果直接起诉B公司,即使胜诉对B公司申请司法强制执行也无实际意义,还需要进一步筛查B公司持有的其他公司股权哪一个更有价值。律师团队通过查询A公司借款时境外律师出具的尽职调查报告发现,B公司全资持有的C公司在D国拥有一处不动产,该不动产的价值足以偿还A公司的全部借款和利息。律师团队随即制定了初步工作方向,拟通过"刺破公司面纱"的方式,将A公司、C公司作为共同被告提起诉讼,而后再进一步研究是否可以在D国直接起诉,未来在D国执行C公司拥有的不动产,或者在B公司所在国起诉,但需要D国可以承认和执行B公司所在国的司法判决。该跨境诉讼案件,是典型的从最终执行结果出发,协助当事人最大化实现经济目标,从而制定了整体策略。

相应地,在中国企业在境外作为被告的案件中,中国企业在应诉时,也需要充分核查其在诉讼所在国,以及承认该国判决的其他国家是否存有大额资产。如果存在,需要尽快予以处理,否则相对方一旦申请到法院禁令,则相应资产将被查封或者冻结,导致未来发生损失的概率增加。

四、充分考虑中国企业的特性

中国企业由于中国社会、文化、政治的历史特性,会基于不同的企业性质、企业文化、企业发展需要,在跨境诉讼中具备不同的商业目标。按照企业性质,参与跨境诉讼的当事人通常可以分为国有企业、民营企业、混合所有制企业等。如国有企业，在某些项目中承担了一部分政府外交任务，援助其他国家，在项目发生争议时，更多地考虑通过外交途径或者协商谈判的方式解决。但是，在某些国有企业境外项目发生争议时，为了保障国有资产保值增值，企业往往又会选择全面应诉，履职尽责的工作方案。对于民营企业而言，其更多考虑的是挽回或者减少经济损失，或者是希望通过跨境诉讼达到双方此后终止合作或者主导合作的目的。按照企业类型划分，通常也可以分为上市公司和非上市公司。上市公司在跨境诉讼中可能会考虑更多的因素，比如信息披露、对企业造成的资本市场影响、对企业造成的舆论影响等。中国企业往往也会落实上级单位或者母公司的指令，如某些项目与公司未来发展并不匹配，可能上级单位或者母公司会要求尽快退出项目，此时需要考虑落实上级指令和企业经济利益之间的平衡，制定和选择最合理的方案。

五、充分考虑境外的政治、文化、经济、司法等因素

在考虑中国企业特性的同时，也需要充分考虑境外的政治、文化、经济因素。在某些与中国睦邻友好的国家，即使发生争议，中国企业也可能通过协商的方式解决，在某些与中国存在分歧或者竞争的国家，跨境诉讼的对抗性也会较强，司法审判中法官也不排除会“戴着有色眼镜”审理裁判。此时，境外代理具体司法案件的律师和出庭作证的证人尤为关键，需要通过律师的专业和对中国文化的认同说服和影响法官，也需要通过中国证人的出庭作证向法官展示中国企业诚信、友好的风貌。如果在当地司法管辖区代理案件的律师自身难以对中国企业、中国文化形成有效认同，其代理案件的效果也可能受到影响，不能达到预期效果。

在跨境诉讼中，诉讼所在国的政治因素也可能会对司法案件

的审理裁判造成影响。比如在某些国家,可能国家体制还存在传统的部落社会、氏族社会或者政治寡头,部落首领、氏族首领、政治寡头的意见在某些时候高于司法权威,影响案件的裁判。在“中美博弈”的国际环境下,美国为首的一些发达国家也在通过各种方式制约中国的发展,中国企业在这些国家的司法环境中也较难获得理想的裁判结果。在某些国家存在三审终审制度,或者法院审理周期很长,或者司法腐败严重,在制定整体方案时均需要考虑这些因素,以避免中国当事人陷入漫长的诉讼程序之中。

六、整体布局、精密策划、统一安排

在以上考虑因素的基础上,需要跨境诉讼一体化团队通过丰富的经验和智慧整体布局、紧密策划、统一安排,制定出行之有效的整体应对方案。这需要开展以下工作和步骤:

1. 充分了解中国企业的商业目标。跨境诉讼的工作方案是围绕当事人的商业目标形成的,这需要与当事人充分沟通,全面深入地了解当事人的需求和目标,基于当事人的目标制定合理的方案。

2. 充分了解各司法管辖区的法律规定和分析案件走向。跨境诉讼由于涉及不同司法管辖区,在具体某一司法管辖区需要以当地律师的意见为准,需要结合各个司法管辖区律师团队的专业意见,并且充分沟通交流,剖析案件优势、劣势和走向,分析各个司法管辖区的案件是否可能存在冲突,如何协调处理等,最终综合制定整体方案。

3. 充分考虑经济、政治、文化、司法等因素。在确定整体工作方案的初步思路前,还需要充分考虑案件胜诉或者败诉后的可执行性,当地的政治、文化、社会因素,以及司法独立性、审理周期等因素,结合当事人的商业目标,权衡利弊后选择制定案件工作思路。

4.选聘最合适的当地律师团队。基于各个司法管辖区的法律制度和不同律师的业务领域、业务特长、收费标准等,需要跨境诉讼团队与当地律师进行充分的交流沟通,评估该律师是否适合代理本案在当地的诉讼、是否认同中国企业、是否具备一定的全局意识、是否了解中国的文化、是否可以用英语或者其他跨境诉讼团队掌握的语言交流、收费标准是否合理、是否曾经受到过处罚等,综合评估该律师是否合适代理当地的诉讼。

5.紧密策划,做好不同案件发展方向的应对预案。在整体工作方案制定过程中,需要详细推演不同司法管辖区案件的可能,以及对整体工作方案的影响。针对不同的案件发展可能,制定出针对性的应对预案。如果发生未按照预期方向发展的情况,需要及时进行应对,保障跨境诉讼整体在预计的范围内发展。

6.统一安排,制订工作计划表。在制定好整体工作方案后,需要制定不同司法管辖区的具体工作计划,设定工作计划时间表,按照时间表指令不同司法管辖区的律师团队开展工作,有条不紊地落实跨境诉讼的各项工作。

七、快速申请禁令

中国企业由于缺乏对境外诉讼程序的了解,可能误认为跨境诉讼方案制定后就需要尽快提起诉讼。但是,在一些司法管辖区,有较为成熟的诉前禁令制度,在起诉前申请禁令既可以保障跨境诉讼完结后可以有效地执行财产,同时也可以使当地法院大致了解案件情况。因此,在跨境诉讼整体方案制定后,建议先在相对方主要财产所在地的法院申请法院禁令,法院禁令的取得也可能促使双方进行和解谈判,快速解决纠纷。在某些案件中,也需要在诉前申请法院披露令,以获取更多的证据材料,充分评估案件。通过证据材料的评估分析,也可以作为协商谈判中的理由,促使相对方让步,尽快解决纠纷。

八、有计划地执行诉讼方案

在跨境诉讼整体方案制定后,各个司法管辖区需要按照整体方案的时间期限、诉讼请求、起诉理由等有计划地执行诉讼方案。否则,有可能发生法律立场的矛盾,或者证据的冲突。这需要跨境诉讼团队进行周密的安排和实时的管控,确保各个司法管辖区的案件工作按照既定的计划开展。必要时,需要通过视频或者现场的方式与司法管辖区的律师团队进行详细的沟通,充分说明工作计划的理由,让当地律师了解全盘计划,从大局出发落实具体工作。

而且,在跨境诉讼中,也需要跨境诉讼团队在一体化管理中注意各个司法管辖区的法律文件、开庭陈述和相应证据文件,各个司法管辖区提交法庭的文件均需要"指挥中心"提前审查确认,在不影响整体方案落实的情况下,尊重当地律师的专业意见,但如果可能发生不利于整体方案目标达成时,需要明确提出,要求当地律师调整意见和相应的文件、证据。

九、及时沟通与监督

在跨境诉讼方案落实的过程中,需要各个司法管辖区的律师团队及时汇报案件进展情况,以便"指挥中心"有效掌握各个司法管辖区的案件进度和发表的意见。各个司法管辖区的律师,也需要提出下一步工作的具体专业意见,由"指挥中心"统一评估后再确认开展。各方之间需要及时沟通信息,保障信息同步和通畅,由"指挥中心"统一发出指令,统一安排工作。

在当地律师没有及时反馈时,"指挥中心"需要及时督促当地律师开展工作。对于当地律师工作的律师费账单、工作必要性也需要协助中国企业进行审查,协助中国企业当事人控制成本。

十、适时和解

跨境诉讼往往不是简单的单一诉讼案件,特别是在关系到巨额经济利益时,漫长的诉讼程序会导致当事人承担极高的诉讼成本,也会消耗当事人巨大的精力,甚至影响企业的正常经营。因此,选择适当的时机促成当事人的和解,也是充分保障当事人权益的一种方式。有些情况下,诉讼并不是目的,通过诉讼的方式达成当事人的目的才是价值的体现。

但是,和解时机的把握需要经验丰富的跨境诉讼团队提出中肯、合理的建议,而创造和解机会也并非仅依靠司法程序,还经常涉及双方的其他商业合作、两国的外交因素、当地的政治因素等。需要结合多方面因素综合考虑,深入分析相对方的和解意愿,以及双方能否达成利益平衡。

十一、及时申请执行

跨境诉讼程序完结后,应当及时申请执行,或者在中国企业作为被告的案件中,提前应对执行。当然,能否成功执行取决于前期的财产调查以及禁令申请。在某些情况下,执行过程中也可以考虑适当免除相对方的责任,快速通过执行和解的方式达成商业目标。如果中国企业在境外并无财产,相对方取得境外诉讼的胜诉判决,很可能会向中国法院申请执行,此时中国企业需要结合与相对方所在国的外交因素、政治因素,双方未来的合作等全面考虑是否同意在执行中和解。

结　语

国际商事纠纷的公正高效解决是促进现代商业发展和全球经济繁荣的重要动力。如何及时应对国际民商事纠纷，并在跨境诉讼程序中实现自身利益最大化，则是中国企业最为关注的问题。本书全面汇总了跨境诉讼的各个程序性环节，包括跨境诉讼的一体化管理、起诉应诉、送达、管辖、临时措施、证据、证人、审理和判决、上诉、和解及执行等，实现从诉讼团队组建到判决执行流程全覆盖，以期为中国企业主动提起和应对境外民商事诉讼提供全方位指引。

本书研究重点聚焦跨境民商事诉讼程序，集中探讨中国企业在境外司法管辖区提起诉讼需要关注的程序性规则，并针对可能出现的程序性障碍提出我们的专业建议。本书涉及的主要司法管辖区包括美国、英国、中国香港、新加坡、BVI、开曼以及德国等国家和地区，涵盖主要的英美法系和大陆法系国家和地区。所依据的法律不仅包括各司法管辖区的法律，还包括各国及各司法管辖区之间签订的国际性条约、安排及共同遵循的国际法基本原则等。

当前国际形势瞬息万变、国家间关系也存在较大的不确定性和不稳定性，衍生出各种新的实务问题，在此情形下中国企业在参与国际贸易与国际投资等活动时，将面临更大的政治风险、法律风险与社会风险。对于中国企业而言，全面熟悉和了解主要贸易国与投资目标国的诉讼程序,提前做好诉讼预防工作具有重要的现实意义。法律共同体应协力探索新的解决方式,共同维护中国当事人的合法权益。

后　记

经济全球化时代,中国企业深度融入全球市场,跨境投资和国际贸易迅猛发展,如何妥善处理与此相伴而生的跨境纠纷,成为全球运营的中国企业面临的现实课题。

近二十年来,我们团队一直深耕跨境争议解决领域,为各行业客户处理海外投资、跨境并购、国际贸易、国际工程、国际金融等领域的商业纠纷。在执业过程中,我深感跨境诉讼的独特性和复杂性,跨境诉讼往往涉及不同司法管辖区的律师和法务团队,不同的准据法,不同的语言,以及不同的商业环境和法律文化,还需要处理判决的承认与执行、跨境送达、跨境调查取证等各项复杂问题。案件的成功办理需要不同法域团队之间紧密配合,而富有跨境争议解决经验的中国律师团队可以起到关键性的统筹管理作用,对项目实施一体化管理,让境内外团队形成跨境争议解决的"合力",往往能够实现更好的纠纷解决效果。

当下,诸多中国企业由于缺乏跨境诉讼经验,经历过不少惨痛的教训。于是,我萌生了撰写《跨境诉讼:法律与实践》的想法,全面梳理主要司法管辖区在跨境诉讼全流程各环节的司法制度及诉讼规则,并系统化地介绍我们在执业过程中形成的"全方位、一站式、境内外一体化"的跨境诉讼管理模式,为中国企业提供实操指引,以期助力企业组建国际化律师团队,整合全球诉讼资源,制定并实施契合当地政治、经济、社会、司法环境的务实高效的争议解决方案。“路漫漫其修远兮，吾将上下而求索”，我们深知，中国企业跨境诉讼和海外维权道阻且长，一如“良法善治”的实现，均需要一代又一代法律人的不懈努力，我们因有幸参与这一过程，贡献绵薄之力而倍感荣幸。

本书写作过程中，我们律师团队成员刁维俣、王涛、谢逸、曹芹、陈柯宇、杨晨和王梓尧等积极支持，在调研域外规定和案例、文献综述、参与撰写等方面提供了大量帮助，我在此表示诚挚感谢！也感谢书稿交付出版时法律出版社编辑们的精心编校。对本书中存在的疏漏和不足之处，望各位专家同行不吝批评赐教。

刘相文

2024年2月21日